Die Psychologie des ERFOLGs

Die Psychologie des
ERFOLGs

DEBORAH A. OLSON, Ph.D.
MIT MEGAN KAYE

DK

DK London

Lektorat
Mary-Clare Jerram, Dawn Henderson, Angela Wilkes, Hannah Bowen, Bob Bridle
Gestaltung und Bildredaktion
Maxine Pedliham, Marianne Markham, Karen Constanti
Herstellung
Robert Dunn, Tony Phipps
Illustrationen Keith Hagan
Texte Megan Kaye

Für die deutsche Ausgabe:
Programmleitung Monika Schlitzer
Redaktionsleitung Caren Hummel
Projektbetreuung Sabine Pröschel
Herstellungsleitung Dorothee Whittaker
Herstellungskoordination Ksenia Lebedeva
Herstellung Stephanie Sarlos
Covergestaltung Stephanie Sarlos

Titel der englischen Originalausgabe:
SUCCESS – THE PSYCHOLOGY OF ACHIEVEMENT

Übersetzung Dörte Fuchs und Jutta Orth
Lektorat Cornelia Rüping

ISBN 978-3-8310-3291-4

Druck und Bindung
RR Donnelley Asia Printing Solutions Limited, China

Besuchen Sie uns im Internet
www.dorlingkindersley.de

Fachberatung

Deborah Olson, Ph.D.

Deborah Olson, Professor of Leadership and Management am College of Business and Public Management der kalifornischen Universität La Verne, hat sich auf die stärkenbasierte Entwicklung von Führungsqualitäten und die Entwicklung der mittleren/späten Karriere spezialisiert. Sie hat mehrere Universitätspreise für Lehre und Forschung erhalten und arbeitet seit über 30 Jahren auf dem Gebiet der Organisationsentwicklung. In den 1980er-Jahren war sie in der Entwicklungsabteilung der Chrysler Corporation tätig. Anschließend arbeitete sie als Beraterin. 1995 wurde sie Partnerin bei Hay Management Consultants, einer international tätigen Consultingfirma. 2001 machte sie sich selbstständig. Seither beschäftigt sie sich mit der Erarbeitung und Umsetzung von Prozessen zur Entwicklung von Führungskräften und stärkenbasierter Human-Capital-Managementsysteme.

DANK

Dank der Autorin

Mein tiefer Dank gilt meinem Ehemann und Kollegen Dr. Kenneth Shultz, der mir in drei gemeinsamen Jahrzehnten eine klare Vorstellung davon vermittelt hat, was Erfolg bedeutet und wie die in diesem Buch erläuterten Konzepte in den Entscheidungen zum Ausdruck kommen, die wir Tag für Tag treffen.

Dank des Verlags

Dorling Kindersley dankt Nicola Erdpresser für ihre Unterstützung bei der Gestaltung dieses Buchs, Bob Saxton und Alice Horne für ihre Unterstützung beim Lektorat, Georgina Palffy für die Fahnenkorrektur, Margaret McCormack für das Erstellen des Registers und der Lektorin Lori Hand für ihre Hilfe und Expertise.

INHALT

8 **Vorwort**

KAPITEL 1 LEBENSENTWÜRFE
WAS ERFOLG UND ERFÜLLUNG BEDEUTEN

12 **Was ist Erfolg?**
Viele Wege führen zur Erfüllung

14 **Die Basis des Erfolgs**
Ihr Verhalten prägt das Ergebnis

16 **Den Erfolg messen**
Mehr oder weniger Zufriedenheit?

18 **Selbsterkenntnis**
Das passende Erfolgskonzept finden

20 **Der Weg zum Erfolg**
Ein lebenslanger Prozess

22 **Richtig navigieren**
Den eigenen Weg finden

26 **Die eigenen Ziele klären**
Was ist Ihnen wichtig?

28 **Work-Life-Balance**
Wie Sie Prioritäten setzen

30 **Das Arbeitsleben**
Höhen und Tiefen meistern

32 **Druck in Gruppen**
Wie Erwartungen uns beeinflussen

34 **Ein Leben in Balance**
Den Blickwinkel erweitern

36 **Geschlechterforschung**
Rollenerwartungen im Privatleben und im Beruf

38 **Schritt für Schritt**
Immer am Ball bleiben

40 **Klare Sicht voraus**
Das Ziel fest im Auge behalten

42 **Überforderung vermeiden**
Achten Sie auf Ihre Bedürfnisse

44 **Aus Fehlern lernen**
Wie Sie bei Rückschlägen weitermachen

KAPITEL 2 BEIM ICH ANSETZEN
DIE MACHT DER ÜBERZEUGUNGEN

48 **Erfüllung rundum**
Ganzheitliches Wohlbefinden

52 **Positive Denkweisen**
Für mehr Wohlbefinden

54 **Der Blick nach Innen**
Selbstwahrnehmung entwickeln

58 **Emotionale Intelligenz**
Mit den Gefühlen denken

60 **Wie sehen mich andere?**
Umgang mit Feedback

62 **In die Tiefe tauchen**
Das eigene Ich verstehen

64 **Durchhaltevermögen**
Widerstandskraft entwickeln

68 **Leichtigkeit im Alltag**
Achtsamkeit, Meditation, Klarheit und Zuversicht

72 **Finden Sie Ihre Passion**
Engagement, Ziel und Sinn

74 **Aus Konflikten lernen**
Was Meinungsverschiedenheiten bewirken können

76 **Analysieren Sie Ihre Stärken**
Entdecken Sie Ihr einzigartiges Profil

78 **Gene versus Umwelt**
Gibt es geborene Erfolgsmenschen?

KAPITEL 3
IHRE INNERE HALTUNG
DAS DENKEN SCHULEN UND DAS SELBST STÄRKEN

82 **Denkmuster auf dem Prüfstand**
Die Kraft des Optimismus

84 **Sich selbst vertrauen**
Selbstbewusstsein entwickeln

86 **Wertvolle Freizeit**
Wie Sie leistungsfähig bleiben

88 **Im Einklang mit sich selbst**
Der entspannte Umgang mit dem eigenen Körper

90 **Mit Gefühlen umgehen**
Wenn die Gäule durchgehen

94 **Selbstkontrolle**
Verlockungen widerstehen

96 **Übers Ziel hinaus**
Stress als Erfolgskiller

98 **Stress bewältigen**
Der produktive Umgang mit Druck

100 **Gesunder Stress**
Das richtige Level finden

102 **Der Feind in uns**
Selbstsabotage verhindern

104 **Hochstapler-Syndrom**
Die eigenen Fähigkeiten erkennen

106 **Wer wagt, gewinnt**
Wie uns die Angst vor dem Scheitern hemmt

108 **Misserfolge bewältigen**
Die Perspektive wechseln

110 **Die Angst vor Erfolg**
Mit Erwartungsdruck umgehen

KAPITEL 4
EINMALEINS DES ERFOLGS
MEHR EFFEKTIVITÄT IM ALLTAG

114 **Wie Schilf im Wind**
Die Kunst, flexibel zu sein

116 **Das Glück schmieden**
Die Kunst, Chancen wahrzunehmen

120 **Gelassenheit entwickeln**
Die Kunst der Akzeptanz

122 **Harte Zeiten überstehen**
Wie Sie Krisen bewältigen

124 **Gutes Zeitmanagement**
Eine Grundlage für Erfolg

128 **Umgang mit Termindruck**
Die Herausforderung annehmen

130 **Wie Sie sich behaupten**
Neinsagen lernen

132 **Entscheiden Sie jetzt**
Optionen abwägen

134 **Aktive Planung**
Strategien entwickeln und verfeinern

136 **Schritt ins Rampenlicht**
Die Kunst, öffentlich aufzutreten

138 **Aktiv im Wettbewerb**
Die Kunst des Verkaufens

140 **Projekte gut planen**
Zusammenarbeit in Teams

142 **Erfolgreiche Führung**
Verantwortung übernehmen

144 **Gutes Gedächtnis**
Mentale Stärken fördern

146 **Kritisches Denken**
Warum Skepsis helfen kann

148 **Blinde Flecken erkennen**
Mit vernünftigen Argumenten Verluste vermeiden

KAPITEL 5
IM VISIER
ZIELE FORMULIEREN UND UMSETZEN

152 **Die Regie übernehmen**
So bleiben Sie motiviert

154 **Denken wie ein Gewinner**
Zehn motivierende Glaubenssätze

156 **Aufschieberitis besiegen**
Der kluge Umgang mit Zeit und Ressourcen

160 **Perfektion ist kein Muss**
Zufrieden mit gut genug

162 **Den Weg vor sich sehen**
Visualisierungstechniken

164 **Stimmungen übertragen**
Die Macht emotionaler Ansteckung

166 **In den Flow kommen**
Voll und ganz bei der Sache

170 **Bewusst loslassen**
Der Umgang mit Verlusten

172 **Gekonnt Netzwerken**
Vielfältige Beziehungen pflegen

174 **Sozialkapital entwickeln**
Kontakte klug nutzen

176 **Kreativität fördern**
Der Weg zu originellen Ideen

180 **Aus Misserfolgen lernen**
Wie Sie offen bleiben

182 **Gegen den Burn-out**
Die Leistungsfähigkeit erhalten

184 **Aktiv in der Freizeit**
Ansatzpunkt für mehr Erfolg

KAPITEL 6
ERFOLG
EIN LEBENSLANGER PROZESS

188 **Resilienz aufbauen**
Die innere Kraft stärken

190 **Lebenslang lernen**
Stetige Weiterentwicklung

194 **Feedback**
Der Austausch von Ideen und Meinungen

196 **Die Kunst des Zuhörens**
Aktiv und achtsam wahrnehmen

198 **Hilfe durch Mentoring**
Gegenseitige Unterstützung

200 **Glaubwürdigkeit**
Den Worten Taten folgen lassen

202 **Respekt und Ansehen**
Wie Grenzen setzen uns schützt

204 **Die Psychologie des Reichtums**
Welches Verhältnis haben Sie zu Geld?

206 **Der Wert von Freundschaft**
Mehr als hilfreiche Beziehungen

208 **Erfolg in der Liebe?**
Gute Paarbeziehungen

210 **Für Balance sorgen**
Arbeit und Privates im Einklang

212 **Erfolg fürs Leben**
Was Zufriedenheit mit uns macht

214 **Quellen und Literatur**

220 **REGISTER**

VORWORT

Klarheit ist eine grundlegende Voraussetzung für Erfolg. Nur so können wir Ziele erreichen, die uns wichtig sind. Seit über 30 Jahren arbeite ich mit Managern, Führungskräften und Studierenden zusammen. Ich unterstütze sie dabei, forschungsbasierte Strategien und Methoden anzuwenden, mit denen sie ihre privaten und beruflichen Ziele erreichen können. Dabei ist mir aufgefallen, dass die meisten klar beschreiben können, was ihnen an ihrem Leben, ihrer Arbeit und ihren Beziehungen *nicht* gefällt. Sie denken, sie müssten nur dieses oder jenes ändern, um erfolgreich zu sein. Doch wenn es darum geht, was sie erreichen *wollen*, bleiben die Antworten oft vage: »mehr Geld verdienen«, »mehr reisen«, »beruflich aufsteigen«, »die große Liebe finden« oder »mich selbstständig machen«.

In unserem digitalen Zeitalter erschweren es die Social Media zusätzlich, sich darüber klar zu werden, was Erfolg denn nun bedeutet. Im Vergleich zu den dort so häufig zu lesenden Geschichten schneiden das eigene Leben, die eigenen Aktivitäten, Urlaubsreisen und Beziehungen sowie die eigene körperliche Erscheinung oft schlechter ab. Doch solange uns nicht klar ist, was wir erreichen wollen, können all diese Bilder unsere Sicht nur trüben.

Die Gedanken, Konzepte und Tipps, die in diesem Buch enthalten sind, bündeln die aktuellen Forschungsergebnisse zum Thema Erfolg und sollen Ihnen helfen, Ihr Denken klar auszurichten, damit Sie konkrete und detaillierte Pläne schmieden können. Dies wiederum wird dazu beitragen, sich den nötigen Schwung zu bewahren, selbst wenn Sie zu »Aufschieberitis« neigen, negative Urteile zu hören bekommen, Angst vor Misserfolgen haben oder sich fragen, was Sie aufgeben müssen, um ein gewünschtes Ziel zu erreichen.

Grundlagen für dieses Buch sind die Forschungsergebnisse aus und praktischen Erfahrungen mit der Positiven Psychologie, die die Stärkung von Hoffnung, Resilienz und Optimismus als besonders wichtig erachtet. In Kapitel 1 geht es um die Frage, wie Sie herausfinden können, was Erfolg für Sie bedeutet; in Kapitel 2 wird erklärt, wie Sie die Kraft Ihrer Überzeugungen nutzen, um Erfolg und Erfüllung zu erlangen. Wie sehr wir profitieren können, wenn wir uns auf unsere Stärken konzentrieren, und wie Sie negativen Gedanken am besten begegnen (zum Beispiel »Ich kann das nicht, ich habe das schon mal probiert, und es ist schiefgegangen«), schildert Kapitel 3. Um Erfolg zu haben, müssen wir aktiv werden. Kapitel 4 enthält einige grundlegende praktische Techniken zur Verbesserung der Effektivität. In Kapitel 5 geht es um die Kunst der kreativen Problemlösung, des Netzwerkens und um die Frage, wie man andere beeinflussen kann. Im Mittelpunkt des letzten Kapitels stehen die Themen Zufriedenheit und private Beziehungen – entscheidende Stellschrauben für unser Lebensgefühl.

Vielleicht nehmen Sie dieses Buch erneut zur Hand, wenn sich Ihre Ziele konkretisiert haben, sich neue Chancen ergeben oder Ihre Lebensumstände sich ändern. Ihre Erfolgsdefinition wird sich im Lauf der Zeit ändern, es werden neue Ziele auftauchen, die Ihre Aufmerksamkeit benötigen. Dies ist ein natürlicher Bestandteil der persönlichen Entwicklung und des persönlichen Wachstums.

Erfolgsvorstellungen sind höchst individuell, und das ist gut so. Es bringt nichts, sich mit anderen zu vergleichen. Es geht darum, seinen eigenen Weg zu finden und danach zu streben, was man wirklich will. Erfolg bedeutet, jeden Tag Prioritäten zu setzen und Ziele zu formulieren, die mit den eigenen Werten und Träumen in Einklang stehen. Dieses Buch will Ihnen dabei helfen herauszufinden, was Erfolg für Sie bedeutet und wie Sie ihn erreichen können.

Deborah Olson

Deborah A. Olson, Ph.D.

Kapitel 1

LEBENS-ENTWÜRFE

WAS ERFOLG UND ERFÜLLUNG BEDEUTEN

WAS IST ERFOLG?

VIELE WEGE FÜHREN ZUR ERFÜLLUNG

Ein erfülltes Leben ist mehr als die Summe dessen, was man offensichtlich erreicht hat. Beim ersten Schritt auf dem Weg zu mehr Produktivität, Engagement und Wohlstand gilt es herauszufinden, was Erfolg für Sie heißt.

Wahrscheinlich haben Sie dieses Buch nicht ohne Grund gekauft. Vielleicht fragen Sie sich, welche Herausforderung als Nächstes auf Sie zukommt und wie Sie es schaffen, mit Ihren Ideen, Energien und Ambitionen so umzugehen, dass die Ergebnisse optimal ausfallen. Womöglich haben Sie sich bereits ein paar Ziele gesetzt, kommen aber nur im Schneckentempo voran oder erreichen sie gar nicht. Oder Sie bewegen sich in ausgefahrenen Gleisen, weil sich Ihre Pläne von einst überlebt haben, Sie mit Ihren üblichen Verhaltensweisen nicht weiterkommen oder die Orientierung verloren haben.

Realistisch sein

Da wir häufig unter Zeitdruck stehen und unsere Fähigkeiten zum Multitasking ebenso begrenzt sind wie unser Durchhaltevermögen, können wir nicht in allen Bereichen des Lebens brillieren. Wir müssen zwangsläufig Kompromisse schließen. Auf keinen Fall sollten wir uns quälen, wenn wir etwas nicht erreichen, was niemand in der gleichen Situation hätte erreichen können. Wir können nur die Karten ausspielen, die wir auf der Hand haben.

Leistung messen

Es gibt keine Messlatte für Erfolg. Obwohl wir unser Streben nach objektiven Maßstäben wie Wohlstand, Status und Karriere ausrichten können, erfassen wir damit nicht das ganze Bild. Tatsächlich setzen wir sie oft ein, um zwischen uns und anderen nutzlose Vergleiche zu ziehen, denn die individuellen Ziele sind einfach zu unterschiedlich. Vielen Menschen sind private Aspekte wie eine langfristige Liebesbeziehung wichtiger als gesellschaftliche Aspekte, etwa eine erfolgreiche Karriere.

Im Wandel der Zeit

Auch innerhalb der Gesellschaft verändern sich Erfolgskonzepte im Lauf der Zeit. Die Vorstellung, dass sich Erfolg danach bemisst, was

? WIE DEFINIEREN SIE ERFOLG?

Sie wollen Ihre Vorhaben umsetzen? Dann überlegen Sie zunächst, was Sie überhaupt erreichen möchten. Stellen Sie sich folgende Fragen:

- Was ist Ihnen am wichtigsten?
- Was macht Ihrer Meinung nach ein erfolgreiches Leben aus?
- Gibt es jemanden, den Sie bewundern? Inwieweit kann er oder sie Ihnen als Vorbild dienen?
- Wie viel Einsatz wollen Sie bringen, um Ihre Ziele zu erreichen?
- Woran erkennen Sie Erfolge?

MOMENTAUFNAHME

In ihrem Buch *Co-aktives Coaching: Neue Coaching-Techniken für mehr beruflichen und privaten Erfolg* verwenden Henry und Karen Kimsey-House, Phillip Sandahl und Laura Whitworth das »Lebensrad«, um die vielfältigen Aspekte des Lebens zu verdeutlichen. Es ist mit einer Momentaufnahme vergleichbar, die zeigt, wie man sich zu einem bestimmten Zeitpunkt in seinem Leben fühlt.

Nehmen Sie Ihre Lebensbereiche – beispielsweise Karriere, private Beziehungen, körperliche Gesundheit, finanzielle Verhältnisse – unter die Lupe und bewerten Sie auf einer Skala von eins bis zehn, wie zufrieden Sie damit jeweils sind. Der Wert eins bedeutet »sehr unzufrieden« und zehn »sehr zufrieden«. Tragen Sie die Ergebnisse wie im Beispiel rechts als dicke Linien in Ihr »Lebensrad« ein.

Stimmt die Balance? Ist das Rad, das Sie gezeichnet haben, glatt und schön gerundet oder zerklüftet und uneben, weil Sie manche Aspekte Ihres Lebens vernachlässigen? Finden Sie mit dem »Lebensrad« heraus, wo Sie ab jetzt mehr Zeit und Energie einsetzen sollten, um mehr Ausgeglichenheit in Ihr Leben zu bringen. Erstellen Sie nach einiger Zeit wieder eimal eine weitere Momentaufnahme und vergleichen Sie, was sich in der Zwischenzeit getan hat.

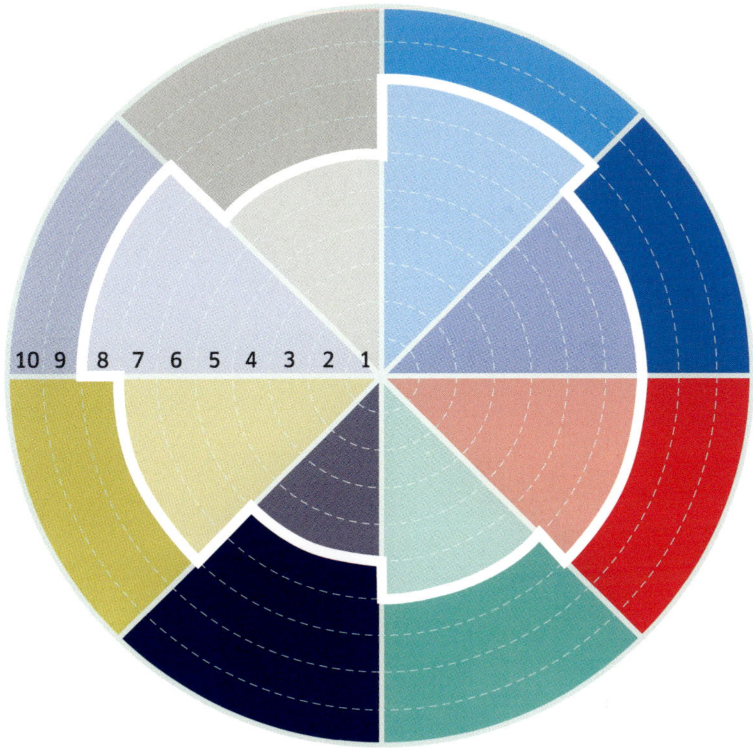

DAS LEBENSRAD

- Familie
- Karriere
- Gesundheit
- Persönliche Entwicklung
- Freunde und Beziehungen
- Finanzielle Situation
- Freizeitaktivitäten
- Häusliches Umfeld

nach außen hin sichtbar ist, hat sich mittlerweile überlebt – nicht zuletzt, weil dies oft auf Kosten anderer Bereiche wie private Beziehungen, physische Gesundheit und psychisches Wohlbefinden geht. Es kann durchaus sein, dass materieller Wohlstand als Begleiterscheinung erfolgreicher Karrieren den Werten eines »guten Lebens« widerspricht. Und es ist auch zu berücksichtigen, welchen Preis der Einzelne mit seiner Familie dafür zu zahlen hat (siehe S. 96–101), ein Problem, das in der westlichen Welt immer offensichtlicher wird.

Sie werden bei der Lektüre dieses Buchs feststellen, dass jeder von uns etwas anderes unter Erfolg versteht und dass sich diese individuelle Einschätzung zudem im Lauf des Lebens ändern kann.

> **Erfolg** heißt, sich selbst zu mögen, **zu mögen, was man tut** und wie man es tut.
>
> **Maya Angelou**
> Schriftstellerin

DIE BASIS DES ERFOLGS

IHR VERHALTEN PRÄGT DAS ERGEBNIS

Erfolg beruht auf ein paar grundlegenden Eigenschaften und einer klaren Vorstellung davon, was Sie vom Leben erwarten. Flexibilität ist wichtiger als der strikte Wille, die Welt nach eigenen Vorstellungen zu formen.

Viele Menschen träumen davon, auf magische Art organisierter, produktiver und erfolgreicher zu werden. Sehr effiziente Menschen haben sich selbst oft einige nützliche Verhaltensweisen angewöhnt, zum Beispiel ein gutes Zeitmanagement (siehe S. 124–125). Planen Sie realistisch und mit einem Puffer für Unvorhersehbares; arbeiten Sie Dinge nacheinander ab. Wenn möglich, stehen Sie früh auf – das Gefühl, den ganzen Tag vor sich zu haben, verleiht Energie. Auch kommen am Morgen die besten Ideen auf. Oder Sie erledigen die langweiligsten Aufgaben zuerst, dann sind Sie damit schon durch.

Räumen Sie auf

»Entrümpeln« ist ein wunderbarer Weg, mit Vergangenem abzuschließen und den Kopf für Neues frei zu machen. Räumen Sie Ihr Arbeitszimmer auf oder planen Sie Zeit ein, in der Sie sich ganz auf eine Sache konzentrieren. Egal, wie Sie entrümpeln – es befreit Sie von Ballast, sodass Sie sich den wichtigen Dingen zuwenden können.

Um **erfolgreich** zu sein, muss man **neue Wege** einschlagen, statt den ausgetretenen Pfaden … zu folgen.

John D. Rockefeller

DIE RICHTIGE EINSTELLUNG

Erfolg hat viele Gesichter. Doch die psychischen Voraussetzungen, um ihn zu erreichen, sind fast immer gleich. Arbeiten Sie an Ihrer Einstellung und stellen Sie so die Weichen für ein erfolgreicheres Leben.

Behalten Sie den Überblick

Lassen Sie Einzelheiten außer Acht, bis Sie einen Überblick gewonnen haben. Das große Ganze ist wichtiger – die Detailplanung folgt später.

Gehen Sie mit Leidenschaft ans Werk

Das Herzblut, das man in ein Projekt steckt, ist oft ein Schlüssel zum Erfolg. Das gibt Ihnen die Kraft, auch Rückschläge wegzustecken. Ihre Vision weist Ihnen den Weg – wie ein Kompass, nach dem Sie sich richten können.

Nutzen Sie Ihre Möglichkeiten

Setzen Sie sämtliche Ressourcen, die Sie haben – ob Zeit, Geld, Dinge oder Menschen –, weise und kreativ ein.

Übernehmen Sie die Regie

Ergreifen Sie die Initiative – in dem Wissen, dass Sie für Ihren Erfolg ganz allein verantwortlich sind.

Akzeptieren Sie Misserfolge

Rückschläge lassen sich bei langfristigen Projekten nicht vermeiden. Nehmen Sie sie nicht persönlich und halten Sie Ihre Begeisterung lebendig.

Hören Sie auf sich selbst

Folgen Sie Ihrer inneren Stimme. Lassen Sie sich nicht von Mitmenschen beeinflussen, die Druck ausüben oder auch nur Bedenken äußern.

Bleiben Sie optimistisch

Optimismus setzt jede Menge Energie frei, die sich positiv auf Ihre Pläne auswirkt. Eine von Optimismus geprägte Haltung verleiht Ihnen die Beharrlichkeit, die Sie brauchen, um alle Hindernisse zu überwinden.

DEN ERFOLG MESSEN

MEHR ODER WENIGER ZUFRIEDENHEIT?

Es ist schön, wenn die Arbeit begeistert. Viele verbringen schließlich den Großteil ihrer wachen Zeit damit. Doch auch eine wenig erfüllende Aufgabe lässt sich sinnvoll gestalten – mit den richtigen Entscheidungen.

Es ist schwierig, im Beruf glücklich zu werden, wenn man seine Arbeit nicht mag. Zwar stellt eine erfolgreiche Karriere keine Garantie für Glück dar, doch sollte man idealerweise einer Tätigkeit nachgehen, die das zumindest nicht ausschließt. Letztlich ist unser Wohlbefinden das Ziel – die Frage ist, wie sich das erreichen lässt. Die Gallup Organization hat bei ihren Forschungen in den USA herausgefunden, dass glückliche Arbeitnehmer später mehr verdienen, ein besseres Sozialleben haben und ihre Kollegen mehr unterstützen.

Anpassen oder Job wechseln?

Gemäß den US-Psychologen Patricia Chen, Phoebe C. Ellsworth und Norbert Schwarz gibt es zwei Wege, um beruflich erfolgreich zu sein. Erstens: Es findet sich eine Arbeit, die man leidenschaftlich gern macht und die hundertprozentig zu einem passt – das klingt gut, ist aber oft schwierig umzusetzen. Oder man entwickelt eine Leidenschaft für das, was man tut, und pflegt das Interesse am Job. Welche Lösung ist die bessere?

Wahrscheinlich würden wir alle am liebsten die ideale Stelle finden, doch aus den Studien der genannten Psychologen geht hervor, dass die meisten Menschen sich irgendwann mit ihrer Tätigkeit arrangieren. Wenn Sie keine Aufgabe finden, die Sie begeistert, können Sie langfristig dennoch einen Sinn in Ihrer Arbeit sehen.

Suchen Sie sich Ihre Nische

Wenn es Ihnen widerstrebt, sich in ein Unternehmen einzupassen, denken Sie darüber nach, sich selbst-

GLÜCK IST NICHT KÄUFLICH

Armut ist ein schlimmer Zustand, doch Wohlstand macht auch nicht wirklich glücklich. In den USA beispielsweise stieg das landesweit erwirtschaftete Einkommen in den letzten 50 Jahren kontinuierlich an, doch die Lebenszufriedenheit der Menschen ist ziemlich konstant geblieben.

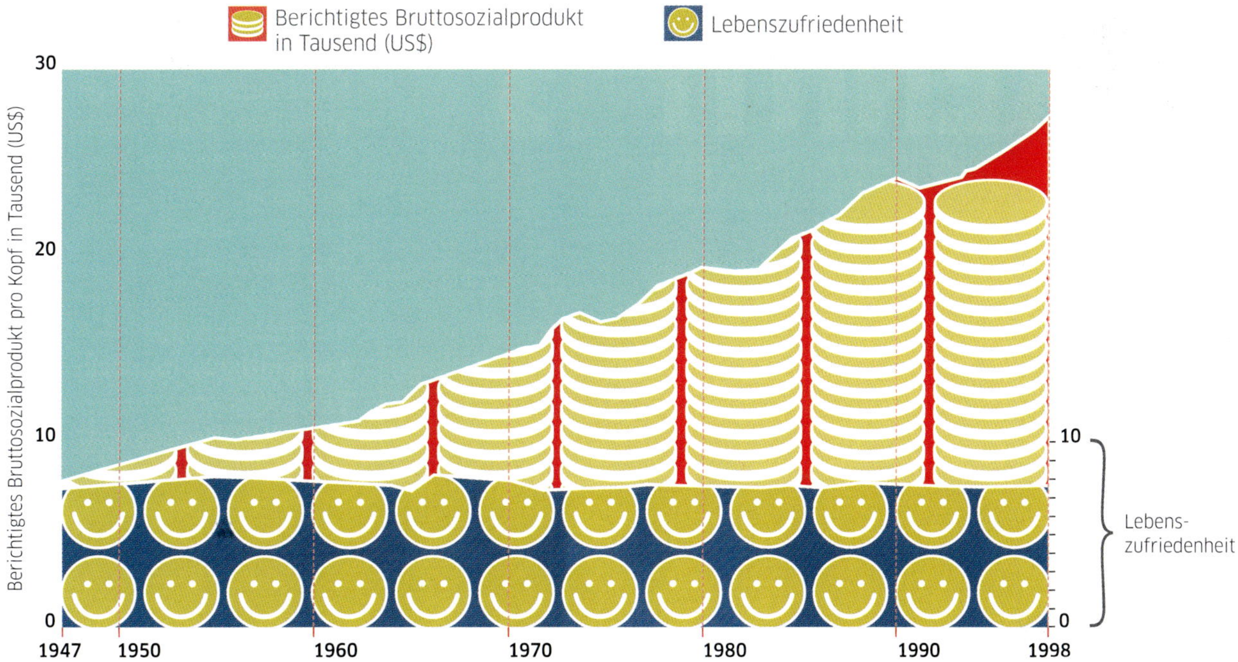

BRUTTOSOZIALPRODUKT UND LEBENSZUFRIEDENHEIT IN DEN USA VON 1947 BIS 1998

ständig zu machen. Laut einer kanadischen Studie von 2011 profitieren Menschen, die ihren Platz in der Welt selbst gestalten möchten, vor allem von folgenden Eigenschaften:

- **Lernmotivation:** die Bereitschaft, dazuzulernen und sich auf dem Laufenden zu halten.
- **Freude an der Arbeit:** die Erfüllung, die in der Arbeit selbst liegt.

Auch wenn Sie nicht zu den Menschen gehören, die gerne lernen, können Sie sich weiter verbessern, wenn die Umstände es erfordern. Wahrscheinlich werden Sie im Lauf Ihres Lebens Ihre Arbeit mal mit mehr, mal mit weniger Begeisterung erledigen. Wenn Sie nicht sicher sind, was Sie in dieser Hinsicht erwarten, bewahren Sie sich eine offene Haltung und hören Sie niemals auf zu lernen. Es gibt viele Möglichkeiten, mit dem, was man tut, glücklich zu sein.

AM ANFANG WAR DIE LEIDENSCHAFT, ODER?

2015 untersuchten US-Psychologen, welche Menschen das Gefühl hatten, sie seien am besten für ihre Arbeit geeignet: jene, die glaubten, man müsse tun, was man liebe (Identifikationstheorie), oder jene, die glaubten, man müsse lieben, was man tue (Entwicklungstheorie). Diejenigen mit der ersten Meinung fühlten sich oft besser geeignet, doch die anderen holten im Lauf der Zeit auf.

SELBST-ERKENNTNIS

DAS PASSENDE ERFOLGSKONZEPT FINDEN

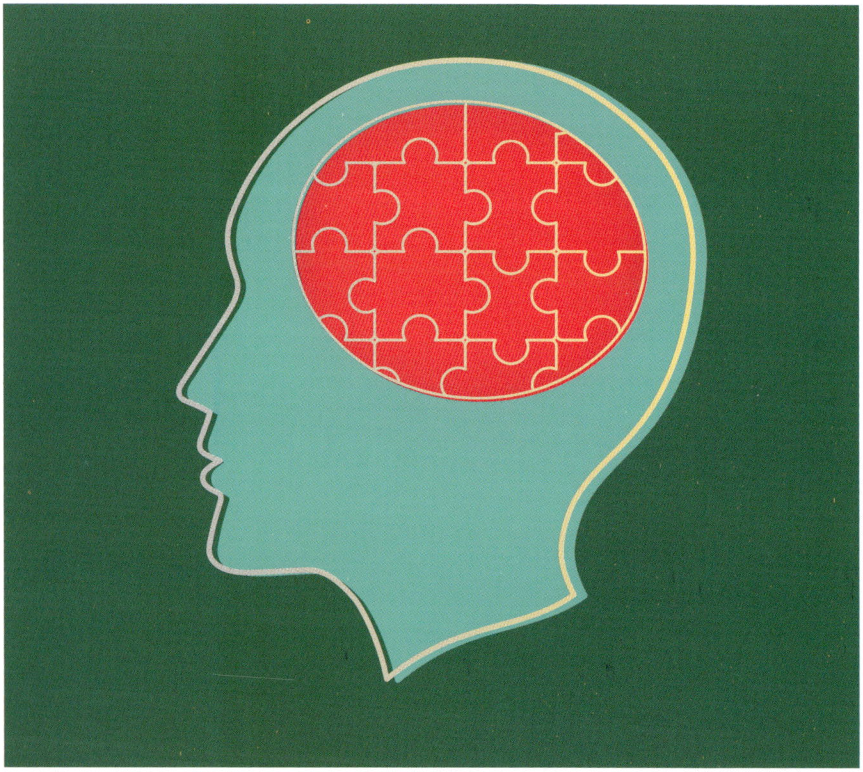

Erfolg lässt sich definieren als das Erreichen von Zielen. Ist das nicht zu kurz gedacht? Immerhin wollen Menschen unterschiedliche Dinge in ihrem Leben umsetzen, und dabei spielt ihre Persönlichkeit eine wichtige Rolle.

Wir sind alle einzigartig,- deshalb kann sich Ihre Definition von Erfolg deutlich von der Ihres Nachbarn unterscheiden. Wenn man Pläne schmiedet, kann es sehr hilfreich sein zu wissen, wie man im Innersten »tickt«. Als 75 Beiräte der Stanford Graduate School of Business im Rahmen einer Umfrage gebeten wurden, die wertvollste Eigenschaft zu nennen, die man ihrer Meinung nach pflegen solle, antworteten sie fast einhellig: Selbsterkenntnis.

Fünf klassische Persönlichkeitsmerkmale

Es gibt unterschiedliche Theorien zur Klassifizierung von Persönlichkeitsmerkmalen, doch die meisten sind sich darin einig, dass das Fünf-Faktoren-Modell (»Big Five«) die meisten Aspekte der Persönlichkeit erklärt. Die Forschung an diesem Modell begann 1949, seither wurde es mehrfach erweitert. Laut einer Studie lässt es sich auf mehr als 50 Kulturen anwenden. Angesichts dieser guten Forschungslage spricht vieles dafür, dass es uns beim Nachdenken über uns selbst weiterbringen kann.

Die folgenden fünf Hauptpersönlichkeitsmerkmale werden unterschieden:

1 **Extraversion / Introversion.** Blühen Sie in Gesellschaft auf, oder erschöpft Sie das Zusammensein mit anderen? Brauchen Sie Ruhe, um Dinge zu durchdenken und sich zu regenerieren? Das eine ist nicht besser als das andere – es geht darum, herauszufinden, welche Arbeitsweise zu einer Person passt.

2 **Verträglichkeit.** Sind Sie altruistisch und zugewandt oder ein Querkopf? Verträgliche Menschen finden sich in Situationen, die Kooperation erfordern, gut zurecht; weniger verträgliche blühen hingegen in Konkurrenzsituationen auf.

3 **Gewissenhaftigkeit.** Sind Sie gut organisiert, haben einen Blick für Details und arbeiten zielorientiert? Manchen fällt das leichter als anderen. Ein gewisses Maß an Gewissenhaftigkeit ist nötig, um erfolgreich zu sein. Arbeiten Sie daran, wenn Sie über diese Eigenschaft nicht verfügen.

4 **Neurotizismus.** Menschen mit stark ausgeprägtem Neurotizismus sind psychisch eher labil, solche mit einem niedrigen Neurotizismuswert sind belastbarer. Wie viel Stress können Sie wegstecken? Auch an der Stressresistenz lässt sich arbeiten.

5 **Offenheit.** Je offener ein Mensch ist, umso lieber stürzt er sich in Abenteuer, probiert Neues aus und findet kreative Lösungen. Weniger offene Menschen sind konventioneller eingestellt und empfinden abstraktes Denken vielleicht als anstrengend.

> Die Menschen **vertrauen** Ihnen, wenn Sie **echt** und **authentisch** sind und niemanden kopieren.
>
> **Bill George, Peter Sims, Andrew N. McLean, and Diana Mayer**
> *Harvard Business Review*, 2007

MOTIVATIONSTHEORIE

Wie denken Sie und was wollen Sie? Nach dem Psychologen David McClelland basiert die Motivation erfolgsorientierter Menschen auf drei Grundbedürfnissen. Welches davon nehmen Sie an sich selbst am deutlichsten wahr?

SIND SIE LEISTUNGSMOTIVIERT?

Wenn Sie dieses Buch lesen, ist Leistung vermutlich wichtig für Sie. Laut David McClelland weisen Sie dann folgende Hauptcharakterzüge auf:

- Leistung bedeutet für Sie mehr als der materielle Lohn. Geld zählt als Maß für den Erfolg.
- Status und Sicherheit sind Ihnen nicht besonders wichtig.
- Sie suchen stets nach Möglichkeiten, Dinge zu verbessern.
- Sie wünschen sich eine Arbeitsstelle, die Flexibilität zulässt und Gelegenheiten bietet, sich eigene Ziele zu setzen.
- Sie wünschen sich Feedback, aber keine Lobhudeleien. Ihre emotionale Befriedigung steht und fällt mit der korrekten Erledigung Ihrer Aufgaben.
- Sie setzen sich realistische Ziele, die Ihren Interessen und Fähigkeiten entsprechen, und sind erfolgsorientiert.

DER WEG ZUM ERFOLG

EIN LEBENSLANGER PROZESS

Wenn wir uns ausmalen, wie wir ein Ziel erreichen, stehen oft äußere Faktoren wie Profit oder Prestige im Vordergrund. Es ist jedoch sinnvoller, sich damit zu beschäftigen, wie Sie Ihr Leben gestalten möchten.

Wie leicht denken wir beim Anblick erfolgreicher Menschen, die wir bewundern: Wäre ich doch an seiner Stelle, dann hätte ich ausgesorgt. Doch Lebensumstände können sich ändern. Erfolg ist kein sicherer Hafen, den man erreicht, um anschließend die Füße hochzulegen. Vielmehr geht es darum, dass man sich unterwegs immer wieder neu orientieren muss.

Das Leben leben?

Der Millionär Richard St. John fand bei einer Befragung von 500 erfolgreichen Personen heraus, dass acht Prinzipien ihnen zum Erfolg verholfen hatten (siehe S. 21). Seine eigene Geschichte hingegen wollte er eher als Warnung verstanden wissen: Nach seinem Durchbruch als Unternehmer begann er sich für einen »Teufelskerl« zu halten. Das Ergebnis: eine kreative Blockade und eine klinische Depression. Die Kunden wendeten sich von ihm ab, weil ihm Geld wichtiger war als guter Service. Es ging erst wieder bergauf, als seine Firma kurz vor dem Ruin stand und er um sie kämpfen musste. Die damit verbundenen Anstrengungen machten ihn glücklicher als das mühelose Vorankommen.

Es ist also sinnvoll, Erfolg nicht als Endziel, sondern als Prozess zu sehen. Das ist besser für die psychische Gesundheit und die Karriere.

Widerstand überwinden

Es liegt in unserer Natur, dass Veränderungen zunächst einmal Widerstand in uns auslösen. Wer etwas Neues beginnt, ist darin unerfahren; das kann Angst machen. Die Unternehmensberaterin Erika Andersen beschreibt im *Harvard Business Review* vier mentale Strategien, die uns helfen können, damit zurechtzukommen.

1 **Positive Ausrichtung.** Bei neuen Herausforderungen sehen wir eher die Fallstricken als die Chancen. Die psychologische Forschung zeigt: Wir sind motivierter, wenn wir uns ausmalen, wie gut sich das Erreichen der Ziele anfühlt.

2 **Selbstwahrnehmung.** Niemand ist perfekt. Blinde Flecken und Misserfolge sind menschlich. Unternehmen Sie eine Entdeckungsreise in Ihr Inneres (S. 54–57), denken Sie über Ihre Stärken und Schwächen nach, überlegen Sie, wie Sie sich weiterentwickeln können.

3 **Neugier.** Wissensdurst ist uns angeboren. Versuchen Sie, sich Ihre jugendliche Neugier zu bewahren.

4 **Verletzlichkeit.** In der Komfortzone lebt es sich bequem, verbessern können wir uns hier aber nicht. Testen Sie Neues aus, machen Sie Fehler und lernen Sie daraus.

DIE ACHT GEHEIMNISSE DES ERFOLGS

Der US-amerikanische Erfolgsexperte Richard St. John hat aus vielen Interviews mit erfolgreichen Menschen acht Erfolgsfaktoren herausgefiltert.

Begeisterung
Tun Sie das, was Sie tun, weil es Ihnen wichtig ist. Begeisterung zählt mehr als materieller Erfolg.

Harte Arbeit, spielerisches Herangehen
Arbeiten Sie hart – aber so, dass Ihnen die Arbeit Spaß macht.

Expertise
Üben Sie, lernen Sie und feilen Sie an Ihren Fähigkeiten, bis Sie auf Ihrem Gebiet Expertin oder Experte sind.

Konzentration
Schenken Sie Ihrer Arbeit die nötige Aufmerksamkeit.

Selbstmotivation
Spornen Sie sich an, setzen Sie sich neue Ziele und lassen Sie sich nicht von Selbstzweifeln demotivieren.

Altruismus
Tun Sie Dinge nicht, um dafür Ruhm zu ernten, sondern um anderen etwas Wertvolles zu geben.

Neugier
Bleiben Sie wissbegierig und aufmerksam; entwickeln Sie neue Ideen.

Beharrlichkeit
Zurückweisung, Kritik und Rückschläge sind unvermeidlich. Lassen Sie sich davon nicht abhalten, das zu tun, woran Sie glauben.

AM RICHTIGEN PLATZ?

94 %

Eine Studie mit Hochschullehrern, die die Erziehungswissenschaftlerin K. Patricia Cross durchführte, ergab, dass 94 Prozent der Befragten ihre Arbeit als **»überdurchschnittlich«** beurteilten. Wer bei sich immer noch **Raum zur Verbesserung** sieht, ist in seiner Einschätzung wahrscheinlich genauer.

ERFOLGSORIENTIERTE SELBSTGESPRÄCHE

Nicht immer sind es allein die widrigen Umstände, die uns entmutigen. Die Autorin Erika Andersen rät dazu, am »inneren Erzähler« zu arbeiten: Es geht darum, Selbstgespräche, die damit zu tun haben, wie wir Herausforderungen begegnen, konstruktiv zu führen.

Nicht hilfreich
- Ich bin zu alt für einen Neubeginn.
- Das ist mir zu mühselig.
- Ich kann das nicht gut.
- Ich stehe als Dummkopf da, wenn ich scheitere.

Hilfreich
- Ich habe jede Menge Erfahrung.
- Wie wird mein Leben aussehen, wenn ich mein Ziel erreicht habe?
- Ich lerne noch – ich werde den richtigen Weg finden.
- Ich kann viel Wertvolles lernen, egal, wie die Sache ausgeht.

RICHTIG NAVIGIEREN

DEN EIGENEN WEG FINDEN

Aktive und ehrgeizige Menschen haben oft unterschiedliche Ziele, die sich durchaus widersprechen können. Was tun, wenn man sich zwischen mehreren Möglichkeiten entscheiden muss?

Vielleicht sind Sie der Meinung, dass es über die Entstehung und Ausprägung unserer individuellen Fähigkeiten nicht viel zu diskutieren gibt. Aus Studien geht jedoch hervor, dass es hierzu zwei unterschiedliche Sichtweisen gibt.

Die Entitätstheorie: Diejenigen, die diese Theorie vertreten, gehen davon aus, dass Talente und Fähigkeiten angeboren, im Großen und Ganzen unveränderlich und schlicht ein Teil unserer selbst sind.

Die Modifizierbarkeitstheorie: Anhänger dieser Theorie glauben daran, dass wir Fähigkeiten erwerben und verbessern können.

Die Ansätze unterscheiden sich darin, wie wir unsere Fähigkeiten wahrnehmen: Wie sehr sind wir davon überzeugt, dass wir Erfolg haben werden, wenn wir etwas ausprobieren, ob wir nun andere beeindrucken (Leistungsziele) oder etwas lernen (Lernziele) wollen?

Der Sieger ist ...

Welche dieser beiden Theorien ist die richtige? Die wissenschaftliche Forschung stützt die Modifizierbarkeitstheorie. Eine Studie aus dem Jahr 2006, an der mehr als 450 Probanden teilnahmen, ergab, dass Erfolg sich am verlässlichsten anhand der Kraft voraussagen lässt,

Wer **zwei Hasen** jagt, **fängt keinen.**

Sprichwort

mit der ein Individuum an seine Entwicklungsfähigkeit glaubt. Das gilt selbst für vermeintlich objektive IQ-Tests. Wenn Sie Erfolg haben möchten, sollten Sie sich also als lernfähig begreifen. Wenn Sie daran glauben, dass Sie sich neue Fähigkeiten aneignen können, steigt die Wahrscheinlichkeit, dass dies passieren wird, signifikant.

Positives Arbeitsklima

Sie denken über eine berufliche Veränderung nach? Dann beschäftigen Sie sich mit den Werten und dem Leitbild der infrage kommenden Unternehmen. Unter Dauerstress und in einem Klima der Angst werden Sie sich nicht weiterentwickeln können.

Die Positive Organizational Scholarship (POS) – eine Richtung der Organisationsforschung – befasst sich damit, wie wichtig es für Unternehmen ist, eine Kultur zu schaffen, in der die Beschäftigten wachsen und sich entwickeln können. Positive Bedingungen, Prozesse und Ergebnisse werden als besonders bedeutsam erachtet. Demnach soll es effektiver sein, wenn Führungskräfte oder Mentoren die Stärken ihrer Mitarbeiter in den Vordergrund rücken, statt sich auf deren Schwächen zu konzentrieren. Dies vermittle ihnen die Sicherheit, die sie bräuchten, um Dinge auszuprobieren.

Langer Rede kurzer Sinn: Wenn Sie den Job wechseln wollen, achten Sie darauf, dass das gewählte Unternehmen Sie fördert. Sie werden leichter lernen, wenn Sie auf Menschen stoßen, die sich eher für das interessieren, was Sie können, als für das, was Sie nicht können.

DIE POSITIVE SPIRALE DER ENTWICKLUNG

Die **Positive Organizational Scholarship (POS)** behauptet, dass Menschen am meisten lernen, wenn sie lernen, sich auf ihre Stärken und nicht auf ihre Schwächen zu konzentrieren. Damit kann eine sich positiv verstärkende Spirale in Gang kommen:

DIE QUAL DER WAHL

Wenn Ihnen die Entscheidung zwischen Zielen schwerfällt, probieren Sie diese Technik aus, die dem US-Manager Warren Buffett zugeschrieben wird.

- Notieren Sie 25 private und berufliche Ziele, die Sie im nächsten Jahr erreichen möchten.
- Kreisen Sie die fünf wichtigsten Vorhaben auf Ihrer Liste ein.
- Überprüfen Sie, ob diese fünf ausgewählten wirklich Ihre wichtigsten Ziele sind.
- Machen Sie einen Plan, wie Sie diese Ziele erreichen möchten, welche Ressourcen Sie dazu benötigen usw.
- Lassen Sie die restlichen 20 Punkte beiseite. Die würden Sie bei der Verwirklichung Ihrer fünf wichtigsten Ziele nur ablenken.

ICH FOLGE NICHT DEM WEG, DER VORGEGEBEN IST, SONDERN GEHE DORTHIN, WO KEIN WEG IST, UND ICH WERDE EINE SPUR HINTERLASSEN.

MURIEL STRODE, DICHTERIN UND SCHRIFTSTELLERIN

DIE EIGENEN ZIELE KLÄREN

WAS IST IHNEN WICHTIG?

Wer zielgerichtet handeln will, muss Prioritäten setzen. Sie entscheiden, was Sie tun werden – und was nicht. Lassen Sie dabei auch die weniger offensichtlichen Konsequenzen Ihrer Entschlüsse nicht außer Acht.

Oftmals ist es schwierig, Prioritäten zu setzen. Das hat auch damit zu tun, dass sich nicht immer voraussagen lässt, wie das Ergebnis unseres Handelns aussehen wird. Um das Wesentliche vom Unwesentlichen zu unterscheiden, ist es hilfreich, ein paar Fragen zu beantworten.

Fallen umgehen

Der US-amerikanische Managementberater Fred Nickols hat zusammen mit seinem Kollegen Ray Forbes einen Fragenkatalog erstellt, den Sie nutzen können, wann immer Sie Ihre Ziele klären möchten:

- Was wollen Sie erreichen?
- Was wollen Sie bewahren?
- Was wollen Sie vermeiden?
- Was wollen Sie aussortieren?

Es geht darum, sich über die manchmal komplexen Wechselwirkungen zwischen Entscheidungen, Handlungen und den Ergebnissen

STATISCH ODER DYNAMISCH?

Laut der Psychologin Carol Dweck prägt eines der beiden folgenden Selbstbilder unser Leben.

- **Statisches Selbstbild.** Der Glaube, dass Intelligenz, Talente usw. einem gegeben sind oder nicht.
- **Dynamisches Selbstbild.** Die Überzeugung, dass sich die eigenen Fähigkeiten das ganze Leben lang weiterentwickeln lassen.

Menschen mit einem dynamischen Selbstbild sind nicht nur aktiver, sondern auch nachsichtiger mit sich selbst, weil Fehler zum Lernen gehören. Sie können Rückschläge besser verkraften.

daraus klar zu werden. Dann treffen Sie eine Wahl, wie Sie eine ausgeglichene Erfolgsbilanz erzielen, indem Sie bewahren, was Sie als wertvoll erachten, auf neuen Gebieten etwas leisten und negative Ergebnisse vermeiden.

Womöglich haben Sie mehr Ziele, als es Ihnen bewusst ist. Wenn Sie »negative« wie positive Ziele in Ihre Überlegungen einbeziehen, verringern Sie das Risiko, etwas Wichtiges zu übersehen und nicht vom Fleck zu kommen. Machen Sie sich bewusst, was Sie wollen – und was Sie nicht riskieren möchten.

Den Schwung behalten

Ist die Ausgangssituation nicht ideal, kostet die Umsetzung großer Pläne eine Menge Zeit und Energie. Es kann sein, dass Ihnen zwischendurch die Luft ausgeht. Dann ist es Zeit, die eigenen Prioritäten zu überprüfen.

Der australische Gesundheitspsychologe Stuart Biddle sagt: »Es trifft meist nicht zu, dass wir keine Zeit haben.« Die Minuten und Stunden, die wir mit Fernsehen oder Pausen verbringen, können wir auch in ein größeres Projekt stecken. Laut der Psychologin Carol Dweck hilft uns dabei ein dynamisches Selbstbild mehr als ein statisches (siehe Kasten links): Statt davon auszugehen, dass wir etwas entweder können oder nicht können, sollten wir Lernen als lebenslangen Prozess betrachten. Das wirkt entlastend. Sie müssen sich also nicht bis zur Erschöpfung verausgaben, doch wenn Sie nur begrenzt Zeit haben, sollten Sie sich in schwachen Momenten fragen, ob Sie wirklich dabei sind, die Motivation zu verlieren, oder ob Sie einfach nur müde sind.

Wer nach Erfolg strebt, darf den Mut nicht sinken lassen. Das, was wir schon haben, nicht aufs Spiel zu setzen kann genauso wichtig sein wie das Umsetzen neuer Vorhaben. Je klarer Sie sich über Ihre Prioritäten sind, umso besser wird es Ihnen gelingen, die für Sie passende Entscheidung zu treffen.

ERREICHEN, BEWAHREN, VERMEIDEN ODER AUSSCHLIESSEN?

Fred Nickols hat einen Fragenkatalog entwickelt, der helfen kann, sich über die eigenen Prioritäten klarzuwerden. Der Kerngedanke ist, dass auch das Bewahren, Vermeiden oder Ausschließen von Dingen zum Erfolg beitragen kann. Denken Sie über Ihre Ziele nach und beantworten Sie die folgenden Fragen, um herauszufinden, ob es Faktoren gibt, die Sie zusätzlich überdenken sollten.

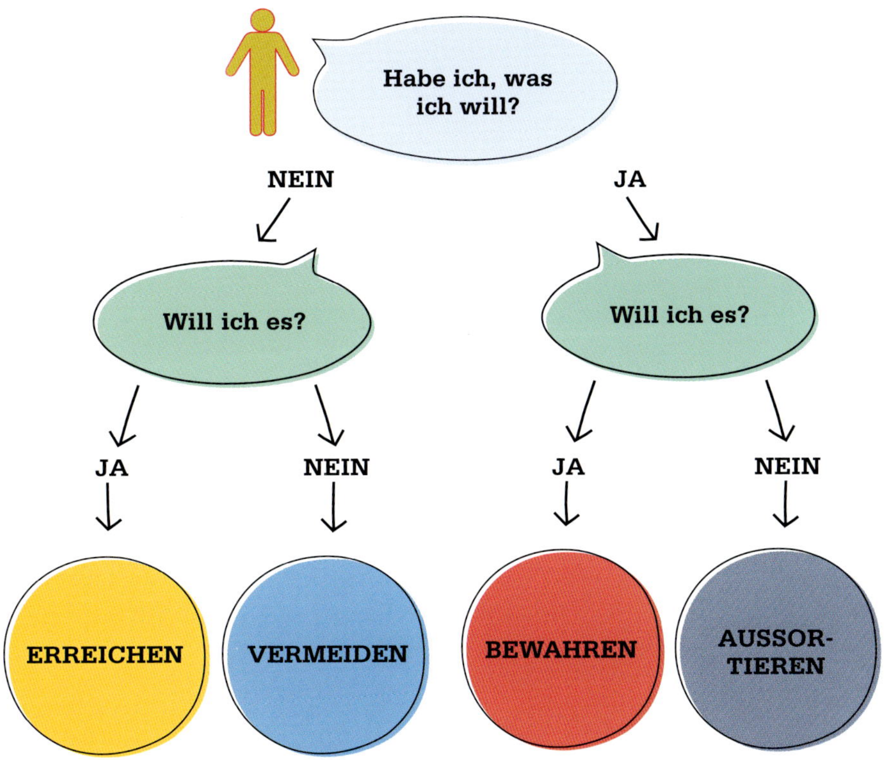

> Es gibt **keine Lösungen,** es gibt nur **Kompromisse.**
>
> **Thomas Sowell**
> Ökonom, Gesellschaftstheoretiker und politischer Philosoph

WORK-LIFE-BALANCE

WIE SIE PRIORITÄTEN SETZEN

Die meisten Menschen glauben, dass sie vieles auf einmal erledigen müssen. Darunter leidet unser innerer Frieden: Es ist schwierig, ausgeglichen zu bleiben, wenn man ständig das Gefühl hat, nicht mithalten zu können.

Das Wort »Work-Life-Balance« ist heutzutage in aller Munde, erscheint einem aber manchmal wie eine Fata Morgana. Ein perfektes Gleichgewicht zwischen Arbeit und Privatleben herzustellen ist wahrscheinlich gar nicht möglich. Es wird immer Zeiten geben, in denen eins von beiden Vorrang hat. Wie viel wir arbeiten müssen, um alles am Laufen zu halten, können wir schließlich nicht vollständig kontrollieren. Doch wir können lernen, uns abzugrenzen und den Stress in Grenzen halten.

Kröten schlucken

Manchmal müssen wir die eine oder andere Kröte schlucken, sprich: etwas Unangenehmes in Kauf nehmen oder hinter uns bringen. Schieben wir, wie die meisten Menschen (siehe S. 156–159), schwierige Dinge vor uns her, fühlen wir uns schlecht, weil etwas Unangenehmes auf uns wartet, das wir am Ende doch erledigen müssen. Nimmt man solche Aufgaben gleich in Angriff, leidet man weniger – denn ist eine Sache abgehakt,

VERNACHLÄSSIGUNG

40 %

Laut der Mental Health Foundation haben mehr als 40 Prozent der Angestellten in Großbritannien das Gefühl, wegen ihrer **Arbeit andere Aspekte** ihres Lebens zu **vernachlässigen**.

VIER WICHTIGE LEBENSBEREICHE

Stewart Friedman, Begründer des Work/Life Integration Project an der Universität Pennsylvania, nennt vier Bereiche, die es bei der Festlegung von Schwerpunkten zu berücksichtigen gilt.

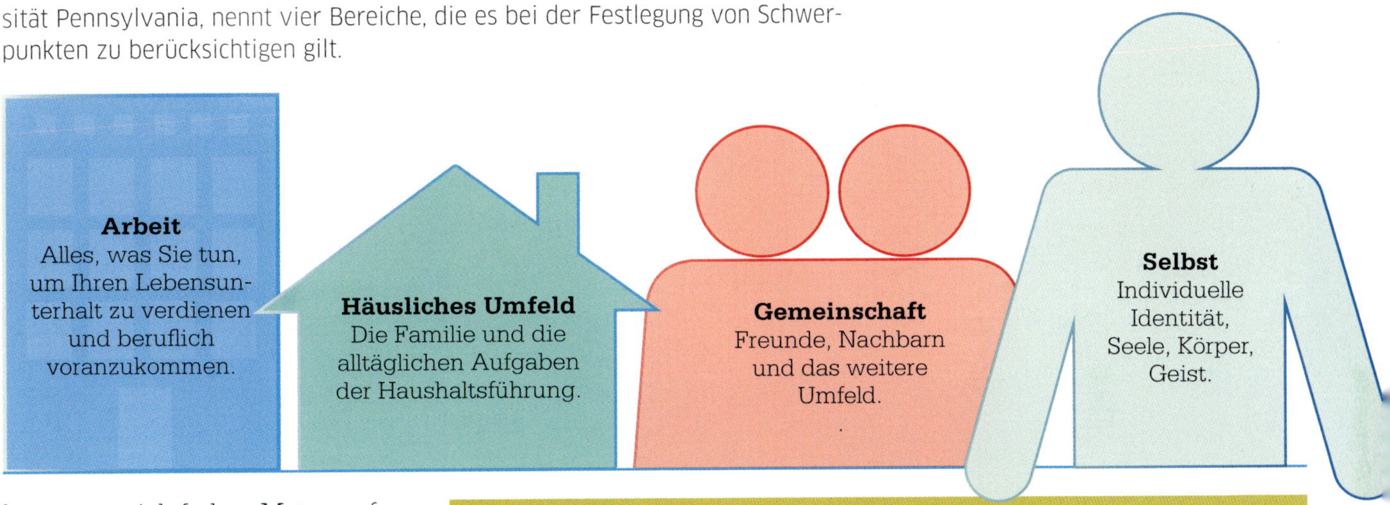

kann man sich frohen Mutes auf etwas anderes konzentrieren.

Ihre psychische Gesundheit

Zu viel Stress kann sich negativ auf die Psyche auswirken und langfristig auch der körperlichen Gesundheit schaden. Sie merken sicher sofort, wenn eine Grippe im Anflug ist; doch spüren Sie auch, wenn Stress und Angst Ihre Reaktionen und den Umgang mit anderen beeinträchtigen?

Nach den Angaben von Mind, einer britischen gemeinnützigen Organisation für psychisch Kranke, erkrankt jedes Jahr eine von vier Personen an einer psychischen Störung. Doch es liegt in unserem ureigenen Interesse, dass Geist und Seele gesund bleiben, denn sie bilden gemeinsam das Zentrum der Kraft, die uns antreibt.

Was also können Sie tun, wenn Ihre Work-Life-Balance in eine Schieflage gerät? Die britische Mental Health Foundation gibt folgende Ratschläge:

ALLE GLEICH?

Geht es um Geschlechterrollen, sind Forschungsergebnisse oft nicht eindeutig. 2007 stellte das Kenexa Research Institute bei einer US-Studie fest, dass Frauen mit flexiblen Arbeitszeiten ihre Work-Life-Balance besser bewerteten als Männer.

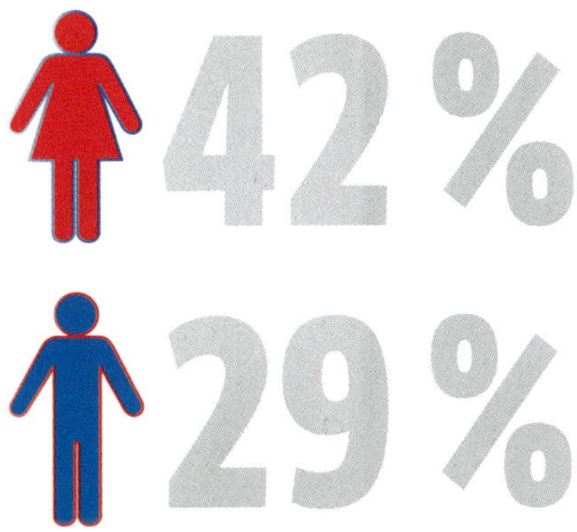

Die britische Mental Health Foundation fand jedoch heraus, dass 42 Prozent der Frauen mit der Aufgabenverteilung in ihrem Leben unzufrieden waren …

… aber nur 29 Prozent der Männer. Unternehmer scheinen es eher anzuerkennen, wenn Frauen familiäre Verpflichtungen übernehmen, doch dieses Ungleichgewicht führt häufig dazu, dass Frauen mehr als einen »gerechten« Anteil an der Hausarbeit erbringen.

- Setzen Sie Prioritäten: Schlucken Sie die Kröten, die Sie schlucken müssen, möglichst bald. Legen Sie Termine fest, wann Sie unangenehme Aufgaben erledigen.
- Machen Sie immer wieder Pausen, selbst wenn sie kurz sind.
- Trennen Sie Arbeit und Privatleben. Wenn Sie zu Hause arbeiten, sorgen Sie dafür, dass Sie auch echte Freizeit haben.
- Die Zeit, in der Sie sich Sorgen wegen Ihrer Arbeit machen, ist genauso stressig wie die Zeit, in der Sie tatsächlich arbeiten.
- Freundschaften, Sport und Freizeitaktivitäten halten Sie gesund. Verzichten Sie nicht darauf.

DAS ARBEITSLEBEN

HÖHEN UND TIEFEN MEISTERN

Die Zeiten, in denen schon junge Erwachsene einen festen Platz in der Arbeitswelt finden und ihre Karriere beständig weiterentwickeln konnten, sind vorbei. Heute geht es mehr um Flexibilität und Anpassungsfähigkeit.

Sie haben eine Laufbahn eingeschlagen, die für Sie wenig Erfüllung bereithält, oder haben einen Rückschlag erlitten? Dann ist es ganz natürlich, dass Sie frustriert sind und das Gefühl haben, auf der Stelle zu treten. Schließlich haben Sie eine Menge Energie investiert. Sich beruflich umzuorientieren ist auf dem modernen Arbeitsmarkt inzwischen gang und gäbe, mit den entsprechenden psychischen Fähigkeiten können auch Sie einen neuen Weg finden.

Vorausschauend denken

Selbst wenn Sie aktuell keine berufliche Veränderung planen, ist es gut, Neues zu lernen – man weiß ja nie. Eine britische Studie aus dem Jahr 2010 stellte fest, dass Arbeitnehmer, die sich alle zehn bis 15 Jahre »substanziell fortbildeten oder einer Umschulung unterzogen«, mit der geringsten Wahrscheinlichkeit unter eng gesteckten Rahmenbedingungen arbeiteten.

Kenntnisse müssen regelmäßig aufgefrischt werden, und durch regelmäßiges Lernen entwickelt sich eine Haltung, die einem im

5 Jahre

Das US Bureau of Labor Statistics hat herausgefunden, dass amerikanische Arbeitnehmer **ab 25 Jahren seit 1983** durchschnittlich **fünf Jahre** an **einer Arbeitsstelle** bleiben.

DISRUPTIVE INNOVATION

Das Konzept der disruptiven Innovation des Wirtschaftswissenschaftlers Clayton M. Christensen von der Harvard Business School beeinflusst die Arbeitswelt sehr. Christensen propagiert zwei mögliche Innovationsmodelle: die »nachhaltige Innovation«, sprich: die Verbesserung des Bestehenden, und die »disruptive Innovation«, also das Ausfindigmachen neuer Märkte und der Bruch mit alten Geschäftsmodellen. Wie lässt sich dieses Konzept umsetzen? Die Managementberaterin Whitney Johnson umreißt das Vorgehen wie folgt:

1 **Machen Sie einen Bedarf ausfindig,** der sich besser befriedigen ließe. Märkte existieren, weil Menschen glauben, dass Produkte ihnen etwas geben, das sie sich wünschen. Versuchen Sie sich beruflich breiter aufzustellen, um die Nachfrage stillen zu können.

2 **Finden Sie heraus, welche Stärken Sie haben.** Haben Sie ein außergewöhnliches Talent, das sich nutzen ließe?

3 **Kalkulieren Sie Umwege und Rückschritte ein.** Wenn Sie etwas Neues wagen, müssen Sie einen Statusverluste in Kauf nehmen. Wenn Wachstumschancen vorhanden sind, lohnen sich aber auch Umwege.

4 **Seien Sie flexibel.** Entwickeln Sie Ihre Strategie anhand des Feedbacks, das Sie erhalten. So können Sie unerschlossene Märkte finden.

Ob Sie auf stetiges Wachstum oder eher auf Risiko setzen – Sie können so oder so erfolgreich sein, sollten aber stets offen für neue Erfahrungen und Gelegenheiten bleiben (siehe S. 114–117).

Lauf des Berufslebens zugutekommt: Man bleibt neugierig, macht Erfahrungen mit den unterschiedlichsten Menschen, vergrößert sein privates Netzwerk und gewinnt immer mehr Vertrauen in die eigene Fähigkeit, Neues zu erlernen.

Sie wollen weiterlernen?

Damit sind Sie nicht allein. Eine Studie, die 2012 im Auftrag der Zeitschrift *People & Strategy* durchgeführt wurde, ergab, dass die Mehrheit der Berufstätigen das zeitgenössische Erfolgsmodell bevorzugte: Arbeit, die dem Einzelnen sinnvoll erscheint, mit Herausforderungen einhergeht, ausgewogen ist und die Chance bietet, eigene Fähigkeiten anzuwenden. Traditionelle Faktoren wie Status, Geld und Macht verlieren an Popularität.

WEITERBILDUNG IM BERUF?

Ihre Arbeit ermöglicht es Ihnen, neben berufsspezifischen Fertigkeiten weitere Fähigkeiten zu erlernen, die sich auf andere Bereiche übertragen lassen. Eine britische Studie von 2012 nennt vier Aspekte der persönlichen Weiterbildung.

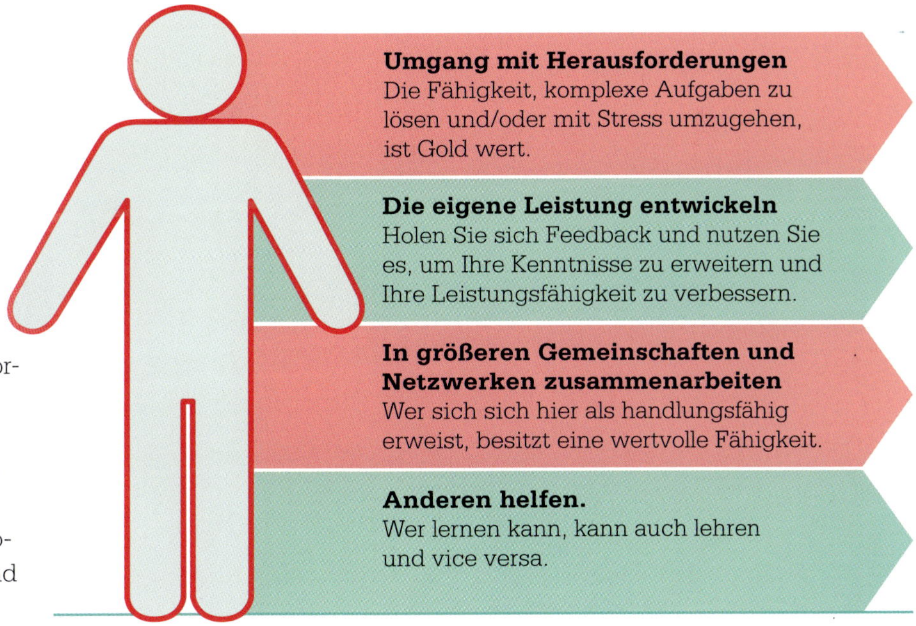

DRUCK IN GRUPPEN

WIE ERWARTUNGEN UNS BEEINFLUSSEN

Wir alle mögen den Rebell, doch führt nur Individualismus zum Erfolg? Nein, vielmehr gilt: Wer sich mit positiven Menschen umgibt, kann von deren Einfluss profitieren und seine Chancen auf Erfolg verbessern.

Der Begriff »Gruppendruck« löst häufig Erinnerungen an Situationen aus, in denen Klassenkameraden uns dazu brachten, etwas zu tun, was uns widerstrebte. Dieses Gefühl begleitet uns ein Leben lang: Wir müssen zusammenarbeiten, um zu überleben, und es ist natürlich, dass wir den Menschen um uns herum gefallen wollen.

Negativem Druck standhalten

Manchmal kann uns der Druck einer Gruppe dazu verleiten, gegen das eigene bessere Wissen zu handeln. Was tun in solchen Momenten? Manchmal ist direkter Widerstand das einzig Richtige, manchmal genügt es, sich auf sanftere Weise zu wehren, etwa indem man sich einfach anders verhält als erwartet. Wir können das natürliche Konformitätsbedürfnis unserer Mitmenschen zu unserem Vorteil nutzen, indem wir mit einer toleranten, wertfreien Haltung für eine Umgebung sorgen,

ÜBER DAS ZIEL HINAUS

2015 stellte eine US-Studie fest, dass sozialer Druck auch kontraproduktiv sein kann. Ein Unternehmen wollte, dass seine Angestellten einen Rentensparplan unterschreiben. Ihnen wurde gesagt, dass 75 Prozent der Kollegen bereits unterschrieben hätten. Der Anteil der Unterzeichner sank danach von zehn auf 6,3 Prozent. Die Schlussfolgerung daraus: Menschen, die das Gefühl haben, ohnehin zurückzuliegen, scheinen keinen Sinn darin zu sehen, mit anderen zu konkurrieren. Besser sucht man sich »Peers«, denen man das Wasser reichen kann.

DREI ARTEN VON DRUCK

Der Unternehmer Sriram Bharatam beschreibt drei Arten von Gruppendruck.

Direkter Gruppendruck
Dieser ist am einfachsten zu erkennen: Er tritt auf, wenn ein Freund oder Kollege versucht, Sie zu beeinflussen, damit Sie Ihren Standpunkt ändern.

Indirekter Gruppendruck
Manchmal bemerken wir ihn überhaupt nicht. Wir sind soziale Wesen und fühlen uns normalerweise unwohl, wenn die Harmonie fehlt. Wenn alle anderen etwas auf bestimmte Weise tun, haben wir leicht das Gefühl, wir müssten es auf die gleiche Art tun.

Individueller Erwartungsdruck
Sogar in einer Umgebung, die uns wohlgesinnt ist, können wir uns selbst unter Druck setzen. Wir wollen dazugehören, und so treffen wir manchmal Entscheidungen, die darauf beruhen, dass wir zu wissen glauben, was andere denken.

in der Unterschiede akzeptiert werden. Ein Vorbild zu sein ist weniger konfrontativ, als zu streiten – und es ist womöglich auch effektiver.

Positiver Druck

Ist Gruppendruck immer schlecht? Nein, wir können unser Streben nach Harmonie dazu nutzen, ein Team zu formen, in dem sich alle gegenseitig unterstützen.

Nichts motiviert Menschen mehr als öffentliches Engagement. 2013 wurde im Rahmen einer US-Studie festgestellt, dass eine Unterschriftenaktion mehr Menschen dazu brachte, sich an einem Energiesparprogramm zu beteiligen, als eine Belohnung von 25 US$. Das Geld ließ den Anteil der Teilnehmenden zwar von drei auf vier Prozent steigen, doch die Unterschriftenaktion bewirkte eine Erhöhung von drei auf neun Prozent. Die Aussicht, seinen Ruf zu schädigen, wenn man sich einer Verpflichtung entzieht, kann ein stärkerer Antrieb sein als Geld.

Auch positive Anreize helfen weiter. 2011 interviewte das *St. Louis Business Journal* drei Frauen, die an einem Kurs der Beraterin Jan Torrisi-Mokwa teilgenommen hatten. Die Ergebnisse waren beeindruckend: Die drei Frauen hatten jeweils eigene Ziele definiert und unterstützten sich gegenseitig. Sie trafen sich monatlich, um sich über den jeweiligen aktuellen Stand zu informieren – eine gute Möglichkeit, sich anzuspornen und positiven Druck aufeinander auszuüben.

Ja, wir wollen stolz auf uns selbst sein, doch scheuen Sie sich nicht, Freunde und Verbündete um Rückmeldungen und Unterstützung zu bitten. Sie brauchen die *richtigen* Mitstreiter: Erfolg lässt sich manchmal nur im Team erreichen.

KLARE SICHT VORAUS?

Laut der Organisationsstrategin Jan Torrisi-Mokwa geben weniger als

16 %

der Menschen an, **Ziele zu haben.**

Weniger als

4 %

halten ihre Ziele schriftlich fest.

Und weniger als

1 %

überprüfen ihre schriftlich formulierten Ziele **regelmäßig.**

EIN LEBEN IN BALANCE

DEN BLICKWINKEL ERWEITERN

Es ist eine Sache, alles daranzusetzen, ein bestimmtes Vorhaben umzusetzen. Ob das dann alle Ihre Bedürfnisse befriedigt, steht jedoch auf einem anderen Blatt, denn wahrscheinlich streben Sie mehrere Ziele parallel an.

Es ist überall das Gleiche: Der eine geht seinem Beruf nach und verdient gutes Geld, langweilt sich aber und hadert damit, in einem goldenen Käfig zu sitzen. Der andere hat wunderbare Kinder, leidet aber unter dem nagenden Gefühl, dass er in der Welt keine Spuren hinterlässt. Die eine lebt ein unbekümmertes Abenteurerinnenleben, hält es aber nirgends lange genug aus, um eine Liebesbeziehung aufzubauen, und fühlt sich einsam. Die andere tut innerhalb des Systems eine Menge Gutes, grämt sich aber, weil sie ihren jugendlichen Idealen untreu geworden ist. Klingt das vertraut? Es gibt keine einheitliche Norm, an der sich Erfolg messen ließe. So kommt es, dass sich viele Menschen fragen, ob sie überhaupt erfolgreich sind.

Anhaltender Erfolg

In einem Beitrag für den *Harvard Business Review* beschreiben Laura Nash und Howard Stevenson ein Modell des »dauerhaften Erfolgs«, das als Wegweiser zu emotionaler Erfüllung ohne ständigen Stress verstanden werden will. Ausschlaggebend ist die Erkenntnis, dass Erfolgskonzepte unabhängig von der Zielstrebigkeit, mit der sie umgesetzt werden, individuell unterschiedlich sind. Zudem verändern sie sich im Lauf der Zeit, da man aus neuen Erfahrungen lernt.

> Nach Erfolg zu jagen ist wie auf **bewegliche Ziele** zu **schießen.**
>
> **Laura Nash und Howard Stevenson**

Laut Nash und Stevenson sind vier Schlüsselkomponenten für echte Erfüllung und anhaltenden Erfolg essenziell: Glück, Leistung, Bedeutung und Vermächtnis (siehe S. 35). Fehlte nur eine Komponente, empfanden die betreffenden Personen ihren Erfolg als hohl. Wenn also jemand sagt, dass all seine Probleme gelöst seien, wenn er nur eine Arbeit findet, die ihm Spaß macht, hat er nicht verstanden, worum es geht. Wir alle haben komplexe Bedürfnisse, die kein Job dieser Welt allesamt befriedigen kann. Akzeptieren Sie, dass Sie Ihre Aufmerksamkeit auf alle Lebensbereiche richten müssen.

Wie genau fühlt sich ein erfolgreiches Leben an? Das hängt von Ihnen ab – doch es führt selten zur Erfüllung, wenn man all seine Anstrengungen auf einen einzigen Teil seines Lebens konzentriert.

DAUERHAFTER ERFOLG

Laura Nash und Howard Stevenson von der Harvard Business School behaupten, dass wir nur dann wirklich Erfolg haben, wenn wir uns auf individueller, familiärer, beruflicher und gesellschaftlicher Ebene nachhaltig und dauerhaft darum bemühen. Innerhalb dieser Bereiche spielen jeweils vier Komponenten eine Rolle: Glück, Leistung, Bedeutung und Vermächtnis.

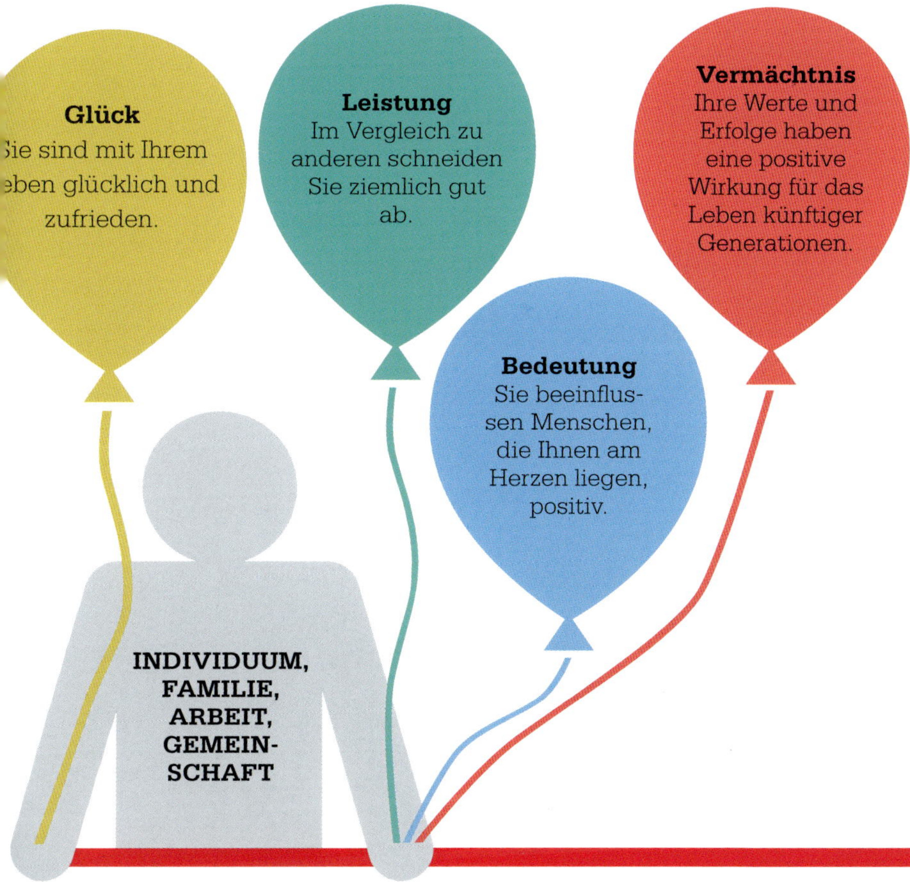

ROUTINE HILFT

Es ist gut, wenn jeder Tag eine feste Struktur hat, die aber auch Freiraum lässt für alles, was nichts mit der Arbeit zu tun hat. Gewohnheiten wirken wie ein mächtiger Motor – sie treiben uns mehr an, als wir denken. Dies belegen die Ergebnisse einer Studie von 2007, die im *Psychological Review* veröffentlicht wurden: Haben wir uns erst einmal Vorgaben gesetzt, wirken unsere Gewohnheiten im Alltag stärker daran mit, sie auch umzusetzen, als das Ziel selbst.

Das heißt nicht, dass es unwichtig ist, was wir erreichen wollen. Doch laut einer Studie von 2010 kommen Menschen, die regelmäßig darüber nachdenken, wie sie ans Ziel kommen, und die ihre Gewohnheiten danach ausrichten, schneller voran als andere. Tägliche Routinen und regelmäßiges Nachdenken bringen Menschen, die nach Erfolg streben, ihrem Ziel also wirklich näher.

KONKRET WERDEN

Eine im *European Journal of Social Psychology* publizierte Studie ergab: Die Wahrscheinlichkeit, Pläne zu verwirklichen, ist höher, wenn die Vorgaben konkret sind. Anstatt zu beschließen, irgendetwas irgendwann zu tun, schreiben Sie auf, *was* Sie *wann* umsetzen.

Menschen, die sich nur auf **gute Vorsätze** verließen:

35 %
ERFOLGSQUOTE

/

Menschen, die angaben, **wann** und **wie** sie ihre Pläne umsetzen wollten:

91 %
ERFOLGSQUOTE

GESCHLECHTER-FORSCHUNG

ROLLENERWARTUNGEN IM PRIVATLEBEN UND IM BERUF

In unserer unperfekten Welt müssen Männer und Frauen damit leben, dass unterschiedliche Anforderungen an sie gestellt werden und dass sie oft nicht die gleichen Chancen haben. Was heißt das für ehrgeizige Frauen?

Das traditionelle Modell geht davon aus, dass der Mann die Brötchen verdient und die Frau den Haushalt führt. Doch heutzutage kann sich das kaum jemand leisten. Und selbst wenn – viele Menschen, Männer wie Frauen, wollen eine Familie *und* arbeiten. Doch (noch) sind familienfreundliche Arbeitgeber rar. Frauen bekommen das in der Regel am deutlichsten zu spüren. Dazu kommt, dass viele Menschen, ob bewusst oder unbewusst, dazu neigen, ein und dasselbe Verhalten bei Männern als selbstsicher und bei Frauen als aggressiv zu beurteilen. Wie können Frauen mit großen Ideen da ihren Weg machen?

Muster in der Arbeitswelt

Laut einer Studie aus dem Jahr 2012 wechseln in der westlichen Welt Frauen häufiger als Männer den Arbeitsplatz und nehmen Teilzeitbeschäftigungen, Gelegenheitsarbeiten und befristete Stellen an – das betrifft vor allem diejenigen mit Familie. Die beruflichen Karrieren von Frauen verlaufen also oft nicht geradlinig, zumal deren Jobs oft unsicherer sind als die der männlichen Kollegen. Auch Fehlzeiten wegen Mutterschaftsurlaub oder weil Angehörige zu pflegen sind, spielen eine Rolle. Müssen sich Frauen damit zufriedengeben?

Der Klang der Stille

Beanspruchen Frauen in Diskussionen mehr Redezeit als Männer? Die australische Feministin Dale Spender befragte dazu ihre Studierenden, deren Gespräche sie zuvor aufgezeichnet hatte. Die Einschätzung der Frauen war ziemlich genau. Die

Männer hingegen beurteilten das Verhältnis als ausgeglichen, wenn Frauen lediglich 15 Prozent der Redezeit beansprucht hatten, und fühlten sich von ihnen dominiert, wenn diese 30 Prozent der Redezeit hatten. »Die Redseligkeit der Frauen wurde nicht im Vergleich mit derjenigen der Männer beurteilt, sondern im Vergleich zur Stille«, so fasste Spender das Ergebnis zusammen.

Ein Gleichgewicht herstellen

Für ihr Buch *When Work Doesn't Work Anymore: Women, Work, and Identity* interviewte Elizabeth Perle McKenna Hunderte von Frauen. Sie fand heraus, dass Frauen Erfolg auf eine »ganzheitliche« Weise definieren, sprich: Sie streben die Vereinbarkeit von Beruf und Familie an.

MIT PROBLEMEN UMGEHEN

Laut einer 2012 publizierten internationalen Studie wenden Frauen beim Umgang mit Problemen fünf Strategien an.

- **Vorsorge:** vorausschauend planen.
- **Kontrolle:** unabhängig, vertrauenswürdig und beharrlich bleiben; Verantwortung übernehmen.
- **Neugier:** beobachten, sondieren, Bescheid wissen, nach Alternativen suchen.
- **Kooperation:** mit anderen zusammenarbeiten und sich auf ein unterstützendes Netzwerk verlassen können.
- **Selbstvertrauen:** sich selbst als kompetent, produktiv und wertvoll wahrnehmen.

> Wenn ein **Mann Erfolg** hat, ist er bei Männern und Frauen **beliebt.** Eine erfolgreiche **Frau** hingegen macht sich **bei beiden Geschlechtern eher unbeliebt.**
>
> **Sheryl Sandberg**
> US-amerikanische Unternehmensleiterin

MIT HERAUSFORDERUNGEN FERTIGWERDEN

2010/11 wurden bei einer Studie gut ausgebildete Frauen in Sri Lanka zu ihrer Arbeit in hierarchisch geprägten Strukturen befragt. Dabei kamen acht Karrierestrategien ans Licht.

Anpassung. Von Frauen wird mehr Compliance (Folgsamkeit) erwartet als von Männern. Um weiterzukommen, ist es manchmal notwendig, Anpassungsbereitschaft zu simulieren.

Kompromisse schließen. Frauen sind nicht immer bereit, Familienzeit für Firmenevents zu opfern, auch wenn sie dadurch Chancen verpassen.

Manipulieren. Frauen sollen auch sympathisch wirken. Vor allem Karrierefrauen lernen das häufig auf die harte Tour.

Flunkern. Wenn das eigene Engagement nicht anerkannt wird, hilft nur noch schummeln.

Erklären. Manche Chefs sind flexibler, wenn eine Frau ihnen darlegen kann, dass manches einfach nicht möglich ist.

Netzwerken. Das ist insbesondere für Frauen unerlässlich, die kaum Karrierechancen haben.

Widerstand leisten. Manchmal ist es unumgänglich, auf dem eigenen Standpunkt zu beharren. Doch dann wird man eventuell entlassen. Die meisten Frauen wenden diese Taktik nur sehr vorsichtig an.

Aussteigen. Manche Frauen setzen ihre Prioritäten neu und suchen sich ein Umfeld, das ihnen besser entspricht.

SCHRITT FÜR SCHRITT

IMMER AM BALL BLEIBEN

Das Gefühl vorwärtszukommen hat sehr großen Einfluss auf unsere Motivation: Kleine Siege können genauso wichtig sein wie große. Auch sie stärken den inneren Antrieb, den wir brauchen, um weiterzumachen.

Große Ziele liegen manchmal in weiter Ferne, und es kommt einem so vor, als bräuchte man Jahre oder gar Jahrzehnte, um sie zu erreichen. Das ist nicht gerade ermutigend, und so können Zweifel aufkommen, ob sich die ganze Mühe überhaupt lohnt. Die Lösung: Lernen Sie auch kleinere Triumphe – die Meilensteine auf dem Weg – zu genießen.

Das Prinzip Fortschritt

»Prinzip Fortschritt«, so heißt eine Theorie, die die Psychologin Teresa Amabile entwickelt hat. Sie geht davon aus, dass jeder Berufstätige ein »inneres Arbeitsleben« hat – also Gefühle und Wahrnehmungen, die ihn während des Arbeitstags ununterbrochen begleiten. Positive Erfahrungen, ob im Kleinen oder Großen, führen dazu, dass Menschen sich mehr engagieren, zudem sind sie produktiver, kreativer und verhalten sich kollegialer.

Wie sorgt man dafür, dass sich das innere Arbeitsleben gesund entwickelt? Ein Jahrzehnt lang wer-

5 %

ERNÜCHTERNDE ZAHLEN

Nur fünf Prozent der **Manager,** die 2011 an einer Studie teilnahmen, war **bewusst,** dass sich **Angestellte** durch das Gefühl, **Fortschritte** zu erzielen, optimal **motivieren** ließen.

300 Mrd. US$

KOSTEN WEGEN FEHLENDER MOTIVATION

Das Gallup-Institut schätzt die Kosten in den USA, die durch **Produktivitätseinbußen** wegen **unmotivierter Mitarbeiter** entstehen, auf 300 Milliarden Dollar jährlich.

POSITIVE MOTIVATION

Das Gefühl vorangekommen zu sein kann eine positive Feedbackschleife in Gang setzen, die zu weiteren Fortschritten führt.

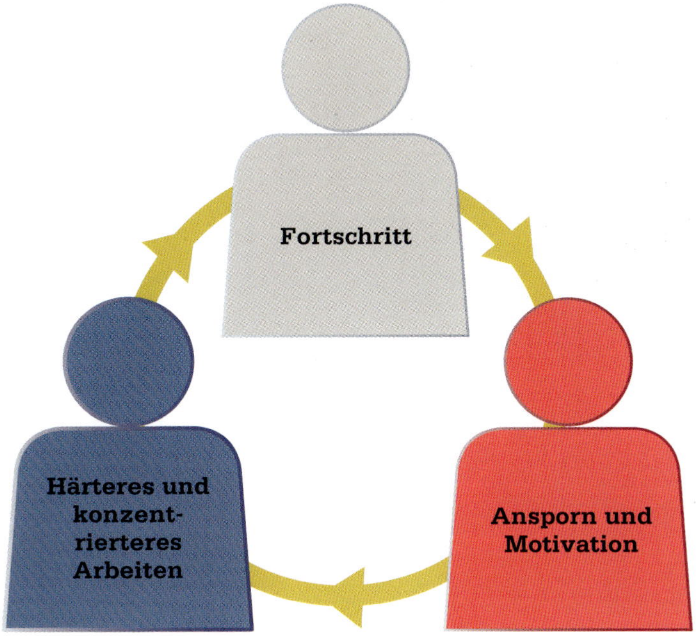

teten Amabile und Kollegen annähernd 12.000 Tagebucheinträge aus. Dabei fanden sie heraus, dass das Gefühl, Fortschritte bei der Arbeit zu machen, die Menschen am meisten motivierte. Die Ergebnisse mussten nicht spektakulär sein, sondern nur das Bewusstsein vermitteln, etwas Nützliches und Sinnvolles zu tun. Auch die Größe spielte keine Rolle: Das Gefühl, etwas erreicht zu haben, genügte.

Das Gelernte anwenden

Amabile berät vor allem Manager, die ihre Führungsqualitäten stärken wollen. Wer in einer Managementposition ist, sollte alles unterstützen, was den Mitarbeitern das Gefühl gibt, Fortschritte zu machen.

Doch was tun, wenn man auf der Karriereleiter noch weiter unten steht? Wer unter einem Vorgesetzten arbeitet, der jedes Detail bestimmen möchte und niemals Danke sagt, wird sich kaum motivieren können. In diesem Fall ist es ratsam, Inventur zu machen: Ermöglicht Ihnen Ihr Arbeitsplatz, etwas zu lernen und/oder wertvolle Kontakte zu knüpfen? Lautet Ihre Antwort für einen der beiden Aspekte Ja, sollten Sie versuchen, Ihre Erfolge auf andere Art sichtbar zu machen: Notieren Sie, welche Ziele Sie erreicht haben, suchen Sie Kontakt zu verständnisvollen Kollegen und setzen Sie sich einen Termin für eine berufliche Veränderung. Versuchen Sie bis dahin, das »Prinzip Fortschritt« außerberuflich umzusetzen.

Ist die Atmosphäre so düster, dass Sie keinerlei Vorteil mehr erkennen können, ist es wohl an der Zeit, eine Ausstiegsstrategie zu entwickeln und diese zum Maßstab für die nächsten Fortschritte zu machen.

TÄGLICHE TRIGGER

Teresa Amabile von der Harvard Business School hat drei Trigger benannt, die uns bei der Arbeit von innen heraus motivieren oder demotivieren:

- **Fortschritt versus Rückschritt**
- **Katalysatoren versus Inhibitoren** Aktivitäten, die unser Vorhaben direkt unterstützen oder behindern
- **Nährstoffe versus Toxine** Ermutigung oder Kritik von anderen Menschen

Ob wir unseren Arbeitstag als gut oder schlecht beurteilen, hängt häufig unmittelbar damit zusammen, mit welchen dieser Triggern wir konfrontiert sind.

KLARE SICHT VORAUS

DAS ZIEL FEST IM AUGE BEHALTEN

Bei langfristigen Zielen besteht die Gefahr, dass uns unterwegs der Elan abhandenkommt. Wir alle wissen, wie wichtig Durchhaltevermögen ist, doch wie halten wir am besten durch, ohne auszubrennen?

Es ist nicht einfach, Ziele zu erreichen, außerdem sind wir manchmal abgelenkt und demotiviert. »Bleib fokussiert«, so heißt es dann oft, doch wie lässt sich das praktisch bewerkstelligen?

In der Erfolgsspur bleiben

Motivationstrainerin Chalene Johnson gibt vier Tipps, wie sich die Motivation aufrechterhalten lässt:

- **Erwarten Sie etwas von sich.** Ihnen sollte klar sein, was Sie wollen und warum Sie es wollen. In schwierigen Momenten hilft eine eindeutige Zielvorstellung, um sich daran zu erinnern, warum sich das Ganze lohnt.
- **Treffen Sie eine bewusste Entscheidung.** Sagen Sie sich immer wieder, dass Sie sich für diesen Weg entschieden haben und gute Gründe dafür hatten.
- **Legen Sie Rechenschaft ab.** Notieren Sie Ihre Ziele, um sie sich immer vor Augen zu führen, und zerlegen Sie sie in kleinere Teilziele. Das hilft dabei, auch kleine Fortschritte wahrzunehmen. Erzählen Sie anderen, was Sie vorhaben – sie können Ihnen helfen, Optionen zu entwickeln, oder Sie bei Bedarf ermutigen.
- **Versuchen Sie nicht, perfekt zu sein.** Sie werden sicher mal krank, haben eine Krise oder einen schwachen Moment. Wenn Sie das als Scheitern interpretieren, geben Sie vielleicht auf. Mit einem Schulterzucken kommen Sie besser darüber hinweg.

Sich selbst motivieren

Von 2007 bis 2014 führten Amy Wrzesniewski und Barry Schwartz eine Langzeitstudie mit Kadetten der West-Point-Militärakademie durch. Zunächst fragten sie die Anwärter, warum sie sich für diese Ausbildung entschieden hatten: zum Beispiel weil sie später eine Offizierslaufbahn einschlagen (intrinsische Motivation) oder den Erwartungen ihrer Familie entsprechen wollten (extrinsische Motivation). Die intrinsisch motivierten Kadetten erreichten ihr Ziel mit einer 20 Prozent höheren Wahrscheinlichkeit als diejenigen mit extrinsischen Anreizen. Ob wir an einem Ziel dranbleiben, hängt stark davon ab, ob wir es um seiner selbst willen anstreben.

> Ohne **Selbstverpflichtung** gibt es keine Pläne, sondern nur **leere Versprechungen.**
>
> **Peter Drucker**
> Amerikanischer Managementguru

IHR TAGEBUCH

Das Leben ist eine Abfolge von Höhen und Tiefen, die sich am besten anhand konkreter Anhaltspunkte überblicken lassen. Führen Sie ein Tagebuch und befassen Sie sich am Ende eines jeden Tages mit den folgenden Fragen.

Werte	Erfolge	Probleme
Fortschritt	Was habe ich erreicht?	Wurde meine Produktivität durch irgendetwas beeinträchtigt?
Bedeutung	Welchen gesellschaftlichen Beitrag liefere ich mit meiner Arbeit?	Habe ich etwas getan, das ich bedaure?
Ansehen	Was habe ich für die Verbesserung meines Ansehens getan?	Falls ich meinem Ansehen geschadet habe – wie kann ich das wiedergutmachen?
Unterstützung von anderen	Wer hat sich als guter Verbündeter erwiesen oder mir geholfen?	Gibt es Beziehungen, an denen ich arbeiten muss?
Unterstützung für andere	Habe ich andere respektvoll behandelt, ihnen zugehört und geholfen?	Sollte ich bei jemandem etwas wiedergutmachen?
Zeit	Inwiefern habe ich meine Zeit gut genutzt?	Womit habe ich Zeit verschwendet?
Problemlösung	Welche Herausforderungen habe ich bewältigt?	Welche Schwierigkeiten muss ich noch lösen (siehe S. 28–29)?
Langfristige Prioritäten	Was habe ich gelernt, welche Kontakte oder Ressourcen gewonnen?	Was muss ich tun, um mich weiterzuentwickeln, und wie mache ich das?
Privatleben	Was im Privaten hat mir geholfen, mich auf meine Ziele zu konzentrieren?	Habe ich private Probleme, die mich ablenken?
Glück	Was hat mir heute Freude gemacht?	Worauf sollte ich lieber verzichten?

ÜBERFORDERUNG VERMEIDEN

ACHTEN SIE AUF IHRE BEDÜRFNISSE

Wird ein Tier bis zur Erschöpfung angetrieben, bricht es zusammen. Auch wir Menschen sind nun mal lebende, atmende und erdverbundene Wesen. Achten Sie daher auf ein Tempo, das Sie auf Dauer durchhalten können.

Manche Menschen werden eher müde als andere. Wenn Sie Ihr Energielevel steigern, um Ihr Tagespensum zu bewältigen, verlieren Sie Ihre Bedürfnisse nicht aus dem Blick.

Willenskraft demonstrieren

Jeder muss lernen, Versuchungen zu widerstehen, unangenehme Aufgaben nicht auf die lange Bank zu schieben und Ablenkungen zu ignorieren. Wenn zu vieles uns gleichzeitig beansprucht, lässt unsere Kraft nach; in der Psychologie wird von »Ich-Erschöpfung« gesprochen. So fand der Psychologe Roy Baumeister, der die Theorie mitentwickelte, heraus, dass Probanden, die statt Schokolade Radieschen zu essen bekamen, beim Lösen schwieriger Knobelaufgaben schneller aufgaben.

Die Ausnahme von der Regel

Die Theorie der Ich-Erschöpfung ist widersprüchlich, bemängelt wurde die fehlerhafte Datenbasis. Zudem wurde festgestellt, dass der Glaube die Willenskraft beeinflussen kann. 2012 führten Michael Inzlicht und Brandon J. Schmeichel eine Versuchsreihe durch, bei der sie den Probanden mitteilten, dass die Ergebnisse dazu dienen, eine Alzheimer-Therapie zu entwickeln. Das Ergebnis: Der Effekt der Ich-Erschöpfung nahm ab. Die Beweislage ist also nicht eindeutig, doch vieles spricht dafür, dass die Motivation unser Energielevel stark beeinflusst. Die beste Strategie zur Aufgabenbewältigung ist wohl, sich selbst zu überzeugen, dass man etwas Gutes tut.

DIE VIER ASPEKTE DER ENERGIE

Lassen Sie sich von David Allen, dem Erfinder der Selbstmanagement-Methode, und von Tony Schwartz, dem Chef der Beratungsfirma The Energy Project, inspirieren und betrachten Sie Energie als eine Größe mit vier Aspekten. Beide halten es für riskant, immerfort auf Hochtouren zu laufen: Die menschliche Leistung verbessere sich, wenn Phasen der Aktivität sich mit Phasen der Ruhe abwechselten. Stets am Limit zu arbeiten sei oft ineffektiver, als es scheine.

Emotionale Energie
Wir sollten positive Gefühle pflegen und sie bei unseren Kollegen fördern. Das ist vor allem für Führungskräfte wichtig.

Mentale Energie
Wir müssen in der Lage sein, unsere Aufmerksamkeit zu lenken. Das heißt, dass wir uns einerseits voll und ganz auf bestimmte Dinge konzentrieren, andererseits mühelos von einer Aufgabe zur nächsten übergehen können.

Physische Energie
Um aufzutanken, brauchen wir – der eine mehr, der andere weniger – Schlaf, gesundes Essen und Ruhe. Nehmen Sie sich Zeit, um diese Bedürfnisse zu erfüllen.

Spirituelle Energie
Wir leisten dann am meisten, wenn wir das Gefühl haben, dass unsere Arbeit tatsächlich einen Zweck erfüllt. Sie sollte uns sinnvoll erscheinen.

REGELMÄSSIG ESSEN

Wer Hunger hat, wird leicht aggressiv: Sinkt der Blutzuckerspiegel zu stark ab, schüttet der Körper vermehrt das Stresshormon Adrenalin und das Neuropeptid Y aus. Ersteres bereitet uns auf Flucht oder Kampf vor, Letzteres steigert das Hungergefühl und die Aggressivität. Wenn Sie mit Ihren Kollegen auf Dauer gut klarkommen möchten, verzichten Sie besser nicht aufs Frühstück.

WIE VIEL SCHLAF BRAUCHEN SIE?

Vergessen Sie all die Superhelden, die angeblich mit drei Stunden Schlaf pro Nacht auskommen: Die meisten Menschen brauchen wesentlich mehr. Halten Sie sich an die Empfehlungen der US-amerikanischen National Sleep Foundation.

Alter	Empfohlene Schlafdauer	Persönlicher Spielraum
14–17 Jahre	8–10 Stunden	7–11 Stunden
18–25 Jahre	7–9 Stunden	6–11 Stunden
26–64 Jahre	7–9 Stunden	6–10 Stunden
65 Jahre und älter	7–8 Stunden	5–9 Stunden

AUS FEHLERN LERNEN

WIE SIE BEI RÜCKSCHLÄGEN WEITERMACHEN

Erfolgsorientierte Menschen halten es schlecht aus, wenn etwas schiefgeht. Doch nur wer begreift, dass Lernprozesse immer mit Fehlern einhergehen, kann auf seinem Gebiet wahre Meisterschaft erlangen.

Wir alle machen Fehler – tatsächlich sogar öfter, als uns klar ist. Warum sind wir dann so überrascht, wenn wir herausfinden, dass wir uns irren?

Blind für Fehler

Kathryn Schulz, Autorin des Buchs *Richtig irren*, hat sich lange damit befasst, warum wir davon ausgehen, dass wir immer recht haben. Ihre These: Wir lernen von klein auf, dass Menschen, die vieles falsch verstehen, nicht genug gelernt haben, nicht klug und überdies Querulanten sind. So wollen wir keinesfall sein.

Schulz hat auch festgestellt, dass sich die Erkenntnis, einen Fehler begangen zu haben, unangenehm anfühlt. Bis wir dies spüren, sonnen wir uns allerdings darin, recht zu haben. Meist nehmen wir gar nicht wahr, dass wir uns irren. Manchmal sind wir derart von etwas beansprucht, dass wir andere Dinge, auch wenn sie noch so offensichtlich sind, übersehen (siehe S. 45): Das ist Unaufmerksamkeitsblindheit.

Um Erfolg zu haben und glücklich zu sein, sollten wir uns von dem Klischee verabschieden, dass nur missratene Kinder etwas falsch machen. Wir alle begehen Fehler.

> Ein Kunstwerk ist **niemals fertig.** Höchstens **aufgegeben.**
>
> **Leonardo da Vinci**
> (auch dem Schriftsteller E. M. Forster und dem Dichter Paul Valéry zugeschrieben)

DAS PARADOXON DES BOGENSCHIESSENS

Ins Schwarze zielen, um es zu treffen? Nicht unbedingt. Am Beispiel des Bogenschießens lässt sich das zeigen. Pfeile biegen sich, wenn sie abgeschossen werden, folglich ist ihre Flugbahn gekrümmt. Will der Bogenschütze die Abweichung berechnen, muss er dessen Spinewert kennen. Dies ist das Paradoxon des Bogenschießens: Für einen perfekten Schuss muss der Schütze seine Aufmerksamkeit leicht neben die Zielscheibenmitte richten.

Um spüren zu können, wie Dinge sich entwickeln, müssen wir manchmal ein paar Pfeile loslassen.

Betrachten Sie Ihre Fehler also als Probeschüsse. Achten Sie darauf, wo Sie mit Ihren Bemühungen landen, und korrigieren Sie bei Bedarf Ihre Vorgehensweise.

Oft merken wir es eben nicht, oder die Menschen um uns herum sind zu höflich, um uns darauf hinzuweisen. Davon geht die Welt nicht unter: Es ist gut, daran erinnert zu werden, dass man nicht perfekt ist – Unvollkommenheit kann sogar sehr viel Kreativität freisetzen.

Erfolg versus Meisterschaft

Würden Sie sagen, Sie seien perfektionistisch (siehe S. 160–161)? Manchmal müssen wir uns mit Ergebnissen begnügen, die unter unseren Möglichkeiten geblieben sind. Doch müssen wir uns deswegen schlecht fühlen? In einer TED-Konferenz beschrieb die Kunsthistorikerin Sarah Lewis, wie sie Bogenschützen bei dem Versuch beobachtete, das Paradoxon des Bogenschießens zu meistern (siehe oben): Wer ins Schwarze treffen will, muss leicht danebenzielen. Lewis erklärte an diesem Beispiel den Unterschied zwischen Erfolg und Meisterschaft: Mit einem Treffer landet man einen Erfolg – Meisterschaft verlangt jedoch zuverlässige Leistungen, sprich: mehrere Treffer nacheinander, die nur durch Fehlschüsse zu erreichen sind. Viele große Künstler, so Lewis weiter, machten sich nichts aus einigen ihrer Werke, obwohl andere diese wertschätzten. Solche »Beinahetreffer« sind Teil des Lernprozesses. Das eigene Werk kritisch zu beurteilen sollte als Zeichen zunehmenden Könnens interpretiert werden, denn es bedeutet, dass man seine Fähigkeiten perfektioniert (siehe S. 62–63). Niemand irrt sich gerne oder gibt nicht sein Bestes. Seien Sie nachsichtig mit sich: Selbst die größten Könner machen Fehler.

DAS GORILLA-EXPERIMENT

1999 zeigten die Harvard-Psychologen Christopher Chabris und Daniel Simons Freiwilligen ein kurzes Video. Zwei Teams aus je drei Personen spielten in einem kleinem Raum Basketball. Die Spieler des einen Teams trugen weiße, die des anderen schwarze T-Shirts.

Die Probanden wurden gebeten zu zählen, wie viele Pässe sich die Spieler in den weißen T-Shirts innerhalb einer Minute zuspielten. Während des Spiels betrat ein Mann im Gorillakostüm von rechts den Raum, lief zwischen den Spielern hindurch, blieb in der Mitte stehen, schlug sich auf die Brust und ging nach links ab.

Die Hälfte der Probanden hatte sich so aufs Zählen konzentriert, dass sie den Gorilla überhaupt nicht bemerkt hatte. Das Experiment gilt inzwischen als klassischer Nachweis für die Unaufmerksamkeitsblindheit: Wenn wir uns auf etwas Bestimmtes konzentrieren, blenden wir anderes aus, selbst wenn es so offensichtlich ist.

KAPITEL 2

BEIM ICH ANSETZEN

DIE MACHT DER ÜBERZEUGUNGEN

ERFÜLLUNG RUNDUM

GANZHEITLICHES WOHLBEFINDEN

Das Wort »Erfolg« lässt vor allem an Beruf und Karriere denken. Auch wenn Freude an der Arbeit ein wichtiger Erfolgsfaktor sein kann, sollten wir unsere Bedürfnisse in einen größeren Zusammenhang stellen.

Was braucht man, um sich erfolgreich zu fühlen? Wahrscheinlich fällt Ihnen als Antwort auf diese Frage spontan ein, was Sie nicht wollen: Sie möchten nicht mit Geldschwierigkeiten kämpfen, nicht einsam alt werden und keinen langweiligen Beruf haben, der wenig Entwicklungschancen bietet.

Das hat mit unserem sogenannten Negativitätsbias zu tun: der natürlichen Neigung, negativen Erfahrungen und Informationen mehr Aufmerksamkeit zu geben und aus ihnen mehr zu lernen als aus positiven Erlebnissen. Diese Eigenschaft des menschlichen Gehirns hat sich im Lauf der Evolution entwickelt, um unser Überleben als Spezies zu sichern: Wer einen Säbelzahntiger ignorierte, überlebte vermutlich nicht lange genug, um für Nachkommen zu sorgen. Heutzutage nützt uns diese Eigenschaft nicht nur wenig, sondern sie nimmt uns auch Möglichkeiten, uns wohlzufühlen.

Positive Psychologie

Der US-amerikanische Psychologe Martin Seligman gilt als einer der Begründer der Positiven Psychologie. Zuvor hatte sich die psychologische Forschung und Praxis vor allem auf psychische Störungen

> **Wohlbefinden** ist unser **Geburtsrecht.**
>
> **Martin Seligman**
> Psychologe und Begründer der Positiven Psychologie

50–80

Die Menschen, die mit 50 Jahren im Hinblick auf ihre **Liebesbeziehung** die **höchsten Zufriedenheitswerte** hatten, sind im Alter von 80 die gesündesten und glücklichsten. Dieser Faktor war **aussagekräftiger** für die Gesundheit als beispielsweise der Cholesterinspiegel.

ECHTES WOHLBEFINDEN

Ein nützlicher Prüfstein der Positiven Psychologie ist das PERMA-Modell des Wohlbefindens. Glück ist laut Martin Seligman nicht eine bestimmte Emotion, sondern das Ergebnis aus fünf Faktoren.

P	**Positive Emotionen**	Optimismus, Freude, Liebe, Zufriedenheit, Vergnügen und alle andere Emotionen, die sich gut anfühlen.
E	**Engagement**	Zustand des »Flow«, in dem wir tief in eine Tätigkeit eintauchen, die unsere volle Aufmerksamkeit erfordert.
R	**Relationships (Beziehungen)**	Liebevolle, enge und vertrauensvolle Beziehungen zu anderen Menschen.
M	**Meaning (Sinnerleben)**	Jenseits des persönlichen Profits Sinn im Leben sehen; sich als Teil von etwas Größerem fühlen.
A	**Accomplishment (Zielerreichung)**	Die Befriedigung, persönliche Ziele zu erreichen, mögen sie noch so bescheiden sein.

DIE VORZÜGE DES PERMA-MODELLS

Das PERMA-Modell (siehe oben) ist ein Schlüsselprinzip. Jeder seiner fünf Aspekte repräsentiert etwas, das wir um seiner selbst willen tun, etwas, das an sich wertvoll und »intrinsisch« lohnend ist.

- ✔ **Positive Emotionen,** so flüchtig sie sind, machen uns offener, belastbarer, kreativer und achtsamer, ja sogar gesünder.
- ✔ **Engagement** entwickeln wir, wenn wir uns in unserem Können sicher fühlen. Das kann eine so angenehme Erfahrung sein, dass wir unsere Fähigkeiten irgendwann aus Freude statt aus einem Pflichtgefühl heraus zu vervollkommnen versuchen. Je besser Sie Ihre Stärken kennen, desto leichter erreichen Sie den Flow-Zustand.
- ✔ **Positive Beziehungen** zu anderen – Partnern, Angehörigen, Freunden, Kollegen und Nachbarn – sind unverzichtbar. Ohne sie wirkt Erfolg hohl.
- ✔ **Sinnerleben** macht uns zufriedener, zuversichtlicher und robuster. Vielleicht finden Sie oft Sinn in dem, was Sie tun, vielleicht müssen Sie erst danach suchen. In jedem Fall handelt es sich um eine Fähigkeit, die entwickelt werden kann.
- ✔ **Zielerreichung** ist etwas, das allen erfolgsorientierten Menschen am Herzen liegt. Für die Positive Psychologie ist vor allem Beharrlichkeit der Schlüssel zum Erfolg, doch die anderen Säulen des PERMA-Modells geben Unterstützung. Wer müde oder traurig ist und sich isoliert fühlt, hat es schwer, sich auf eine Herausforderung zu konzentrieren.

Wir möchten erfolgreich sein, weil wir glauben, dass uns das glücklich macht. Aber wir sollten nicht vergessen, dass es auch andersherum funktioniert: Glücklich zu sein kann uns dabei helfen, Erfolg zu haben.

WIE GLÜCKLICH SIND SIE?

Im Rahmen einer australischen Studie beantworteten Studierende im Jahr 2014 eine Reihe von Fragen, mit denen ihre PERMA-Werte ermittel werden sollten. Wie würden Sie antworten? Weil Leben Veränderung bedeutet, werden Ihre Statements und Werte schon in einem Jahr etwas anders ausfallen. Ihre Erfolgswahrscheinlichkeit steigt, wenn Sie in jedem PERMA-Aspekt zumindest über ein paar gute Erfahrungen verfügen. Und wer das Gefühl hat, dass in seinem Leben irgendetwas fehlt, kann mithilfe der Fragen herausfinden, in welchem Bereich Entwicklungen nötig sind.

Sinnerleben

- Haben Sie im Allgemeinen das Gefühl, dass das, was Sie tun, wertvoll und lohnend ist?
- Sind Sie davon überzeugt, dass Ihr Leben einen Sinn hat?

Beziehungen

- Sind Ihre Beziehungen zu anderen unterstützend und erfüllend?
- Tragen Sie aktiv zum Glück und Wohlbefinden anderer bei?
- Gibt es Menschen, mit denen Sie Ihre Freude teilen möchten?
- Haben Sie Freunde, die Ihnen wirklich am Herzen liegen?
- Gibt es Menschen, denen Sie wirklich am Herzen liegen?
- Ist jemand für Sie da, wenn Sie ein Problem haben?

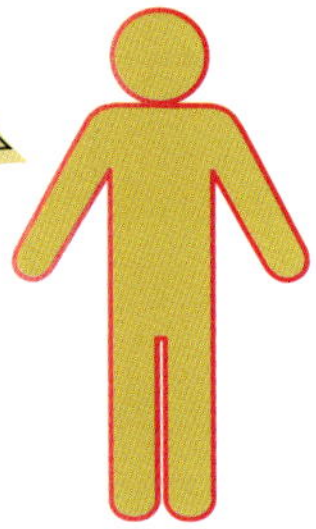

Positive Emotionen

- Wie häufig sind Sie fröhlich?
- Wie oft sind Sie energiegeladen?
- Wie häufig freuen Sie sich?
- Wie oft empfinden Sie innere Ruhe?
- Wie häufig sind Sie stolz auf etwas?
- Wie häufig sind Sie bereit, etwas zu wagen?
- Wie oft fühlen Sie sich wirklich lebendig?

Engagement

- Vergessen Sie die Zeit, wenn Sie lesen oder etwas Neues lernen?
- Versinken Sie manchmal ganz in Ihrem Tun?
- Vergessen Sie beim Anblick einer schönen Landschaft die Zeit?
- Wie oft weckt etwas Ihr Interesse?
- Wie oft fühlen Sie sich hellwach?

Zielerreichung

- Beenden Sie, was Sie anfangen?
- Halten Sie sich an Ihre Pläne?
- Sehen Sie sich als eine Person, die hart arbeitet?
- Haben Sie an den meisten Tagen das Gefühl, etwas erreicht zu haben?
- Haben Sie sich in den letzten zwei Wochen darüber gefreut, eine schwierige Aufgabe bewältigt zu haben?

und Erkrankungen konzentriert: Depressionen, neurotisches Verhalten, Angst und alle Formen von seelisch-geistigen und Verhaltenstendenzen, die Schmerz oder Leid für den Einzelnen, dessen Familie oder die Gemeinschaft mit sich bringen. Die traditionelle Psychologie beschäftigte sich also mehr damit, dem Leid zu begegnen, als mit der Frage, wie sich ein erfüllendes und lebenswertes Leben gestalten lässt. Seligmans Interesse gilt dem, was er »Wohlbefinden« nennt: ein umfassendes Gefühl von emotionaler Gesundheit und Glück, die Basis für wahrhaften Erfolg.

Ziele erreichen

Wenn Sie erfolgreich sein wollen, ist Ihnen das »A« des PERMA-Modells, das für »Accomplishment« (Zielerreichung) steht, vermutlich besonders wichtig (siehe Kasten unten). Die Positive Psychology Foundation hat festgestellt, dass das Erreichen von Zielen uns nicht nur stolz macht, sondern auch …

1 **… eine positive Struktur für unsere Erinnerungen schafft.** Tage, an denen nicht viel passiert, entgleiten unserem Gedächtnis leicht. Von diesem Teil unseres endlichen und kostbaren Lebens bleibt dann nicht viel. Tage hingegen, an denen wir Zeit und Mühe auf das Erreichen bestimmter Ziele verwenden, werden zu Teilen eines Musters, an das wir uns später zufrieden erinnern können.

2 **… Dankbarkeit fördert.** Kaum jemand erreicht seine Ziele ohne die Unterstützung anderer. Die Forschung bestätigt, dass Menschen, die immer wieder Dankbarkeit empfinden, über eine bessere psychische Gesundheit und mehr Lebensqualität verfügen. Wer dankbar für all das ist, was ihm beim Erreichen wichtiger Ziele geholfen hat, befeuert sein Glück.

3 **… uns zuversichtlicher in die Zukunft blicken lässt.** Wir stehen immer wieder vor Herausforderungen, und selbst die stärksten und fröhlichsten Menschen kennen Momente, in denen ihre Zuversicht wankt. Doch haben wir unsere Schwierigkeiten überwunden, bestärkt uns das in dem Glauben, dass wir auch künftige Hindernisse bewältigen können.

LEISTUNG VERSUS ZIELERREICHUNG

Wer entscheidet, was Erfolg bedeutet? Die Psychologin Patty O'Grady nennt folgende Kriterien:

- **Leistung** heißt, einem Standard zu entsprechen, den andere festgelegt haben.
- **Zielerreichung** bedeutet, etwas zu schaffen, das einem selbst wichtig ist.

Unsere Gesellschaft ist leistungsfixiert: ein Examen bestehen, ein Match gewinnen, ein Bewerbungsgespräch mit Bravour absolvieren. Das liegt unter anderem schlicht daran, dass sich solche Erfolge leicht messen lassen: Sie bekommen eine Note, schießen ein Tor oder nicht, bekommen den Job oder nicht. Doch genau das finden wir unbefriedigend, denn das Ergebnis hängt von den Leistungskriterien anderer ab. Wirklich erfüllend ist es, etwas zu tun, weil man damit ein – privates, berufliches, künstlerisches, technisches – Ziel anstrebt, das einem selbst wichtig ist. Dann besteht die eigentliche Belohnung in der Anerkennung und dem Aufblühen als Person. In O'Gradys Worten: »Leistung ist ein Nebeneffekt von Zielerreichung.«

BESSER ALS OKAY

Martin Seligman, Begründer der Positiven Psychologie, kritisiert, dass die Wissenschaft sich lange auf psychische Störungen konzentriert hat. Ihr Therapieziel habe darin bestanden, die »Nulllinie« zu erreichen: einen Zustand, in dem sich die Betroffenen nicht mehr krank fühlen. Die Positive Psychologie hingegen sei mit der Absicht entwickelt worden, einen Zustand echten Wohlbefindens zu erreichen: Wie können wir aufblühen, statt uns nur ganz okay zu fühlen?

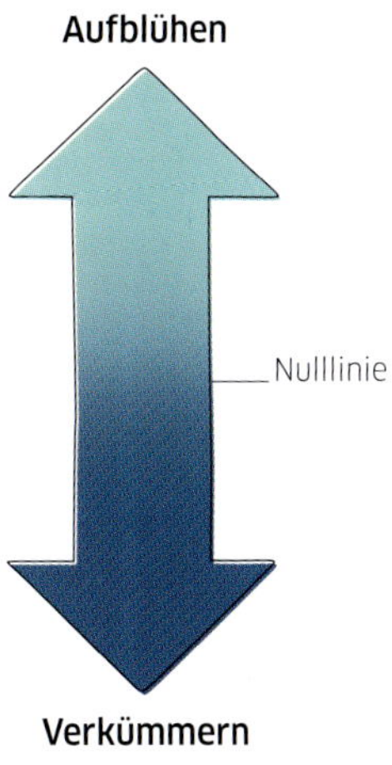

POSITIVE DENKWEISEN

FÜR MEHR WOHLBEFINDEN

Erfolg, Lebensglück und das Erreichen persönlicher Ziele hängen zusammen. Was Sie denken und tun, ist entscheidend. Auf dem Weg zu einem erfüllten Leben sind gute Gewohnheiten das A und O.

Der Wunsch glücklich zu sein liegt in unserer Natur, aber wie können wir das erreichen?

Besitztümer oder Erlebnisse?
Anders, als es die Bedeutung materieller Besitztümer in unserer Kultur erwarten lässt, macht es uns nicht glücklich, »Dinge zu haben« (auch wenn wir uns in dem Moment, in dem wir etwas kaufen, oft gut fühlen). Laut einer Langzeitstudie des Psychologen Thomas D. Gilovich haben materielle Objekte Nachteile:

- **Wir gewöhnen uns an sie.** Ist der Reiz des Neuen verflogen, sind wir noch immer dieselbe Person mit denselben Gefühlen, Bedürfnissen und Sorgen.
- **Unsere Erwartungen passen sich an.** Ihr neues Auto mag im Vergleich zu Ihrem alten wirklich toll sein. Doch bald werden Sie es mit noch besseren Modellen vergleichen.
- **Wir vergleichen uns mit anderen.** Es gibt immer jemanden, der etwas Neueres und Schöneres hat.

Das nennt sich »Adaptation«: Wenn sich die Umstände ändern, passen wir uns an. Was nicht an Glanz verliert, sind wichtige Erfahrungen.

- **Sie lassen sich nicht vergleichen,** denn das ist sinnlos. Das heißt, dass ihr Wert sich nachhaltig auf unser Glücksempfinden auswirkt.
- **Sie werden zu einem Teil unserer Identität,** und zwar sowohl im Hinblick darauf, wie wir uns selbst sehen, als auch im Hinblick darauf, wie andere uns sehen.

FÜNF WEGE ZU MEHR WOHLBEFINDEN

Martin Seligman und sein Team baten 2005 fünf Gruppen von Probanden, eine Woche lang jeweils eine bestimmte Aufgabe durchzuführen. Es zeigte sich, dass jede einzelne das Wohlbefinden steigern konnte.

Notieren Sie jeden Abend drei Dinge, die gut gelaufen sind, und überlegen Sie, warum sie gut gelaufen sind.

Schreiben Sie einen Brief an jemanden, bei dem Sie sich noch nie richtig bedankt haben.

Schreiben Sie über eine Phase Ihres Lebens, in der Sie in Hochform waren.

Finden Sie Ihre fünf Signaturstärken (siehe S. 76–77) und nutzen Sie sie häufiger.

Setzen Sie eine Ihrer Signaturstärken auf eine neue Weise ein.

- **Sie wecken Vorfreude.** Darauf zu warten, dass man sich eine Anschaffung endlich leisten kann, macht ungeduldig; dagegen ruft ein anstehender Urlaub freudige Gespanntheit hervor.

Die Forschung zeigt, dass Erlebnisse einen nachhaltigen Effekt auf unser kurz- und langfristiges Glücksempfinden haben.

Trainieren Sie Ihr Gehirn

Die Neurowissenschaft hat nachgewiesen, dass unser Gehirn »plastisch« ist, wir können es auch im Erwachsenenalter noch formen. Das kann mühsam sein, doch es lohnt sich, unserem Gehirn und unseren Denkgewohnheiten ebenso viel Aufmerksamkeit zu schenken wie unserer körperlichen Fitness.

GEBEN IST SELIGER DENN NEHMEN

Der Psychologe Shawn Achor fand heraus: Das Glücksniveau lässt sich auch in Stresszeiten vor allem dann halten, wenn man auf Unterstützung zählen kann. Überraschenderweise verstärkt sich diese Wirkung noch, wenn man andere unterstützt.

Arbeitnehmer, die ihre Kollegen unterstützten, waren mit

10 x höherer Wahrscheinlichkeit **engagiert** und wurden mit

40 % höherer Wahrscheinlichkeit **befördert.**

STIMMUNGSVERBESSERER

Der Glücksforscher Shawn Achor kennt folgende Wege, um die eigene Laune zu heben:

- Schreiben Sie drei Dinge auf, für die Sie dankbar sind.
- Schicken Sie einem Menschen, der Ihnen am Herzen liegt, eine nette Botschaft.
- Meditieren Sie zwei Minuten lang.
- Treiben Sie zehn Minuten Sport.
- Schreiben Sie zwei Minuten lang über die bedeutsamste Erfahrung der letzten 24 Stunden.
- Nehmen Sie Kontakt zu jemandem aus Ihrem sozialen Netzwerk auf.

Die letztgenannte Aktivität hat sich als die wirksamste erwiesen.

DER BLICK NACH INNEN

SELBSTWAHRNEHMUNG ENTWICKELN

Unser Selbstbild bildet das Zentrum unseres Seins. Wer erfolgreich sein will, sollte sich also Gedanken darüber machen, wie er eine Selbstwahrnehmung entwickeln kann, die zutrifft und ihn unterstützt.

Unser Selbstbild kann uns helfen oder schaden: Wir beurteilen unsere Möglichkeiten basierend darauf, wie wir uns selbst sehen. Eine angemessene Selbstwahrnehmung ist eine Fähigkeit, die durch Übung entwickelt und durch Reflexion weiter verfeinert werden sollte.

Sich gut fühlen

Es hat Vorteile, die eigenen Stärken und Talente zu kennen. So stellte eine US-amerikanische Studie von 2010 fest, dass diejenigen College-Studenten, die beim Identifizieren und Analysieren ihrer Stärken am besten abschnitten, auch eher in der Lage waren, auf Erfolgen der Vergangenheit aufzubauen und sich soziale Unterstützung zu holen. Außerdem fühlten sie sich tendenziell wohler und hatten ein besseres Selbstwertgefühl. Zu wissen, über welche Stärken man verfügt, insbesondere wenn sie den eigenen Interessen und Leidenschaften dienen können, ist ein großer Vorteil: Es bedeutet, dass Sie wissen, welche Werkzeuge für Sie bereitstehen.

Leider sind wir oft blind für das, was uns auszeichnet. Wenn wir zum Beispiel Mut für ein wichtiges Charaktermerkmal halten, könnten wir annehmen, es sei »normal«,

> **Kein Mensch** kann sich ohne *sein eigenes* **Einverständnis** wohlfühlen.
>
> **Mark Twain**
> Schriftsteller

BILANZ ZIEHEN

Folgende Fragen können Ihnen wichtige Hinweise auf Ihre Stärken liefern:

- **Wie reagieren Sie,** wenn Menschen andere Stärken haben als Sie? Versuchen Sie, von ihnen zu lernen? Gibt es »Stärken«, die Sie nicht gut finden? Gibt es Eigenschaften, die Sie nicht haben, aber an anderen schätzen?
- **Was verleiht Ihnen Energie** und was laugt Sie aus?
- **Gibt es Menschen,** die Ihnen dabei helfen, das Beste aus Ihren Stärken zu machen?

mutig zu sein. Doch ein Verhalten, das nach Ihrer Meinung einfach dazugehört, kann tatsächlich ein Schlüssel zu Ihren größten Stärken sein.

Was sind »Stärken«?

Die Positive Psychologie definiert eine Stärke als Kombination aus Talent, Wissen und Fähigkeiten, die das Potenzial für Bestleistungen in sich trägt, sofern wir diese Qualitäten kultivieren. Deshalb ist es wichtig herauszufinden, wo unsere Talente liegen, sie in unser Selbstbild zu integrieren und unser Verhalten darauf abzustimmen.

Dies beinhaltet auch, sich nicht zu sehr auf Negatives zu fokussieren. Wenn wir etwas erreichen wollen, neigen wir oft dazu, uns auf das zu fixieren, was an unserem Leben uns nicht gefällt. Aber laut einigen

AM ARBEITSPLATZ

Haben Sie einen Kollegen, auf dessen Urteil Sie vertrauen? Stellen Sie ihm folgende Fragen, um zu erfahren, wo und wie Sie sich verbessern können.

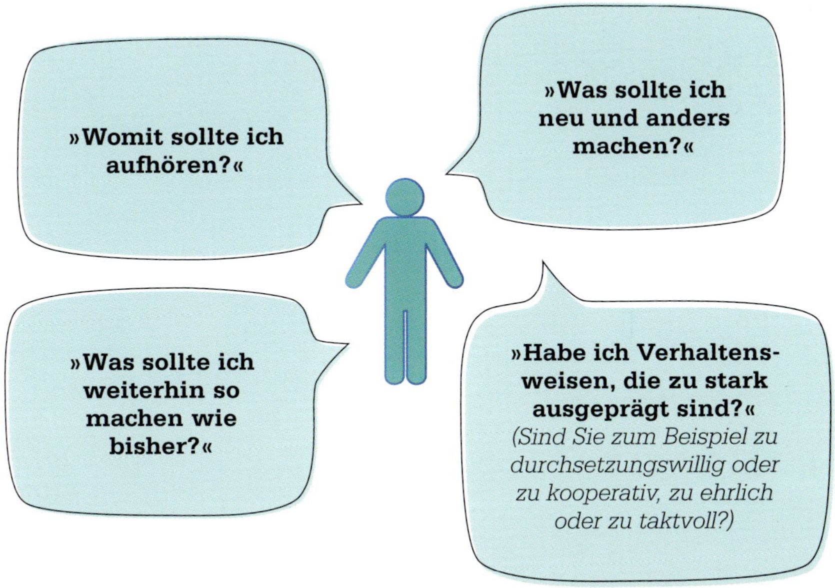

DAS RICHTIGE MASS

Es ist gut, Stärken zu haben, aber Sie müssen sie nicht immer voll ausspielen. Das *Journal of Positive Psychology* betont, dass es hilfreicher ist, sich an die jeweilige Situation anzupassen und auf den Kontext zu achten. Fragen Sie sich also jedes Mal, bevor Sie Ihre Stärken einsetzen, ob Sie sie im Einzelfall voll ausschöpfen sollten oder eher nicht – abhängig davon, was strategisch vorteilhaft ist oder Ihren Interessen dient.

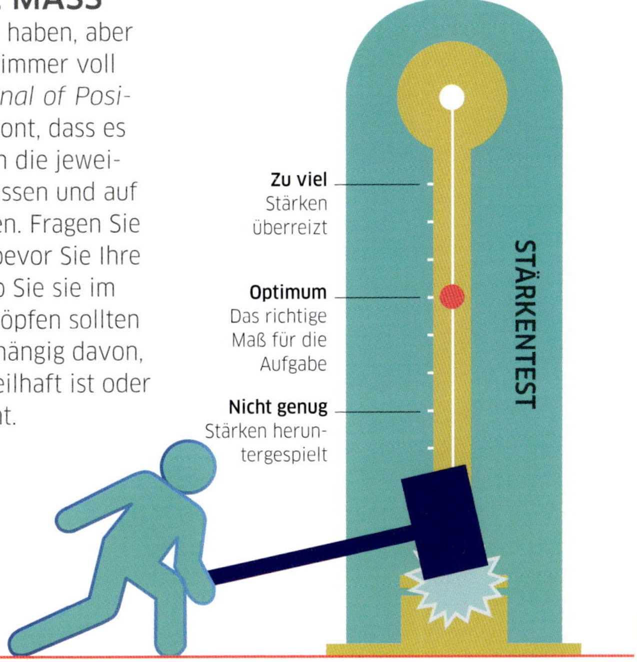

»

» Studien ist es ergiebiger, das wertzuschätzen, was wir gut machen, und diese Dinge häufiger zu tun.

Wir können Freunde und Angehörige um eine ehrliche Einschätzung bitten. Oft fühlen wir uns von Menschen angezogen, die unsere Neigungen teilen, deshalb können Freunde uns helfen, auf vorhandenen Stärken aufzubauen, während Familienmitglieder, die von unseren Interessengebieten nicht unbedingt begeistert sind, für eine liebevolle Realitätsprüfung sorgen können.

WAS IST MEDITATION?

Mediation ist eine dynamische Anwendung und ein machtvolles Werkzeug. Zwei traditionelle Begriffe dafür sind:

- **Bhävana** (Sanskrit) für »kultivieren« oder »zum Entstehen bringen«.
- **Sgoms** (tibetisch) für »Vertrautheit mit der Seinsweise des Geistes entwickeln« (Selbstwahrnehmung und Einsicht).

Wenn Sie meditieren, trainieren Sie Ihren Geist.

Ein positives Selbstbild gehört zu den stärksten Motivationsfaktoren, über die wir verfügen. Wer daran arbeitet, das Gute in sich und anderen wertzuschätzen, stellt möglicherweise fest, dass er sich auf dem Weg zum Erfolg leichter tut.

Achtsam sein

Buddhisten glauben, dass uns ein starres Selbstbild einschränkt, und auch die Forschung stützt die Vermutung, dass wir »multiple Selbste« haben, die sich abhängig vom Kontext zeigen. Inzwischen befassen sich viele Forschungsarbeiten mit der Wirkung von Achtsamkeit (»mindfulness«), eines Zustands, der sich durch Meditation (siehe S. 68–71) kultivieren lässt. Achtsamkeit bedeutet, im Hier und Jetzt präsent zu sein, ohne zu urteilen und ohne sofort auf Gedanken und Erfahrungen zu reagieren, die im Bewusstsein auftauchen.

Psychologen sprechen in diesem Zusammenhang von Selbstwahrnehmung, Selbstregulierung und Selbsttranszendenz. Durch Üben können wir einen Zustand erreichen, der es ermöglicht, unsere Gefühle zu regulieren, unsere Bedürfnisse von einer höheren Warte aus zu betrachten und unsere Beziehungen zu anderen zu verbessern. Achtsamkeit hat vier Aspekte:

- Ausgewogenes und konzentriertes Bemühen
- Klares Unterscheiden
- Achtsames Gewahrsein
- Gleichmut: neutrales Beobachten, statt sich von Wünschen und Unzufriedenheiten beherrschen zu lassen

ACHTSAMES VORGEHE

Wenn Ihr Bild von sich selbst zu starr ist, begrenzen Sie Ihren Horizont und Ihre Möglichkeiten. Ganz im gegenwärtigen Moment

NEGATIVER DENKPROZESS

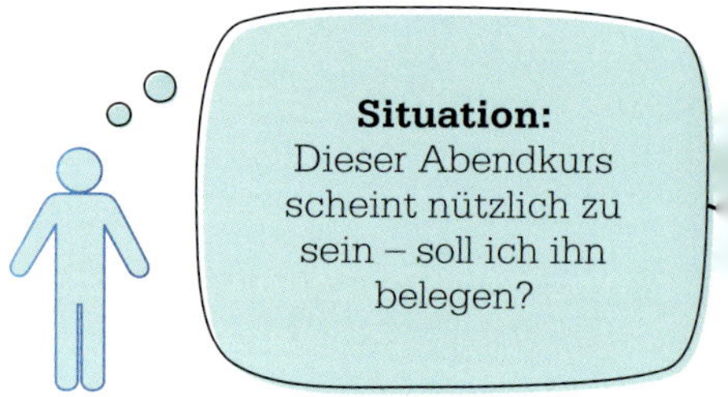

POSITIVER DENKPROZESS

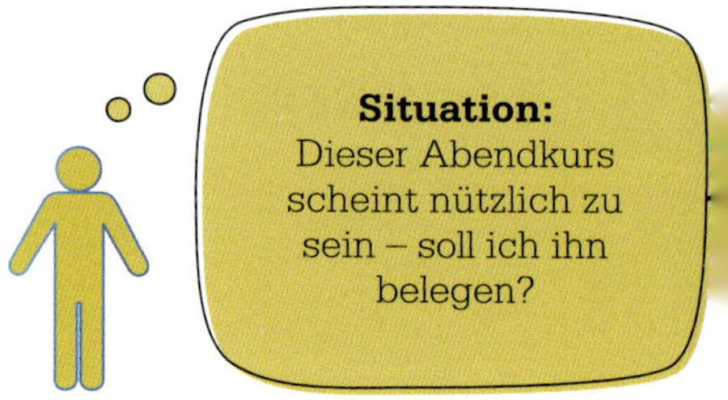

Um achtsam zu sein, müssen wir unsere Aufmerksamkeit ganz auf den gegenwärtigen Moment richten. Wahrnehmen, was wir gerade fühlen und denken, akzeptieren, dass dieser Moment so ist, wie er ist, und dabei verweilen, statt uns in Erinnerungen oder Gedanken an die Zukunft zu verlieren.

Unangenehme Gefühle

Und wie wirken sich unangenehme Gefühle aus? Grenzen bei unserem Selbstbild können unsere Handlungsfähigkeit einschränken: Je zu bleiben und Ihr Befinden wahrzunehmen hilft Ihnen, bei der Sache und konstruktiv zu bleiben.

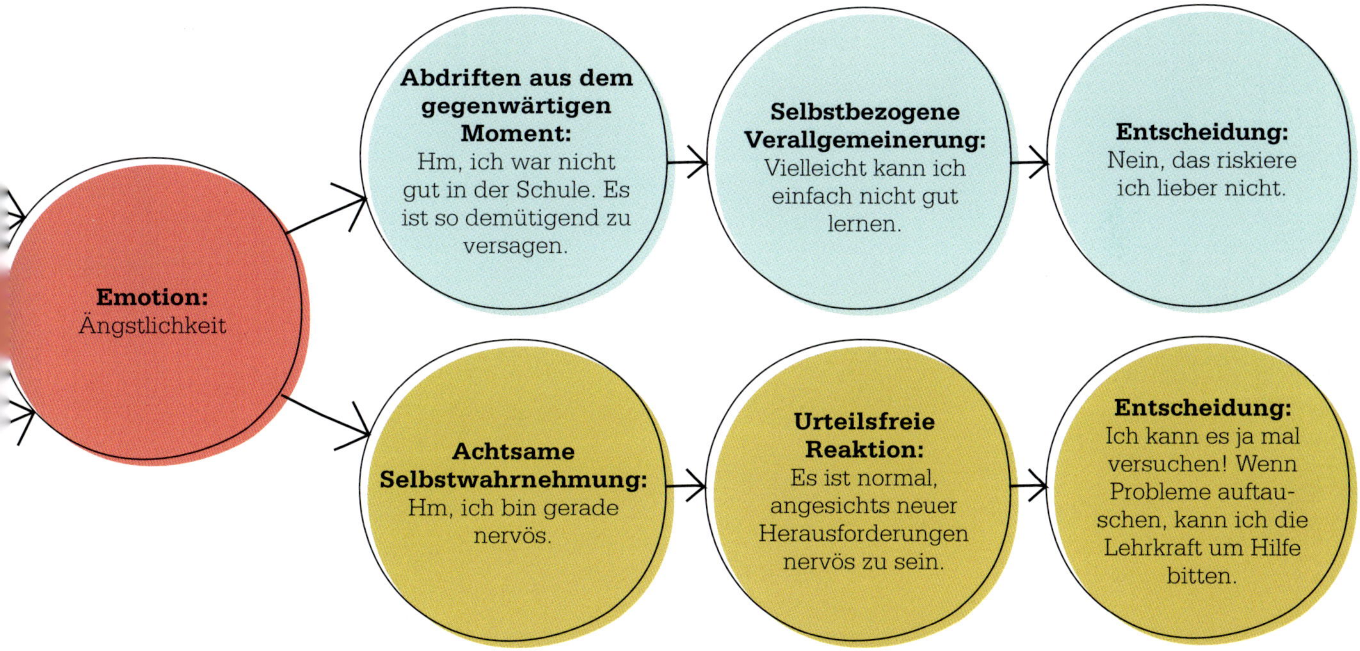

häufiger wir Ereignisse, Interaktionen und Ergebnisse mit Etiketten versehen, desto anfälliger sind wir für Verzerrungen. Erinnerungen daran, wie wir früher einmal waren, beeinflussen, wie wir unsere Fähigkeiten heute einschätzen.

Wir haben alle schon die Erfahrung gemacht, dass ein unangenehmer Vorfall unangenehme Assoziationen auslöst. Die natürliche Reaktion ist, dass wir versuchen, solche Gefühle wegzudrücken. Doch das hilft nicht: Je weniger wir uns unserer Gefühle bewusst sind, desto wahrscheinlicher bekommen wir es mit falschen Glaubenssätzen zu tun.

Das Gedächtnis arbeitet assoziativ. Wenn ein negatives Gefühl auftaucht, fängt unser Geist an, andere negative Erfahrungen hervorzukramen, und so geraten wir letztendlich in eine Abwärtsspirale. Es ist hilfreicher, eine negative Emotion wahrzunehmen und als das zu akzeptieren, was sie ist: ein unangenehmer Moment, der vergehen wird und nichts weiter bedeutet als das.

Das Konsistenzprinzip

Wir haben das große Bedürfnis, uns selbst als stabile, rationale Wesen zu betrachten. Wenn wir etwas sagen oder tun, das so gar nicht zu unserem Selbstbild passt, ist die Versuchung groß, diesen Anteil »wegzurationalisieren«. So sorgen wir dafür, dass wir uns wieder in Übereinstimmung mit unseren Überzeugungen und Taten fühlen. Es ist jedoch besser, zu akzeptieren, dass Unstimmigkeiten einfach zum Menschsein dazugehören, statt sie beiseitezufegen und zu ignorieren.

EMOTIONALE INTELLIGENZ

MIT DEN GEFÜHLEN DENKEN

Wer nach Erfolg strebt, ohne sich mit sich selbst zu befassen, wird seinen Weg nicht finden. Ob wir unsere Ziele erreichen, hängt davon ab, ob wir erkennen, welche Gefühle uns und unsere Mitmenschen umtreiben.

Manchmal konzentrieren wir uns zu sehr auf die äußeren Bedingungen des Erfolgs: Über welche Qualifikationen und Kontakte verfüge ich? Was habe ich vorzuweisen? Wenn wir das, was wir haben, sinnvoll einsetzen wollen, müssen wir jedoch erst unsere Gefühle und die unserer Mitmenschen verstehen.

Einsicht in unsere Emotionen

Das Konzept der »emotionalen Intelligenz« wurde in den 1990er-Jahren entwickelt und hat bis heute große Bedeutung. Der Psychologe Daniel Goleman definiert emotionale Intelligenz als die Fähigkeit,

- die eigenen Gefühle und die von anderen zu erkennen,
- sie exakt zu benennen sowie
- das Denken und Handeln mit diesen Informationen zu leiten.

Das heißt, dass wir mit unseren Gefühlen und emotionalen Inhalten der Interaktion mit anderen in Verbindung sein müssen, um auf Basis unserer Einsichten Situationen zutreffend einschätzen zu können. Das fällt manchen Menschen leichter als anderen. Die gute Nachricht: Emotionale Intelligenz ist erlernbar.

38 %

Für amerikanische Highschools, die **emotionale Intelligenz** in ihren Lehrplan aufgenommen hatten, gilt: 38 Prozent der Schüler konnten ihren **Notendurchschnitt verbessern.**

Größere Leistungsfähigkeit

Gut entwickelte emotionale Intelligenz kann Sie für Arbeitgeber sehr attraktiv machen. Ronen Habib, Lehrer und Ausbilder in Positiver Psychologie, berichtet, dass bei einer Tagung mit Personalverantwortlichen von so bekannten Unternehmen wie Google und Facebook folgende Fähigkeiten als besonders gefragt angeführt wurden: Teamfähigkeit, Kreativität, fachliches Grundwissen, Durchhaltevermögen und gutes Zeitmanagement. Die Erfahrung zeigt: Menschen mit diesen Qualitäten sind nicht leicht zu finden. Das liegt wohl daran, dass solche Soft Skills zum Beispiel in der Schule nicht gelehrt werden.

Wer über sie verfügt, hat also einen klaren Wettbewerbsvorteil. Denn um mit anderen gut zusammenzuarbeiten, benötigt man eine ausgeprägte emotionale Intelligenz.

Bewusstheit kultivieren

Üben Sie, in sich hineinzusehen und zu beobachten, wie Ihre Gefühle, Gedanken und Überzeugungen Ihr

ÜBERTRAGBARE FÄHIGKEITEN

Dem Psychologen Daniel Goleman zufolge haben Menschen mit einer ausgeprägten emotionalen Intelligenz Vorteile, weil sie einige Dinge im Alltag besser können.

- **Ungewissheit ertragen**
- **Konflikte lösen**
- **Wirksam kommunizieren**
- **Andere motivieren**
- **Mit den Aufs und Abs des Lebens fertigwerden**
- **Anderen helfen, sich weniger gestresst zu fühlen**
- **Langfristige Beziehungen aufbauen**

Handeln beeinflussen. Das ist nicht leicht, vor allem, wenn wir mit etwas Neuem konfrontiert sind: Studien zeigen, dass wir in solchen Situationen eher ängstlich reagieren und auf Erfahrungen aus der Vergangenheit zurückgreifen. Widerstehen Sie der Versuchung, in alte Gewohnheiten zurückzufallen, und machen Sie sich klar, dass Sie neue Fähigkeiten und Verhaltensweisen brauchen, um etwas zum Positiven zu verändern.

Ignorieren oder vermeiden Sie schwierige Gefühle also nicht, sondern versuchen Sie, jedes Mal nur eine Sache ein wenig anders zu machen. Es mag sich kurzfristig unangenehm anfühlen, zahlt sich jedoch langfristig aus.

DAS EMOTIONALE GLEICHGEWICHT

Laut den Psychologen Daniel Goleman und David McClelland bedeutet emotionale Selbstwahrnehmung, dass wir unsere Emotionen erkennen und unsere Reaktionen steuern können. Das hilft nicht nur uns selbst, sondern auch unserem Team.

SELBSTWAHRNEHMUNG

VORTEILE FÜR SIE SELBST

Wahrnehmung
Selbsterkenntnis und Selbstvertrauen

Regulation
Selbstkontrolle, Integrität, Anpassungsfähigkeit und Initiative

VORTEILE IN EINER GRUPPE

Wahrnehmung
Empathie und Kooperation

Regulation
Einfluss nehmen, Allianzen schmieden und führen

WIE SEHEN MICH ANDERE?

UMGANG MIT FEEDBACK

Selbstwahrnehmung ist essenziell für Wachstum und Erfolg. Der beste Weg, um herauszufinden, wie man auf andere wirkt, besteht darin, Fragen zu stellen und zuzuhören – Letzteres ist eine Kunst für sich.

Wenn es um unsere Leistungen geht, sind Rückmeldungen von anderen unersetzlich. Das setzt allerdings eine gewisse Härte im Nehmen voraus, denn nicht immer wird Feedback mit Takt und Feingefühl geäußert. Andere Menschen haben schließlich ebenfalls Gefühle, Vorurteile, Befürchtungen, Annahmen und Erwartungen. Hinzu kommt, dass wir ihr Handeln durch unsere eigene Wahrnehmung filtern.

Eine kanadische Studie von 2010 zeigt, dass wir Feedback, das mit unserem Selbstbild nicht übereinstimmt, weniger gut annehmen können als Rückmeldungen, die unser Selbstbild nicht infrage stellen. Ist Ihnen eine ehrliche Meinung wichtig, sollten Sie sich also an Menschen wenden, die es verstehen, Aufrichtigkeit mit Unterstützung zu verbinden.

Zuhören lernen

Sollten wir also einfach möglichst rational mit Feedback umgehen? Ganz so einfach ist es nicht, denn unsere Reaktion auf Feedback kann, wie die Forschung zeigt, durch zwei große Einflussfaktoren verzerrt werden: die heiße und die kalte Kognition (siehe S. 61). Erstere wird von Emotionen verursacht und führt zu Problemen, wenn wir so sehr in unseren Gefühlen gefangen sind, dass wir nicht zuhören können. Letztere hat eher damit zu tun, dass unsere Aufmerksamkeit, unsere Erinnerung und unser Urteil unser logisches Denkvermögen beeinträchtigen können. Ein Beispiel dafür ist der sogenannte Bestätigungsfehler (siehe S. 75).

HEISSES UND KALTES DENKEN

Wir sind sowohl für »heißes« (emotionales) als auch für »kaltes« (logisches) Denken anfällig. Psychologen sprechen von heißer und kalter Kognition. Machen Sie sich bewusst, dass Gefühle, aber auch Logik uns in die Falle locken können.

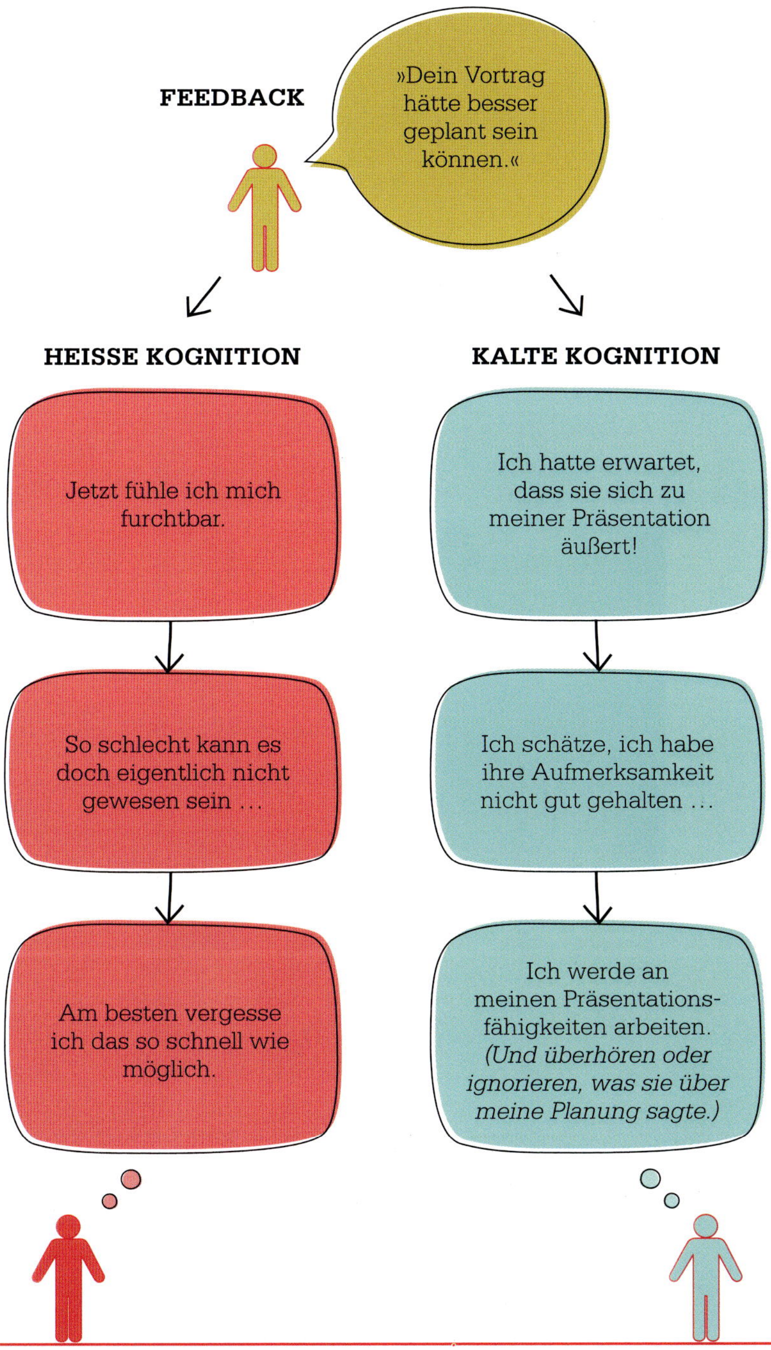

EINFLUSS HABEN

Wir wissen, dass wir gut ankommen, wenn unser Einfluss auf andere wahrnehmbar wird. Denn das bedeutet, dass wir klar kommunizieren. Travis Bradberry, ein Vertreter der Positiven Psychologie, hat wichtige Merkmale solcher Menschen identifiziert. Einflussreiche Menschen …

1 … denken eigenständig und orientieren sich an Fakten.

2 … stellen den Status quo und Konventionen ohne Feindseligkeit infrage.

3 … regen Diskussionen an und wirken mit ihrem Interesse an neuen Ideen ansteckend.

4 … suchen und fördern großzügig Kontakte und teilen Informationen mit anderen.

5 … konzentrieren sich stets auf das Wesentliche und kommunizieren es.

6 … wissen, dass sie nicht unfehlbar sind, und freuen sich über Widerspruch.

7 … sehen voraus, was kommt, und teilen es anderen mit, damit diese sich vorbereiten können.

8 … reagieren überlegt statt reflexhaft und versuchen, eine Beziehung auch dann zu erhalten, wenn sie kritisiert wurden.

9 … glauben, dass Menschen die Macht haben, Dinge zu verändern.

IN DIE TIEFE TAUCHEN

DAS EIGENE ICH VERSTEHEN

Sich selbst zu (er-)kennen gehört zu den wichtigsten, aber auch zu den schwierigsten Dingen des Lebens. Die gute Nachricht ist, dass es viele Möglichkeiten gibt, um unsere Selbstwahrnehmung zu vertiefen.

Vermutlich glauben Sie, dass Sie selbst Ihre Fähigkeiten am besten beurteilen können – schließlich sind Sie die einzige Person, die bei allem, was Sie tun, anwesend ist. In der Praxis verhält es sich jedoch etwas komplizierter: Die Forschung zeigt, dass unsere Selbsteinschätzung oft nicht zutrifft, weil wir uns anhand unserer Absichten beurteilen, während andere unser Handeln und die Ergebnisse daraus sehen.

Blind für blinde Flecken

Die amerikanischen Psychologen Justin Kruger und David Dunning beschrieben 1999 ein Phänomen, das als »Dunning-Kruger-Effekt« bekannt wurde. Einfach ausgedrückt stellten sie fest, dass das Wissen, das man braucht, um auf einem Gebiet gut zu sein, dasselbe ist, das man benötigt, um seine Fähigkeiten auf diesem Gebiet einzuschätzen. Wenn Sie also wenig Ahnung von etwas haben, werden Sie das vermutlich nicht erkennen.

Tatsächlich überschätzen Menschen unterhalb eines bestimmten Kompetenzniveaus ihr Können oft drastisch. Ihnen fehlt ganz einfach die Fähigkeit, zu erkennen, wie wenig kompetent sie sind (siehe S. 63). Das hat nicht unbedingt mit Arroganz zu tun. Wenn wir etwas Neues lernen, wissen wir eben noch nicht, wie komplex es ist.

Bereit für harte, kalte Fakten?

Was Selbsterkenntnis betrifft, verhalten wir uns widersprüchlich: Auf der einen Seite wünschen wir uns eine ehrliche Einschätzung. Daher setzen wir gerne objektive Kriterien an, etwa wenn es um Testergebnisse oder Vergleichen mit anderen geht. Auf der anderen Seite erhoffen wir uns ein positives Urteil über uns selbst. Studien zeigen, dass Menschen, die sich in einem eher rosigen Licht sehen, häufig glücklicher und beliebter sind als Zeitgenossen mit einem kritischeren Blick auf sich selbst. Oft besteht ein Spannungsfeld zwischen dem Wunsch, Fakten zu bekommen, und dem Anliegen, mit unseren guten Absichten respektiert zu werden.

KRITIK UND GEDÄCHTNIS

4:1

Wir reagieren auf Lob stärker, aber erinnern uns länger an Kritik. Menschen, die aufgefordert werden, an emotional wichtige Erlebnisse zurückzudenken, nennen viermal häufiger negative als positive Erfahrungen.

DER DUNNING-KRUGER-EFFEKT

In einem wegweisenden Aufsatz befassten sich David Dunning und Justin Kruger mit den Grenzen unserer Selbsterkenntnis. Sie wiesen nach, dass Menschen, die eine Fähigkeit nicht beherrschen, dies in der Regel nicht wissen. Dunning und Kruger baten ihre Probanden, zunächst ihre Fähigkeiten einzuschätzen und sich dann einer Reihe von Tests zu unterziehen.

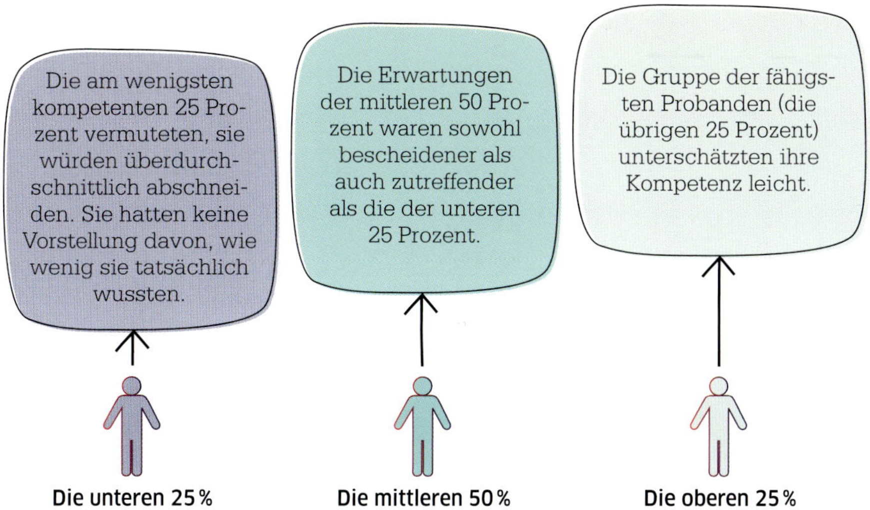

Zwischen den Fähigkeiten, die man für eine Tätigkeit benötigt, und denen zur Einschätzung des eigenen Tuns besteht offenbar eine große Schnittmenge. Deshalb sind kompetente Menschen meist auch selbstkritischer.

SO FINDEN SIE IHRE THEMEM

Wenn Sie Feedback einholen (siehe auch rechts), sollten Sie auf Übereinstimmungen in den Kommentaren zu Ihren Eigenschaften oder Verhaltensweisen achten. In unserem Beispiel ist das gemeinsame Thema Besonnenheit.

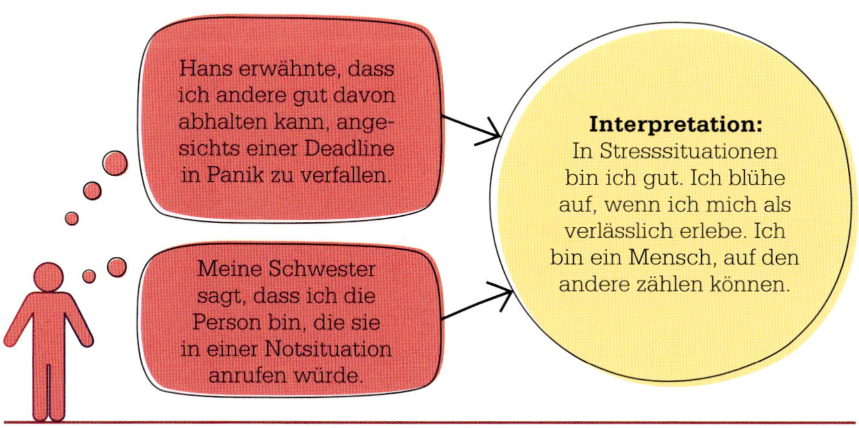

NÜTZLICHES FEEDBACK EINHOLEN

Wenn wir uns selbst einschätzen, sollten wir so genau und konkret wie möglich sein. Das gelingt uns besser, wenn eine Aufgabe …

- **… objektiv ist.** Es gibt eine eindeutige Antwort, die geäußert und verstanden werden kann.
- **… vertraut ist.** Wenn eine Fähigkeit getestet wird, ist es hilfreich, über Vorwissen zu verfügen.
- **… wenig komplex ist.** Wenn nötig, unterteilen Sie sie in kleinere Aufgaben.

Bemühen Sie sich um Feedback (möglichst positives, da wir dazu neigen, Kritik stärker zu gewichten). Eine 2005 im *Harvard Business Review* veröffentlichte Studie rät zu folgendem Vorgehen:

- **Bitten Sie Menschen, denen Sie vertrauen,** um eine ehrliche Einschätzung Ihrer Stärken. Anfragen per E-Mail sind gut geeignet, solche Informationen zu sammeln und zu ordnen.
- **Suchen Sie nach Mustern.** Achten Sie auf Themen, die sich in verschiedener Form wiederholen.
- **Erstellen Sie ein Selbstporträt.** Kombinieren Sie die Einschätzung anderer mit Ihrer eigenen. Ergibt sich ein klares Bild Ihrer größten Stärken?
- **Passen Sie Ihre Pläne und Aufgaben** entsprechend an.

DURCHHALTE-VERMÖGEN

WIDERSTANDSKRAFT ENTWICKELN

An Tagen, an denen wir müde und mutlos sind, ist es eine echte Herausforderung, unsere Pläne konsequent weiterzuverfolgen. Doch Erfolg beruht meist auf kurz- und langfristigen Entscheidungen und Handlungen.

Vermutlich haben Sie auch schon einmal Leute sagen hören, diese oder jene Person habe »wirklich Biss«. Das ist mehr als nur eine Redewendung: Auch Psychologen interessieren sich für die besonders ausgeprägte Hartnäckigkeit (engl. »grit«), mit der manche Menschen ihre Ziele verfolgen, selbst wenn sie immer wieder mit Hindernissen konfrontiert sind.

Wissenschaft der Ausdauer

Was ist Resilienz? Für die Psychologin Carol Dweck, Pionierin in der Erforschung des »dynamischen Selbstbilds« (siehe S. 26), umfasst der Begriff jede konstruktive Reaktion – im Verhalten, in der Einstellung oder emotional – auf eine Herausforderung. Resiliente Menschen werden mit den gleichen Schwierigkeiten konfrontiert wie alle anderen, doch sie sehen das nicht als Debakel an, sondern lassen sich darauf ein. Und sie nehmen mit, was sie beim nächsten Mal anders machen können.

In einer Studie aus dem Jahr 2002 teilte ein Forscherteam Studierenden (wahrheitsgemäß) mit, das Gehirn sei formbar und entwickle angesichts neuer Aufgaben neue Verbindungen. Diese Personen erbrachten später signifikant bessere Leistungen als Kommilitonen, denen man gesagt hatte, dass die Intelligenzentwicklung mit der frühen Kindheit abgeschlossen sei. Dwecks These ist, dass Menschen, die sich als entwicklungs- und lernfähig betrachten, eher in der Lage sind, Unannehmlichkeiten im Sozialleben zu bewältigen, Konflikte zu lösen, sich Hilfe zu holen und neue Aufgaben zu meistern. Sollte Ihnen also ein Missgeschick passieren, denken Sie daran, dass solche Erlebnisse es ermöglichen, etwas Neues über sich oder eine bestimmte Situation zu erfahren.

»Grit« entwickeln

Eine bedeutende Forscherin auf diesem Gebiet ist Angela Lee Duckworth. Sie beschäftigt sich unter anderem damit, wie man es schafft, die eigenen Ziele trotz Rückschlägen weiterzuverfolgen. Anpassungsfähigkeit hilft uns nur bedingt weiter, denn wenn nichts fertig wird, geht auch nichts vorwärts. Es genügt also nicht, flexibel zu sein, man muss zusätzlich etwas gut können. Dieses Etwas sollte eine Leidenschaft sein, die Sie wirklich erfüllt – dann wird die Fokussierung darauf für die nötige Motivation sorgen.

Resilienz erfordert eine positive Grundeinstellung (»Ich kann dazulernen und besser werden«), kombiniert mit einem klaren Langzeitziel.

ERFOLGSFAKTOR

Angela Lee Duckworth, Autorin von *Grit*, fand heraus, dass Taxifahrer ausgerechnet an den eigentlich profitabelsten Tagen die wenigsten Fahrten machen: An Regentagen nehmen mehr Menschen ein Taxi, aber die Fahrer machen besonders früh Feierabend, weil sie ihren üblichen Tagesumsatz schon in der Tasche haben. Wer sich hohe Ziele gesteckt hat, sollte also in »Regenzeiten« Gas geben, statt den Fuß vom Pedal zu nehmen.

»WAS ICH GETAN HABE« VERSUS »WAS ICH BIN«

Widerstandsfähige Menschen übernehmen Verantwortung, aber nehmen sich Rückschläge nicht so zu Herzen. Vergleichen Sie die folgenden Einstellungen:

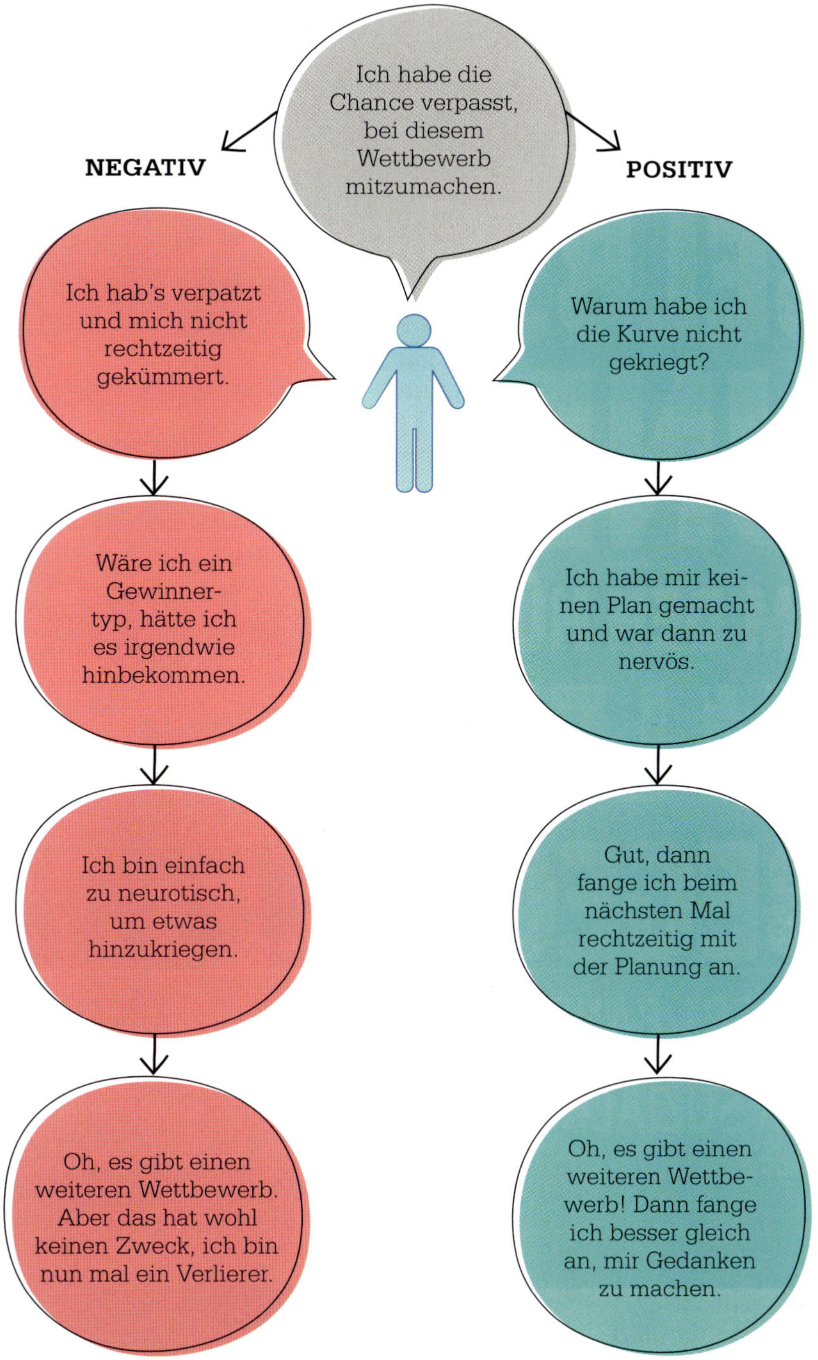

MENSCHEN, DIE ERFOLG WOLLEN, BRAUCHEN DAS GEFÜHL VON SELBSTWIRKSAMKEIT UND RESILIENZ, UM DEN HÜRDEN UND UNGERECHTIGKEITEN IM LEBEN ANGEMESSEN BEGEGNEN ZU KÖNNEN.

ALBERT BANDURA, PSYCHOLOGE UND BEGRÜNDER DER SOZIALKOGNITIVEN LERNTHEORIE

LEICHTIGKEIT IM ALLTAG

ACHTSAMKEIT, MEDITATION, KLARHEIT UND ZUVERSICHT

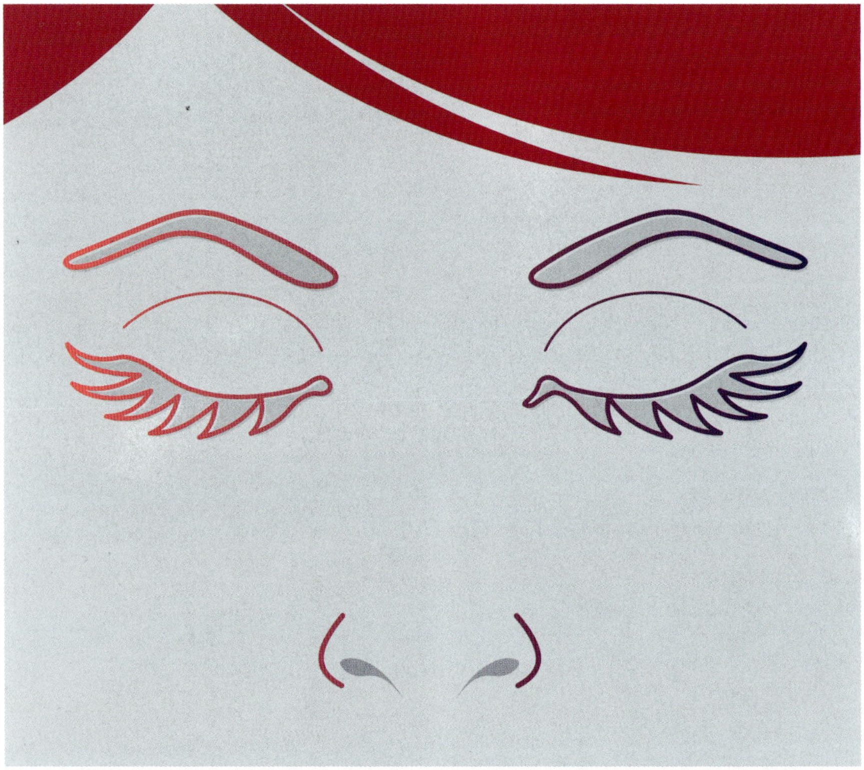

Wer sich einem Ziel verschreibt, sollte sich mit ihm auch wohlfühlen. Und zwar damit, was er tut, und damit, aus welchem Grund er es tut. Wer sich in Achtsamkeit übt, erkennt, dass das »Warum« klarer wird.

Achtsamkeit hat in vielen Religionen und spirituellen Praktiken eine lange Tradition. Aktuelle Forschungsergebnisse zeigen, dass auch aus wissenschaftlicher Sicht vieles für eine Achtsamkeitspraxis spricht. Die Meditation ist eine einfache Möglichkeit dazu, der Sie leicht einen festen Platz in Ihrem Alltag einräumen können.

Was hat das mit Erfolg zu tun? Wissenschaftler finden immer mehr Belege dafür, dass Meditation sehr hilfreich sein kann, um Selbstwahrnehmung und Selbstwertschätzung zu entwickeln. Auch unterstützt sie dabei, das unvermeidliche Leid im Leben zu bewältigen. Ärzte und Psychologen interessieren sich heute immer mehr dafür, was die Weltgesundheitsorganisation als einen »Zustand vollständigen körperlichen, geistigen und sozialen Wohlbefindens und nicht nur das Fehlen von Krankheit oder Gebrechen« beschreibt. In diesem Modell der Gesundheit gilt Meditation als gesundheitsfördernd.

Finden Sie Ihre Praxis

Es gibt ganz unterschiedliche Meditationsübungen. Zwei der verbreitetsten werden hier vorgestellt (siehe S. 69). Vielleicht möchten Sie Alternativen ausprobieren: Wenn Sie etwa nicht gut still sitzen können oder wenig Zeit haben, könnte die Gehmeditation besser zu Ihrem Alltag passen. Im Internet finden Sie eine Vielzahl von Übungen, die sich an die eigenen Bedürfnisse anpassen lassen. Experimentieren Sie, um die für Sie passende Form zu finden.

ACHTSAMKEITSMEDITATION

Achtsamkeit ist ein Zustand entspannten, nicht urteilenden Gewahrseins, in dem wir das, was sich in uns abspielt, ruhig und genau beobachten. Das kann sehr hilfreich sein, wenn wir vor einer schwierigen Entscheidung stehen oder einen Rückschlag verkraften müssen. Die folgende klassische Meditationsübung hilft Ihnen, diese Fähigkeit zu entwickeln:

1 Wählen Sie einen Ort, an dem Sie ungestört sind, und setzen Sie sich bequem hin. Absolute Stille ist nicht erforderlich; ein Teil der Übung besteht darin, sich von Hintergrundgeräuschen nicht ablenken zu lassen.

2 Schließen Sie die Augen, entspannen Sie sich und spüren Sie, wie sich Ihre Füße in den Schuhen fühlen, wie Ihr Körper auf dem Stuhl oder Kissen sitzt, ob sich die Luft auf Ihrer Haut warm oder kühl anfühlt. Nehmen Sie diese Dinge einfach wahr, ohne sie verändern zu wollen.

3 Wenn Gedanken kommen, registrieren Sie einfach, dass sie da sind. Gehen Sie ihnen nicht nach und bekämpfen Sie sie nicht. Indem wir Gedanken und Gefühle zulassen, ohne auf sie zu reagieren, entwickeln wir emotionale Selbstwahrnehmung und Resilienz.

4 Wenden Sie sich Ihrem Atem zu. Spüren Sie, wie sich Ihr Brustkorb hebt und senkt, wie Luft in Ihre Lunge strömt? Bleiben Sie bei Ihrem Atem, lassen Sie Ablenkungen vorbeiziehen. Sie brauchen Ihren Atemrhythmus nicht zu verändern. Beobachten Sie ihn einfach.

5 Meditieren Sie auf diese Weise fünf bis zehn Minuten. Wenn Sie bereit sind, richten Sie Ihre Aufmerksamkeit wieder auf den ganzen Körper, bevor Sie die Augen öffnen.

6 Beglückwünschen Sie sich, egal, ob Sie konzentriert geblieben oder abgeschweift sind. Es gibt keine »richtige« und »falsche« Art zu meditieren.

> Achtsamkeit zu üben bedeutet, uns in völligem **Gewahrsein** mit diesem **Augenblick** zu verbinden … mit der Absicht, so gut wir können, hier und jetzt **Ruhe, Achtsamkeit** und **Gleichmut** zu verkörpern.
>
> **Jon Kabat-Zinn**
> Wissenschaftler, Autor und Meditationslehrer

LIEBENDE-GÜTE-MEDITATION

Enttäuschungen und Konflikte sind im Leben unvermeidlich. Die folgende traditionelle Meditationsübung hilft Ihnen, eine positivere Haltung zu entwickeln.

1 Setzen Sie sich bequem und entspannt hin und nehmen Sie die Empfindungen in Ihrem Körper wahr. Achten Sie vor allem auf Ihr »Herzzentrum«, also den Bereich von Brust und Solarplexus.

2 Senden Sie sich selbst Freundlichkeit und Mitgefühl, indem Sie in Gedanken Sätze wie »Möge es mir gut gehen«, »Möge ich glücklich sein«, »Möge ich gesund sein«, »Möge ich leicht und friedvoll leben« wiederholen.

3 Als Nächstes denken Sie an jemanden, den Sie mögen. Wünschen Sie dieser Person ebenfalls, dass sie glücklich und gesund ist und leicht und friedvoll lebt.

4 Richten Sie Ihre liebende Güte dann auf jemanden, dem Sie neutral gegenüberstehen. Wünschen Sie auch dieser Person Gutes.

5 Denken Sie nun an jemanden, mit dem Sie Schwierigkeiten haben, und richten Sie Ihre liebende Güte auf diese Person.

6 Dehnen Sie Ihre guten Wünsche auf alle Menschen aus.

ZEIT ZUM MEDITIEREN

Wie lässt sich in einem geschäftigen Alltag die Zeit zum Meditieren finden? Nun, erstens benötigt man gar nicht viel davon: 20 Minuten pro Tag reichen. Ansonsten gilt: Eine kurze Meditation ist besser als gar keine. Zweitens kann man Meditation gut in den Alltag einbauen. Die Gesundheitspsychologin Linda Wasmer Andrews empfiehlt bestimmte Tageszeiten.

Gleich nach dem Aufstehen
Wenn Sie oft schon mit Sorgen aufwachen, könnte eine beruhigende Meditation genau der richtige Start in den Tag sein.

In der Mittagspause
Eine Meditation am Mittag sorgt für eine Unterbrechung der Routine. Sie starten entspannter und kreativer in den Nachmittag.

Am Ende des Arbeitstages
Als klarer Trennstrich zwischen Arbeit und Freizeit hilft die Meditation Ihnen dabei, Ihr Leben voll auszukosten.

In Stressmomenten
Gerade wenn Sie unter Zeitdruck stehen, können einige Minuten bewusster Sammlung Ihre Produktivität steigern.

Zzz...
Die Momente vor dem Einschlafen sind ***nicht*** zu empfehlen, weil Ihr Gehirn so womöglich lernt, Meditation mit Schlaf zu verwechseln.

Die vier Prinzipien

Eine 2013 im *Journal for Positive Psychology* veröffentlichte Studie zeigt, dass Meditierende, die bestimmte Aspekte von Achtsamkeit kultivierten, ein gutes Selbstwertgefühl hatten.

1 **Nichtreagieren.** Sie fühlen, was Sie fühlen, müssen jedoch nicht sofort darauf reagieren.

2 **Gewahrsein.** Sie wissen, was Sie fühlen, und unterdrücken diese Gefühle nicht.

3 **Benennen.** Sie sind in der Lage, Ihre Gefühle genau zu beschreiben.

4 **Nichturteilen.** Sie registrieren, was vor sich geht, ohne es als gut oder schlecht zu bewerten. Es ist einfach, wie es ist.

Achtsamkeit am Arbeitsplatz

Eine im Jahr 2008 für die Academy of Management durchgeführte Studie stellte fest, dass Menschen, die Achtsamkeitsmeditation praktizierten, nicht nur im privaten Bereich, sondern auch im Beruf davon profitierten. Sie

- nahmen das Geschehen bewusster wahr, zudem mehr Details und unterschwellige Zeichen,
- kamen besser mit ihren Kollegen aus,
- waren flexibler und spontaner,
- waren ausgeglichener,
- setzten sich realistischere Ziele,
- waren empathischer, einfühlsamer und weniger selbstbezogen,
- waren weniger materialistisch eingestellt,
- waren weniger auf Bestätigung von außen angewiesen,
- konnten ihren Lebenssinn nicht nur aus dem Beruf ziehen,
- blieben unter Stress gelassener,
- mochten ihre Arbeit mehr,
- waren anpassungsfähiger,

50 %

MEHR WOHLWOLLEN

Eine Studie der Harvard-Universität zeigte, dass **Meditierende** anderen Menschen 50 Prozent häufiger mit **Freundlichkeit** und **Mitgefühl** begegneten als Nichtmeditierende.

FÜR MEHR GESUNDHEIT

Meditation ist gesundheitsfördernd, wie Studien beweisen. Sie kann

- uns dabei unterstützen, regelmäßig Sport zu treiben,
- Risikoverhalten wie exzessiven Alkohol- und Drogenkonsum reduzieren,
- unser Immunsystem stärken,
- bei der Schmerzbewältigung helfen,
- Entzündungen auf der Zellebene hemmen,
- unsere Fähigkeit zur Selbstkontrolle verbessern,
- die Bereiche unseres Gehirns stärken, die mit Aufmerksamkeit und Konzentration assoziiert sind.

- sahen neue Situationen eher als Herausforderung denn als Bedrohung.

Das Ergebnis: Achtsame Menschen sind gesünder, glücklicher und die besseren Mitarbeiter – wichtige Vorteile auf dem Weg zum Erfolg.

HÄUFIGE HINDERNISSE

Sie wollen die Achtsamkeitsmeditation nicht ausprobieren? Warum eigentlich? Eine Studie von 2011 listet die häufigsten Einwände auf.

Ich kann meine Gedanken nicht stoppen.

Ich fühle mich unwohl, wenn es still ist.

Ich kann nicht lange genug still sitzen.

Ich ziehe Tätigkeiten mit sichtbarem Ergebnis vor.

Meditation könnte mir zu langweilig sein.

Es ist Zeitverschwendung, einfach nur nichts zu tun.

Ich weiß nicht genug über Meditation.

Meine Form der Meditation ist das Gebet.

Ich finde keinen ruhigen Platz zum Meditieren.

Ich habe keine Zeit.

Ich bin einfach nie allein.

Ich wüsste ja nicht, ob ich es richtig mache.

Meditation ist vielleicht unvereinbar mit meinem Glauben.

Meine Familie würde das seltsam finden.

Ich käme mir dabei albern vor.

Ich glaube nicht, dass Meditation mir helfen kann.

Ich frage mich, ob Meditation mir schaden kann.

Fühlen Sie sich bei dem Gedanken, Meditation einmal auszuprobieren, unwohl? Überlegen Sie, welche der von den Wissenschaftlern aufgelisteten Gründe Ihnen bekannt vorkommen. Wenn es Ihnen gelingt, diese Überzeugungen zumindest für kurze Zeit auszusetzen, kann sich Ihnen ein weiter Spielraum zum Experimentieren eröffnen.

FINDEN SIE IHRE PASSION

ENGAGEMENT, ZIEL UND SINN

Wer echte Zufriedenheit und Erfüllung finden will, der sollte seine Energien und seine Leidenschaft für etwas einsetzen, das ihm nicht nur Nutzen bringt, sondern auch eine wirkliche Bedeutung hat.

Wenn wir einer Aktivität nachgehen, die für uns bedeutsam ist, bleiben wir mit Interesse und Konzentration bei der Sache. Motivation verleiht uns Energie; Leidenschaft vermag diese Energie zu bündeln. Doch was motiviert uns wirklich?

Extrinsisch versus intrinsisch

Eine Reihe von Experimenten des Psychologen Sam Glucksberg brachte ein überraschendes Ergebnis. Ausgehend von Dunckers »Kerzenproblem« (siehe S. 73) führte Glucksberg einen ähnlichen Versuch mit zwei Gruppen durch. Der ersten Gruppe erklärte er, der Zweck des Experiments sei es herauszufinden, wie lange Probanden brauchen, um das Problem zu lösen. Der zweiten Gruppe versprach er Geld, wenn sie die Aufgabe schneller lösten als die andere Gruppe. Die Gruppe, der die Belohnung winkte, löste die Aufgabe schneller als die andere, wenn die Heftzwecken neben der Schachtel lagen, brauchte aber dreieinhalb Minuten länger, wenn sich die Heftzwecken in der Schachtel befanden und Querdenken erforderlich war. Das zeigt den Unterschied zwischen

EIN GEDANKEN-EXPERIMENT

Stellen Sie sich vor, Sie gewinnen im Lotto: Würden Sie weiter das tun, was Sie derzeit tun? Ist die Antwort ein Ja, mögen Sie Ihre Tätigkeit wahrscheinlich und betrachten sie als wichtig. Wenn sie Nein lautet, folgen Sie vermutlich nicht Ihrer wahren Leidenschaft.

WIE ERWARTUNGEN UNSER DENKEN EINSCHRÄNKEN KÖNNEN

Der deutsche Psychologe Karl Duncker publizierte 1945 die Ergebnisse eines berühmten Experiments: Er hatte die Teilnehmer einzeln in einen Raum gesetzt und mit einer Kerze, einem Streichholzbriefchen und einer Schachtel Heftzwecken allein gelassen. Sie sollten – angeblich für einen Versuch zum Sehvermögen – die brennende Kerze so an der Wand befestigen, dass kein Wachs auf den Tisch tropfte.

Die Kerze mit Heftzwecken an der Wand zu befestigen funktionierte ebenso wenig, wie sie mit flüssigem Wachs an die Wand zu kleben. Am Ende wurde den meisten Probanden klar, dass sie auch die Schachtel benutzen mussten: Sie befestigten sie mit Heftzwecken an der Wand und stellten die Kerze hinein.

Lagen die Heftzwecken außerhalb der Schachtel, kamen die Teilnehmer schnell auf die Lösung, befanden sie sich hingegen darin, dauerte es länger. Grund dafür ist die »funktionale Fixierung«: Die offensichtliche Funktion der Schachtel – ein Behältnis für Heftzwecken – macht blind für die Idee, dass sie auch bei der Problemlösung eingesetzt werden kann.

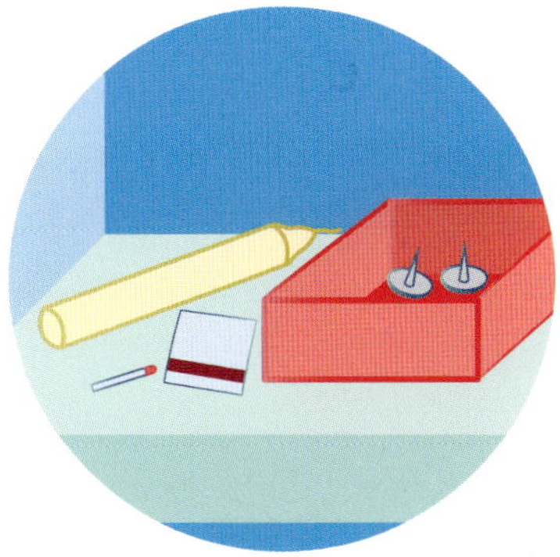

Problem

Lösung

extrinsischer und intrinsischer Motivation gut auf: Äußere Belohnungen motivieren uns bei einfachen Aufgaben, aber um komplexe Probleme zu bewältigen, muss uns die Aufgabe sinnvoll erscheinen.

Was motiviert Sie?

Wie lässt sich diese Erkenntnis im Alltag nutzen? Scott Dinsmore, Gründer der Online-Community *Live Your Legend*, empfiehlt:

- Finden Sie heraus, wo Ihre Stärken liegen (siehe S. 76–77).
- Überlegen Sie, was Sie motiviert: Anerkennung, das Gefühl von Meisterschaft oder die Verbundenheit mit anderen?
- Was tun Sie besonders gern, was besonders ungern?

Ihre Antworten zeigen Ihnen, wo Sie ansetzen können.

DIE ARBEIT UMGESTALTEN

Was, wenn Sie einen Beruf haben, der Sie nicht motiviert, aber keine Möglichkeit sehen, zu wechseln? Die Psychologen Amy Wrzesniewski, Justin M. Berg und Jane E. Dutton empfehlen eine Methode, die sie »Job Crafting« nennen.

- **Aufgaben.** Was möchten Sie häufiger tun? Angenommen, Sie unterrichten gern: Nehmen Sie junge Kollegen unter Ihre Fittiche und bieten Sie sich als Mentor an. So demonstrieren und entwickeln Sie Ihr Lehrtalent.
- **Beziehungen.** Welche Kollegen und Vorgesetzten können Ihnen helfen, die Fähigkeiten zu entwickeln, die Sie gerne hätten? Suchen Sie sich Mentoren, Verbündete und Vorbilder.
- **Perspektivwechsel.** Richten Sie Ihre Aufmerksamkeit stärker auf die Elemente Ihrer Tätigkeit, die Ihnen etwas bedeuten.

Unser Beruf formt uns, aber wir können auch unseren Beruf formen (zumindest bis zu einem gewissen Grad), wenn wir entsprechend aktiv werden. Überlegen Sie, in welche Richtung Sie sich entwickeln wollen, und schaffen Sie Situationen, in denen sich Wachstumschancen für Sie ergeben.

AUS KONFLIKTEN LERNEN

WAS MEINUNGSVERSCHIEDENHEITEN BEWIRKEN KÖNNEN

Selbst wenn Sie Ihrer Vision mit Leidenschaft folgen: Sie werden immer wieder Menschen treffen, die anderer Ansicht sind. Doch ein anderer Blickwinkel kann durchaus neue Chancen eröffnen.

Es ist zweifellos richtig, dass wir aufblühen, wenn wir unterstützt und ermutigt werden. Zu viel Kritik frustriert selbst die Besten (siehe S. 62–63). Es gibt jedoch einen Unterschied zwischen Kritik und Widerspruch: Erstere kann verletzen, Letzterer kann uns helfen, besser zu werden.

Die Suche nach der Wahrheit

Einige große Taten der Menschheitsgeschichte beruhen auf beharrlichem Widerspruch. Das kann nur funktionieren, wenn Meinungsverschiedenheiten nicht persönlich genommen werden. Voraussetzung ist, dass es nicht darum geht, wer recht hat, sondern darum, was richtig ist. Indem sich Gegenpositionen bilden, wird es notwendig, Beweise und Argumente für verschiedene Sichtweisen zu finden. So arbeiten alle gemeinsam an der Lösung.

Von einer auf diese Art konstruktiven Meinungsverschiedenheit erzählt die Unternehmensberaterin Margaret Heffernan: In den 1950er-Jahren stand die britische Gesellschaft vor einem ernsten

85 %

der europäischen und US-amerikanischen **Führungskräfte** bringen **Anliegen** aus **Angst vor Konflikten** nicht vor.

Problem, denn immer mehr Kinder erkrank-ten an Krebs. Die Wissenschaftlerin Alice Stewart sammelte riesige Datenmengen und kam zu dem Schluss, der Krebs werde durch Röntgenstrahlen verursacht, denen die Kinder im Mutterleib ausgesetzt gewesen seien. Bei Schulmedizinern stieß diese These auf Ablehnung. Stewart fand jedoch in George Kneale, einem Statistiker, den perfekten Mitstreiter, denn der sah seine Aufgabe darin, »zu beweisen, dass Dr. Stewart falschliegt«. Nur weil er unermüdlich nach Schwachpunkten in Stewarts Theorie suchte, ließ sie sich am Ende belegen. Hunderte Leben wurden gerettet.

Bestätigungsfehler

In solchen Fällen liegt ein kognitives Phänomen vor, das Psychologen »Bestätigungsfehler« (»confirmation bias«) nennen: Wir prüfen eine Idee, indem wir nach Belegen und Argumenten suchen, die sie stützen. Dabei lassen wir Einwände außer Acht. Gerade bei Themen, die uns am Herzen liegen, neigen wir dazu,

- **Belege** für das, wovon wir schon überzeugt sind, überzubewerten, Gegenargumente hingegen spielen wir herunter,
- **ausschließlich** (oder vor allem) nach Indizien zu suchen, die unsere Überzeugung stützen,
- **das zu finden, was wir suchen,** und sogar Muster zu entdecken, die es in Wirklichkeit gar nicht gibt.

Wenn Sie sich auf das konzentrieren, was Sie daraus lernen können, kann eine Meinungsverschiedenheit auf ungeahnte Weise zu Ihrem Erfolg beitragen.

DER NUTZEN VON KONFLIKTEN

Meinungsverschiedenheiten müssen nicht schlecht sein. Wir neigen dazu, Kritik persönlich zu nehmen – erinnern Sie sich in solchen Momenten daran, dass Kritik an Ihren Ideen nicht Kritik an Ihrer Person bedeutet. Befassen Sie sich bei der nächsten Meinungsverschiedenheit erst einmal mit den folgenden Fragen.

FRAGEN SIE SICH:	POSITIVES ERGEBNIS
Weiß diese Person mehr als ich?	Können Sie von ihrem Wissen und Können lernen?
Ist diese Person einfach anders als ich (Persönlichkeit, Weltsicht, Hintergrund, Einstellungen)?	Das Feedback kann Aspekte einbringen, die Sie nicht bedacht haben.
Wirkt der Widerspruch echt und aufrichtig?	Wenn ja, ist vermutlich etwas daran, selbst wenn Sie am Ende immer noch anderer Meinung sind.
Brauche ich Zeit, um über das Gesagte nachzudenken?	Unser erster Impuls ist meist, Widerspruch zurückzuweisen. Schlafen Sie in solchen Fällen vielleicht darüber und überdenken Sie die Angelegenheit am nächsten Tag noch einmal.
Haben wir ähnliche Werte?	Wenn sich ein Konflikt auf moralischer Ebene bewegt, folgen Sie Ihrem Gewissen. Vielleicht lässt sich dennoch eine gemeinsame Basis finden.

ANALYSIEREN SIE IHRE STÄRKEN

ENTDECKEN SIE IHR EINZIGARTIGES PROFIL

Sich selbst gut zu kennen ist das A und O, wenn man erfolgreich sein will. Die neuere Forschung hat ein System entwickelt, mit dem sich das Stärkenprofil ermitteln lässt, das jeden von uns so einzigartig macht.

Um Erfolg zu haben, müssen Sie Ihr persönliches Stärkenmuster kennen, das wiederum die Essenz Ihres Charakters bildet. Was es mit dem Muster auf sich hat, wird von Psychologen immer detaillierter erforscht.

VIA-Klassifikationssystem

Zu Anfang dieses Jahrtausends führten 55 anerkannte Wissenschaftler am nicht kommerziellen VIA Institute on Character eine Drei-Jahres-Studie zu Charakterstärken durch. Daraus entstand die »VIA Classification of Character Strengths and Virtues«. Seither ist viel über dieses System geschrieben worden; darunter das 2004 von Christopher Peterson und Martin Seligman publizierte Buch *Character Strenghts and Virtues: A Handbook and Classification*. Das Klassifikationssystem umfasst 24 Charakterstärken in sechs Kategorien, die als universelle Tugenden gelten. Jeder von uns besitzt eine bestimmte Kombination dieser Stärken und Tugenden in unterschiedlicher Ausprägung, die unseren unverwechselbaren Charakter ausmacht. Wenn Sie Ihre Stärken kennen und nutzen, steigt die Wahrscheinlichkeit, dass Sie Ihrer Berufung folgen und nicht nur einen »Job machen«.

Testen Sie sich selbst

Wenn Sie an einer detaillierten Analyse interessiert sind, können Sie sich an das VIA Institute on Character wenden (siehe S. 215). Für den Moment genügt es, wenn Sie einen Blick auf die sechs Tugenden rechts werfen (siehe S. 77). Mit welchen identifizieren Sie sich am stärksten, und welche bewundern Sie an anderen Menschen am meisten?

? TUGENDEN TREU BLEIBEN

Tiffany Shlain vom The Moxie Institute, das Filme über soziales Bewusstsein und gesellschaftlichen Wandel produziert, rät, vor dem Handeln kurz innezuhalten und sich zu fragen:

- Spiegelt dieses Verhalten die Person, die ich bin?
- Spiegelt es die Person, die ich sein möchte?

64 %

STÄRKEN EINSETZEN

Laut einer Studie des VIA Institute on Character von 2015 denken fast zwei Drittel der **US-Arbeitnehmer, Erfolg** hänge davon ab, dass man auf seine **Stärken** baut, statt sich auf seine Schwächen zu konzentrieren.

DIE VIA-KLASSIFIKATION DER CHARAKTERSTÄRKEN

Das VIA Institute on Character hat ein Instrument entwickelt, mit dem Sie Ihre Charakterstärken selbst ermitteln können. Bei den zuerst sich ergebenden fünf oder sechs Stärken handelt es sich wahrscheinlich um Ihre »Signaturstärken«. Das VIA-Klassifikationssystem können Sie auch einsetzen, um gleichgesinnte Verbündete oder Menschen zu finden, die Ihr Stärken-und-Schwächen-Profil perfekt ausgleichen.

GERECHTIGKEIT

Teamwork. Loyal sein; seinen Beitrag leisten; ein guter Bürger sein.

Fairness. Jedem eine Chance geben; vorurteilsfrei handeln.

Führungsstärke. Tatkraft zeigen; andere ermutigen; für gute Teambeziehungen sorgen.

WEISHEIT UND WISSEN

Kreativität. Einfallsreichtum und Originalität.

Neugier. Offenheit für Neues; Interesse an der Welt haben.

Urteilsvermögen. Kritisch und vorurteilsfrei denken können, Dinge abwägen können.

Liebe zum Lernen. Sich neues Wissen und neue Fähigkeiten systematisch aneignen.

Perspektive. Ein guter Ratgeber sein; das große Ganze sehen können.

MENSCHLICHKEIT

Bindungsfähigkeit. Andere wertschätzen, Nähe herstellen; sich mitteilen und um andere kümmern.

Freundlichkeit. Großzügig, hilfsbereit und mitfühlend sein.

Soziale Intelligenz. Sich einfühlen können, gut mit anderen auskommen.

TRANSZENDENZ

Wertschätzung von Schönheit und Vortrefflichkeit. Wunderbares und Schönes zu schätzen wissen.

Dankbarkeit. Dankbarkeit zum Ausdruck bringen.

Hoffnung. Optimistisch sein und auf eine bessere Zukunft hinarbeiten.

Humor. Verspielt sein, komische Aspekte erkennen, andere zum Lachen bringen.

Spiritualität. Einen höheren Sinn im Leben erkennen, sich ins große Ganze einordnen können.

MÄSSIGUNG

Vergebungsbereitschaft. Akzeptieren, dass niemand perfekt ist; auf Vergeltung verzichten.

Bescheidenheit. Seine Leistung für sich sprechen lassen; sich nicht über andere erheben.

Vorsicht. Vorausschauend handeln; nichts tun, was man später bereuen würde.

Selbstregulation. Gefühle und Wünsche zügeln können.

MUT

Tapferkeit. Vor Schwierigkeiten und Leid nicht zurückweichen; für seine Überzeugung einstehen.

Ausdauer. Hart arbeiten können und beenden, was man begonnen hat.

Aufrichtigkeit. Authentisch, ehrlich und integer sein.

Enthusiasmus. Das Leben in seiner Fülle leben; sich den Dingen mit Energie widmen.

GENE VERSUS UMWELT

GIBT ES GEBORENE ERFOLGSMENSCHEN?

Psychologen sprechen davon, die eigenen Stärken zu kultivieren, Führungspersönlichkeiten reden von harter Arbeit. Wie finden wir das richtige Verhältnis zwischen natürlichen Begabungen und Selbstoptimierung?

Das Sprichwort »Übung macht den Meister« ist ein guter Ausgangspunkt, um erfolgreich zu werden. Doch was können wir realistischerweise von uns selbst erwarten, wenn es um Talent versus harte Arbeit geht?

10.000 Stunden?

Kennen Sie die These, dass wir 10.000 Stunden Übung brauchen, bis wir etwas wirklich beherrschen? Dieser Gedanke des schwedischen Psychologen K. Anders Ericsson wurde durch Malcolm Gladwells 2009 erschienenes Buch *Überflieger* populär. In Wirklichkeit ist die Sache ein wenig komplizierter.

Ericsson selbst sagte 2012, er habe nie bestreiten wollen, dass auch Gene eine Rolle spielen, selbst wenn der Beweis dafür noch nicht erbracht worden sei. Er betonte zudem, dass die Zahl 10.000 nur ein Durchschnittswert sei und das Üben ernsthaft, intensiv und systematisch erfolgen müsse. Inzwischen wurden seine Ergebnisse durch andere Studien infrage gestellt. Eine Metaanalyse einiger unabhängiger Studien kam 2014 zu dem Ergebnis,

> Insgesamt gesehen haben **Intelligenz** und **wissenschaftliche Leistung** sehr viel mit dem **sozialen Hintergrund** zu tun.
>
> **Oliver James**
> Psychologe

dass Meisterschaft und späterer Erfolg nur zu durchschnittlich zwölf Prozent auf Übung beruhen.

Musikalische Zwillinge

Die schwedische Neurowissenschaftlerin Miriam Mosey stellte 2014 in einer Studie mit über tausend eineiigen Zwillingen fest, dass Übung die für die musikalische Kompetenz grundlegenden Fähigkeiten wie Gehör und Rhythmusgefühl überraschend wenig beeinflusste (so hatte ein Zwilling über 20.000 Stunden mehr geübt als sein Bruder, ohne dass sich ein deutlicher Unterschied messen ließ). Mosey fügte hinzu, dass sich technische Fertigkeiten durch Üben verbessern ließen, musikalische Kompetenz an sich jedoch sowohl durch die Gene als auch durch die Umwelt beeinflusst werde.

Die Kraft des Flow

Wie werden wir also gut in etwas? Begabung und Übung sind nicht alles: Für sich genommen, wird keines von beiden uns ans Ziel bringen. Mehr Erfolg verspricht vielleicht die Suche nach einem mentalen Raum, in dem wir das Gefühl von »Flow« erleben. Flow ist ein Teil von Engagement und gehört zum PERMA-Modell des Wohlbefindens (siehe S. 48–51). Eine US-amerikanische Studie von 2013 trifft eine interessante Unterscheidung zwischen Vergnügen und Engagement: Die Suche nach Vergnügen richtet sich auf eine Belohnung; sind wir hingegen so engagiert bei der Sache, dass wir uns darin verlieren, handelt es sich um Flow. Weiterhin zeigt sich, dass Menschen, die vor allem auf Vergnügen aus waren, sich eher ablenken ließen, während die Engagierten mehr »Grit« hatten (siehe S. 64–65) und mehr erreichten.

Der Psychologe Martin Seligman schätzt, dass Talent und Übung etwa gleich viel zu unserem Können beitragen. Dabei unterscheidet er angeborene Talente und Stärken als gesunde, erlernbare Denkweisen. Zwar macht uns Übung wohl niemals perfekt in etwas, für das wir keine Begabung haben, aber wir können zum Beispiel Kollegen suchen, die uns gut ergänzen (siehe S. 74–75). Sich mit Leidenschaft einer Sache zu widmen und in Flow zu kommen ist ein echter Erfolgsfaktor, um die eigenen Fähigkeiten voll zu entfalten und Ziele zu erreichen.

ZUM GLÜCKLICHSEIN GEBOREN?

Laut Martin Seligman lässt sich unser allgemeines Glücksniveau – das wichtig für die Verwirklichung unseres Potenzials ist – auf diese Gleichung bringen:

$$G = V + L + W$$

G steht für Glück. Ihr dauerndes Glücksniveau setzt sich aus drei Faktoren zusammen.

V steht für Vererbung. Ihre biologische Disposition für positive und negative Stimmungen ist zu etwa 40 bis 50 Prozent für Ihr Glücksniveau verantwortlich. Sie scheint wie ein »emotionaler Steuermann« zu funktionieren. Ihre Entscheidungen beeinflussen, welche Stimmung vorherrscht.

L steht für Lebensumstände. Zum Beispiel, ob Sie in einer reichen Demokratie leben, ein starkes soziales Netzwerk haben und negative Situationen und Gefühle vermeiden oder auf ein Minimum beschränken können.

W steht für Wille und für das, was Sie kontrollieren können. Gemeint sind Ihr Handeln und die Entscheidungen, die Sie jeden Tag treffen. Beides wirkt sich auf Ihr Glücksniveau aus.

TESTEN SIE IHRE STÄRKEN

Stärken setzen sich aus unterschiedlichen Merkmalen zusammen. Wenn Sie mit Ihren Stärken verbunden sind,

- **fühlen Sie sich authentisch.** Sie müssen nicht sofort gut sein in dem, was Sie tun, sondern lediglich danach streben, besser zu werden.
- **reagieren Sie freudig** auf jede kleine Verbesserung und eifern Menschen nach, die Ihnen auf dem betreffenden Gebiet voraus sind.
- **holen Sie sich Feedback** von anderen, wann immer sich die Gelegenheit bietet.
- **sind Sie voller Energie** und Begeisterung, wenn Sie Ihre Fähigkeiten einsetzen können.

Kapitel 3

IHRE INNERE HALTUNG

DAS DENKEN SCHULEN UND DAS SELBST STÄRKEN

DENKMUSTER AUF DEM PRÜFSTAND

DIE KRAFT DES OPTIMISMUS

Kann der Weg zum Erfolg durch den Kopf führen? Natürlich spielen harte Arbeit, Können und Glück eine wichtige Rolle, doch positive Denkweisen sind nachweislich von grundlegender Bedeutung.

Der Weg zum Erfolg gleicht manchmal einer emotionalen Achterbahnfahrt mit Rückschlägen und Frustrationen, aufregenden Momenten und Zeiten der Zufriedenheit. Eine positive Haltung kann Ihnen helfen, unvorhersehbare Ereignisse durchzustehen. Medizinische Studien zeigen, dass optimistische Menschen ein stärkeres Immunsystem haben und länger leben als Pessimisten. Psychologen haben zudem herausgefunden, dass Optimisten oft glücklicher sind, besser mit Problemen fertigwerden, mehr Ausdauer, mehr Freunde und allgemein mehr Erfolg haben. Die gute Nachricht ist, dass man Optimismus trainieren kann.

Fünf Schritte zum Optimismus
In den letzten 20 Jahren hat die Positive Psychologie einen Fünfpunkteplan entwickelt, mit dem Pädagogen Schülern eine positive Sichtweise beibringen. Wenn Sie Ihren Optimismus trainieren möchten, probieren Sie ihn aus.

1 **Ermitteln Sie Ihre Ziele und setzen Sie Prioritäten.** Verschaffen Sie sich einen Überblick und klären Sie für sich, welche Ziele Ihnen am wichtigsten sind.

2 **Gliedern Sie Ihre Ziele in Teilziele.** Besonders ratsam ist dies bei langfristigen Zielen. Sie müssen nicht alles auf einmal erreichen. Definieren Sie Meilensteine, die Sie als Erfolge feiern können.

3 **Machen Sie sich bewusst, dass es mehr als einen Weg zum Ziel gibt.** Studien zeigen, dass pessimistische Studierende Hürden schlechter bewältigen. Flexibilität ist also eine Schlüsselkompetenz.

KOGNITIVE VERZERRUNG

»Kognitive Verzerrung« ist ein Begriff aus der Kognitionspsychologie. Er beschreibt die Neigung zu fehlerhaften Denkmustern, die unseren Optimismus untergraben können. Lassen Sie sich davon nicht ins Bockshorn jagen.

Übergeneralisierung
Aus einer einzigen Erfahrung eine allgemeine Regel ableiten.

Personalisierung
Sich selbst die Schuld geben, wenn etwas schiefgeht.

Alles-oder-nichts-Denken
Wenn ich nicht stets perfekt bin, bin ich ein hoffnungsloser Fall.

Emotionale Beweisführung
Mit eigenen (negativen) Gefühlen eine Annahme bestätigen.

Mentale Filter
Sich auf ein negatives Detail konzentrieren und den weiteren (positiveren) Kontext ausblenden.

Abwertung von Positivem
Positive Nachrichten ignorieren und gutes Feedback zurückweisen.

Etikettieren / Abstempeln
Aus einer Handlung auf die Persönlichkeit eines Menschen schließen.

Maximieren und Minimieren
Übertreiben negativer und Untertreiben positiver Ereignisse.

Voreilige Schlussfolgerungen
Insbesondere »Gedankenlesen« (man glaubt zu wissen, was andere denken) und »Wahrsagen« (»Ich habe es ja gewusst«).

»Sollte«-Aussagen
Sich maßregeln, um sich zu motivieren – und sich am Ende noch schlechter fühlen.

4 **Erzählen Sie von Ihren Erfolgen** und hören Sie zu, wenn andere von ihren berichten – das hilft Ihnen, sich immer wieder daran zu erinnern, dass Hindernisse überwunden werden können.

5 **Bleiben Sie locker und positiv.** Selbstmitleid ist der Tod des Optimismus. Machen Sie sich nicht klein und lernen Sie, über Ihre Fehler zu lachen.

Den Geist klären

Die kognitive Verhaltenstherapie eröffnet uns Auswege aus negativen Denkmustern (siehe oben). Wenn Sie das Gefühl haben, dass solche Denkweisen Sie behindern, versuchen Sie Folgendes:

- Identifizieren Sie den Gedanken, der Sie umtreibt.
- Fragen Sie sich, wie stark Sie an ihn glauben. Versuchen Sie eine prozentuale Schätzung.
- Finden Sie heraus, ob in diesem Fall eine kognitive Verzerrung vorliegen könnte.
- Ziehen Sie alternative Erklärungen in Betracht. Wie plausibel erscheinen sie Ihnen?
- Beurteilen Sie die Sachlage so ruhig wie möglich. Was spricht für Ihre negativen Gedanken? Gibt es Gegenargumente?
- Fragen Sie sich erneut, wie stark Sie an einen negativen Gedanken glauben. Falls Sie zum Beispiel nur noch auf 45 statt auf 85 Prozent kommen, ist das eine signifikante Verbesserung.

Die langfristigen Vorteile dieser Strategie sind vielfältig: psychische Gesundheit, mehr Konzentration und Belastbarkeit – Voraussetzungen für ein erfolgreiches Leben.

SICH SELBST VERTRAUEN

SELBSTBEWUSSTSEIN ENTWICKELN

Manchmal entsteht der Eindruck, selbstbewusste Menschen hätten im Leben bessere Chancen. In der Tat: Wer sich seiner selbst sicher ist und auf sich vertraut, bringt andere dazu, ihm ebenfalls zu vertrauen.

Es mag zutreffen, dass manche Menschen von Natur aus mehr Selbstbewusstsein haben als andere, doch das ist noch lange kein Grund zu verzweifeln. Betrachten Sie Selbstvertrauen als eine unabdingbare Voraussetzung für Ihren Erfolg und geben Sie sich die Erlaubnis, es aufzubauen.

Üben, üben, üben

Im ersten Schritt achten Sie darauf, um welche Themen Ihre Selbstgespräche kreisen. Stehen Probleme im Vordergrund? Oder geht es um Selbstkritik? Wenn ja, versuchen Sie, diese Gedanken im Keim zu ersticken. Ersetzen Sie negative Selbstgespräche durch positive. Ivan Joseph, ein erfolgreicher Sporttrainer, empfiehlt beispielsweise, einen Brief an sich selbst zu schreiben, in dem alles steht, was man je erreicht hat. Der springende Punkt ist hier das wiederholte Lesen. Wer sich seine Stärken nur gelegentlich ins Gedächtnis ruft, vergisst zwischendurch leicht, dass er sie hat.

> **Gesundheit** ist der größte Besitz. **Zufriedenheit** ist der größte Schatz. **Selbstvertrauen** ist der **größte Freund.**
>
> **Laotse**
> Daoistischer Philosoph

Üben Sie gleichzeitig, Dinge zu tun, die Sie nervös machen. Das Verlassen der eigenen Komfortzone wird mit der Zeit leichter. Stellen Sie sich vor, Sie wären ein Seiltänzer. Zur Übung wird das Seil zunächst knapp über Bodenniveau gespannt. Sie würden – wie jeder von uns – Angst haben herunterzufallen, im Falle des Falles aber die Erfahrung machen, dass die Landung sanft ausfällt. Das verleiht Ihnen die Sicherheit, die Sie brauchen, um bei waghalsigeren Seiltänzen die Balance zu halten.

Klein anfangen

Sie wissen nicht, wie Sie Ihr Selbstbewusstsein stärken sollen? Listen Sie zunächst auf, wann Sie gerne selbstbewusster wären. Stellen Sie sich dann Situationen vor, die ein wenig aus Ihrer Komfortzone (aber nicht zu weit) hinausführen. Diesen setzen Sie sich aus, wenn möglich täglich. Überfordern Sie sich nicht, aber bleiben Sie dran. Sie werden feststellen, dass Sie nach und nach mehr auf sich selbst vertrauen.

DAS VERTRAUEN STÄRKEN

Nehmen Sie Papier und Stift zur Hand und beantworten Sie ein paar Fragen.

1. Wovor haben Sie am meisten Angst? Davor, verlassen zu werden? Vor Erniedrigung? Abhängigkeit? Wie wirken sich Ihre tiefsten Ängste auf Ihre Erfolgspläne aus?
2. Warum sind diese Ängste verständlich? Erstellen Sie eine Liste mit Gründen. Ihre Ängste sind das Ergebnis schlechter Erfahrungen, verbeißen Sie sich aber nicht in Schuldzuweisungen. Es geht darum, Frieden mit der Vergangenheit zu schließen und nach vorne zu blicken.
3. Von welchen positiven Erfahrungen haben Sie bisher profitiert? Jedwede Unterstützung von anderen, Stolz auf die eigene Leistung oder neu erworbene Fähigkeiten sind hier beispielsweise zu nennen.
4. Wie können Sie diese Erfahrungen nutzen, um Ihr Selbstvertrauen zu stärken? Erstellen Sie einen Plan!
5. Wann kann es schwierig werden? Rechnen Sie mit Rückschlägen und machen Sie sich klar, dass ein Entwicklungsprozess nie problemlos abläuft. Denken Sie darüber nach, wie Sie in solchen Situationen Ihr Selbstmitgefühl aufrechterhalten können.

KÖRPERSPRACHE

Die Sozialanthropologin Amy Cuddy bat Freiwillige, auf eine bestimmte Weise zu sitzen oder zu stehen. Sie verriet nicht, dass es sich um »High-Power«- oder »Low-Power«-Posen handelte. Nach zwei Minuten ließen sich in beiden Gruppen Veränderungen des Testosteron- und Cortisolspiegels nachweisen (Ersterer steigt mit dem Selbstvertrauen; Cortisol gilt als Stresshormon). Das Ergebnis: Die Körperhaltung beeinflusst unser psychisches Befinden.

HIGH-POWER-POSE

20 % mehr Testosteron

25 % weniger Cortisol

Ergebnis: ruhiger, bereit, sich durchzusetzen

LOW-POWER-POSE

10 % weniger Testosteron

15 % mehr Cortisol

Ergebnis: nervöser, weniger durchsetzungsfähig

WERTVOLLE FREIZEIT

WIE SIE LEISTUNGSFÄHIG BLEIBEN

Wer sich dauerhaft auf langfristige Ziele konzentrieren möchte, braucht einen Ausgleich. Es ist erwiesen, dass wir belastbarer und damit auch erfolgreicher sind, wenn wir Hobbys pflegen und auch mal Urlaub machen.

Wenn Sie Ihre Lebensziele nur mit harter Arbeit erreichen können, sollen Sie unbedingt Auszeiten einplanen. Nur so können Sie Ihr Energielevel langfristig aufrechterhalten. Machen Sie nicht den Fehler, sich selbst, Ihre Familie, Ihre Freunde und Ihre Hobbys zu vernachlässigen. Zahlreiche Untersuchungen untermauern die These, dass sich ein angemessenes Freizeitverhalten positiv auf die psychische und die physische Gesundheit auswirkt.

Was zählt als Freizeit?

Wenn Sie mal nicht arbeiten, ist das dann gleich Freizeit? Diese Sichtweise bezeichnen Psychologen als Residualdefinition: Freizeit ist das, was in einer unter ökonomischem Druck stehenden Arbeitswelt übrig bleibt. Nicht zuletzt deshalb streben so viele Menschen danach, aus eigener Kraft erfolgreich zu sein: Wenn wir schon so hart arbeiten müssen, wollen wir es auch genießen.

Wie wir unsere Freizeit gestalten, lässt sich auch aus einer ganz anderen Perspektive betrachten. Manche Forscher unterscheiden aktive und passive, andere echte und unechte Freizeit. Ob man Fernsehen schaut, Tennis spielt oder sich einer Künstlergruppe anschließt: Bei manchen Freizeitbeschäftigungen schalten wir ab, andere erfordern gesteigerte Aufmerksamkeit. Im Großen und Ganzen – so die Forschung – profitieren wir am meisten von Hobbys, bei denen wir aktiv mitwirken. Wir alle brauchen auch mal Ruhe, doch eine aktive Freizeitgestaltung fördert nicht nur die Erholung, sondern hebt auch die Stimmung, weil wir uns

IHR GEWINN AUS FREIZEIT

Freizeitbeschäftigungen machen nicht nur Spaß – sie können auch therapeutische Wirkung haben. Laut der US-amerikanischen Psychologin Linda Caldwell können wir von ihnen profitieren, da sie

- für uns sinnvoll und/oder interessant sind und uns womöglich auf gesunde Weise herausfordern,
- uns in Kontakt mit Gleichgesinnten und Freunden bringen,
- unser Gefühl der Selbstwirksamkeit (siehe S. 102–103) und Kompetenz stärken,
- uns ein Gefühl von Kontrolle und Wahlfreiheit vermitteln,
- die Entspannung fördern und dazu beitragen, Alltagsprobleme zu vergessen.

Diese Faktoren fördern die psychische Gesundheit, sodass wir uns anschließend konzentriert unseren Zielen zuwenden können. Erholung macht uns stabiler und ausgeglichener – genießen Sie Ihre Freizeit also bewusst und sorgen Sie dafür, dass Sie dabei die Energie tanken, die Sie fürs Weiterkommen brauchen.

als leistungsfähig und kompetent erleben.

Freizeitbeschäftigungen können sehr vielfältig sein. Wichtig ist nur, dass sie vermitteln, was Psychologen »subjektiv wahrgenommene Freiheit« nennen: ein Gefühl der Selbstbestimmtheit, das zur Erholung beiträgt – ob beim Ausruhen oder einem aufregenden Hobby.

DIE BELIEBTESTEN FREIZEITAKTIVITÄTEN

2013 wurde in 33 Ländern eine Studie zum Thema Glück und Freizeit durchgeführt. Das Ergebnis: Aktivitäten, die als identitätsstiftend oder beziehungsfördernd wahrgenommen wurden, machten am glücklichsten und brachten die größte Erfüllung. Hier sind die »Top Five«:

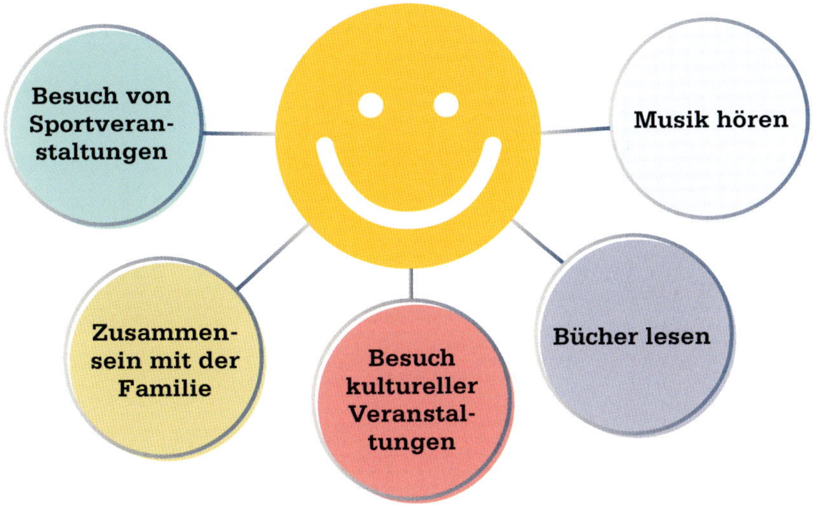

FASZINIERENDE SPIELE

Die meisten Menschen schauen sich in ihrer Freizeit Filme an, lesen Bücher, hören Radio oder spielen – doch was haben sie davon? 2004 entwickelten die amerikanischen Forscher Robin Hunicke, Marc LeBlanc und Rober Zubek während einer Konferenz über Computerspiele hierzu eine Theorie, die sich auf andere Bereiche übertragen lässt. Die Ergebnisse zeigen, dass es acht Aspekte sind, die uns an Videospielen begeistern bzw. uns Freude machen:

- **Entdeckung.** Neues erforschen.
- **Aufregung.** Ein Spiel mit allen Sinnen genießen.
- **Fantasie.** In eine andere Rolle schlüpfen.
- **Erzählung.** Das Vergnügen, einer Geschichte zu folgen.
- **Herausforderung.** Die Befriedigung, Hindernisse zu überwinden.
- **Gemeinschaft.** Die Freude daran, mit anderen zu spielen.
- **Ausdruck.** Beim Spiel zu sich selbst finden.
- **Unterordnung/Selbstverleugnung.** Sich zurücklehnen und abschalten.

Warum machen Ihre Freizeitaktivitäten Ihnen Freude? Bescheren sie Ihnen vergleichbare Erlebnisse?

IM EINKLANG MIT SICH SELBST

DER ENTSPANNTE UMGANG MIT DEM EIGENEN KÖRPER

Ein gesundes Körperbild sorgt dafür, dass wir uns als erfolgreich wahrnehmen. Wer sich in seiner Haut wohlfühlt, genießt mehr Lebensqualität und wirkt auch auf andere attraktiver und beeindruckender.

Es ist schwierig, sich als erfolgreich wahrzunehmen, wenn man mit seinem körperlichen Erscheinungsbild unzufrieden ist – egal, wie meisterhaft man sein Metier beherrscht. Natürlich können Sie Sport treiben und mehr auf Ihre Ernährung achten, doch ebenso gut können Sie daran arbeiten, Ihren Körper zu akzeptieren, wie er aussieht. Wenn wir den Körper als etwas begreifen, das sich nicht in Äußerlichkeiten erschöpft, kann er uns eine Menge lehren.

Ein positives Körperbild

Die Forschung zeigt, dass ein gesundes Körperbild eine Reihe positiver Verhaltensweisen unterstützt. Es

- fördert das psychische und soziale Wohlbefinden,
- stärkt unsere Coping-Fähigkeiten,
- führt zu einem befriedigenderen Sexualleben und
- regt eine intuitivere Ernährungsweise an (das heißt, vernünftige Portionen zu verzehren, um den Hunger zu stillen).

Ein entspannterer Umgang mit dem eigenen Körper – so lassen Forschungsergebnisse vermuten – führt zu einer verbesserten Wahrnehmung körperlicher Signale, was sich wiederum in positiveren Verhaltensweisen niederschlägt.

Kleider machen Leute

Wenn man sich seiner Wirkung nicht ganz sicher ist, kann die Kleidungsfrage zu einem echten Problem werden. Praktische Hilfestellung leistet das Konzept der »enclothed cognition« – es geht davon aus, dass unsere Kleidung sich auf unsere kognitiven Prozesse auswirkt.

LET'S DANCE!

Die israelische Gesundheitspsychologin Tal Shafir hat beobachtet, dass die Körperhaltung dem Gehirn Signale übermittelt, die es in Gefühle übersetzen kann. Wenn wir zusammengesunken dasitzen, macht uns das eher traurig, während eine aufrechte Haltung uns optimistisch stimmt. Tanzen hebt die Stimmung mehr, als sich in gekrümmter Haltung auf einem Trainingsrad abzustrampeln. Shafir empfiehlt Folgendes:

- **Strecken des Körpers nach oben und zur Seite.** Dehnen, hüpfen, Armkreisen.
- **Beim Gehen hüpfen.** Das vermittelt ein Gefühl von Leichtigkeit.
- **Sich wiederholende Bewegungen.** Zum Beispiel beim Tanzen.

> Ich wollte nie wie ein Covergirl aussehen. Ich **repräsentiere die Mehrheit der Frauen** und bin **stolz** darauf.
>
> **Adele**
> Singer-Songwriter

Vor einiger Zeit untersuchten Hajo Adam und Adam D. Galinsky an der Universität von Illinois in einer Versuchsreihe, wie Kleidung psychische Prozesse beeinflusst. Sie fanden heraus, dass unser Outfit symbolische Bedeutung hat und unsere Leistung beeinflussen kann. Dass weiße Kittel, wie Ärzte sie tragen, mit Aufmerksamkeit und Sorgfalt assoziiert werden, war schon vorher bekannt. Nun wurde den Probanden ein weißer Kittel mal als Arztkittel, mal als Künstlerkittel gereicht. Sie entschieden selbst, ob sie den Kittel anziehen wollten oder nicht. Danach stand ein Test an, bei dem sie sich stark konzentrieren mussten. Diejenigen, die den »Arztkittel« trugen, schnitten am besten ab. Sie assoziierten mit dem Kleidungsstück Präzision und Intellekt, daher hatte sich ihre Aufmerksamkeit erhöht. Die Forscher schlussfolgerten, dass der Einfluss eines Kleidungsstücks davon abhängt, welche symbolische Bedeutung es hat und was mit seinem Tragen verbunden wird.

Kleidung kann die positiven Eigenschaften, die wir mit ihm assoziieren, auch in uns zum Vorschein bringen. Bei der Auswahl unserer Kleidung sollten wir uns also eher von der Rolle, die wir einnehmen möchten, leiten lassen.

Körper als Werkzeug

In einer Welt, die unrealistische Bilder körperlicher Perfektion propagiert, fühlt man sich leicht als Außenseiter. Sehen Sie Ihren Körper nicht als Accessoire, sondern als Werkzeug. Das ist viel gesünder. Wie er auch aussieht, Ihr Körper wird Sie zu Ihren Zielen tragen. Selbstvertrauen, Tatendrang und Aktivität sind die echten Erfolgsfaktoren.

LIEBEVOLLER UMGANG MIT DEM KÖRPER

Die Psychologin Kate Hefferon weist darauf hin, dass Menschen, die sich in ihrem Körper wohlfühlen, körperlich und emotional gesünder sind als andere. Für Menschen, die an ihrem Körperbild arbeiten möchten, hat sie ein paar Gedankenanstöße.

MIT GEFÜHLEN UMGEHEN

WENN DIE GÄULE DURCHGEHEN

Wer seinen Träumen nachjagt, ist mit dem Herzen ganz dabei. Aus dieser Leidenschaft heraus reagieren wir oft sehr emotional: mit Euphorie angesichts von Chancen und mit Frustration, wenn sich Hindernisse auftürmen.

Gefühle beeinflussen unser Energielevel und geben uns wichtige Informationen, die wir beachten und verstehen sollten. Die Forschung zur emotionalen Intelligenz hat gezeigt, dass die Fähigkeiten, eigene und fremde Gefühle zu erkennen sowie Ziele zu verwirklichen, zusammenhängen. Mit den eigenen Gefühle gut umgehen zu können ist der Schlüssel zu Erfolg und Effektivität.

Gleichgewicht herstellen

Unangenehme Gefühle würden wir am liebsten vermeiden, doch das ist weder produktiv noch effektiv. Das Leben bringt nun einmal Enttäuschungen und Kummer mit sich, und wir müssen lernen, mit den unvermeidlichen Höhen und Tiefen klug umzugehen. Wenn Sie emotionalen Schmerz empfinden, ist es besser, »mit ihm zu sitzen«, wie es Lori Deschene, die populäre Autorin und Gründerin des Blogs *Tiny Buddha*, formuliert. Es geht darum, zu akzeptieren, dass Sie in dem betreffenden Augenblick leiden, und zugleich zu wissen, dass der Schmerz vorübergehen wird. Unterdessen können Sie versuchen, Situationen zu schaffen, die für Sie positiv besetzt sind: Wenn es etwas gibt, das Sie glücklich macht, nutzen Sie jede Gelegenheit, dieses Gefühl zu erleben.

Gefühle regulieren

So gerne wir uns auch für objektiv halten – das Gehirn ist ziemlich gut darin, die Welt nach unseren Erwar-

GEFÜHLE ENTSCHLÜSSELN

Sie haben Probleme, Ihre Gefühle einzuordnen? Die Psychologin Darlene Mininni, Autorin des Buchs *Emotional Toolkit*, rät dazu, ganz genau hinzuschauen und sich zu fragen, welche Botschaften uns ein Gefühl vermittelt.

Gefühl	Empfindung	Frage an sich selbst
Angst	Muskelspannung, Herzrasen	Wovor habe ich Angst?
Traurigkeit	Müdigkeit, Schwermut, Weinerlichkeit	Was habe ich verloren?
Wut	Spannung, Zähne zusammenbeißen, erhöhte Körpertemperatur	Wie wurde ich / wie wurden meine Werte angegriffen?
Glück	Leichtigkeit, Lachen, Lächeln	Was habe ich gewonnen?

tungen zu formen. An der Ohio State University wurde 2000 eine Studie zum Thema Einsamkeit mit 2500 Studierenden durchgeführt. Sie ergab, dass Studierende, die sich als einsam bezeichneten, über genauso viel »Sozialkapital« verfügten wie diejenigen, die sich nicht für einsam hielten. Es gab kaum Unterschiede beim sozioökonomischen Status und den akademischen Leistungen, und die »Einsamen« gehörten genauso vielen Gruppen an wie die »Nicht-Einsamen«. Nur die Wahrscheinlichkeit dafür, dass sie andere für ihre Beziehungsprobleme verantwortlich machten und sich selbst als Opfer sahen, war höher.

In der Studie wurde nicht untersucht, ob diese Selbsteinschätzung die Wahrnehmung durch andere beeinflusste, doch es ist gut möglich, dass man Zeitgenossen, die ständig andere für Konflikte verantwortlich machen, eher kühl begegnet. Auf jeden Fall sollte die Studie uns eine Warnung sein: Wenn wir uns selber auf eine bestimmte Weise etikettieren und entsprechend interagieren, kann das Bild, das wir von uns zeichnen, Realität werden.

Schwierigkeiten bewältigen

Wie geht man denn nun mit einer emotional komplexen Situation um? Als Erstes müssen Sie genau wissen, was Sie eigentlich fühlen (siehe Grafik rechts). Danach gilt es auszuloten, auf welche Art Sie reagieren können (siehe rechts oben). Unsere Gefühle gehören zu uns. Je mehr Verantwortung wir für sie übernehmen, umso besser geht es uns – auch wenn das manchmal nicht leichtfällt.

DIE REGIE ÜBERNEHMEN

Der Psychologe James Gross sieht die Entstehung von Emotionen als dynamischen Prozess, auf den wir einwirken können: Wenn wir rechtzeitig gute Entscheidungen treffen, können wir unsere Gefühle positiv beeinflussen. In jedem Moment können wir unser Verhalten ändern, Aufmerksamkeit umlenken, unsere Einschätzung (Framing) der Situation und die Reaktion darauf modifizieren. Stellen Sie sich vor, Sie sind zu einem Kurzfilmfestival eingeladen. Sie könnten dort neue Kontakte knüpfen, doch einer der Filme stammt von einem früheren Mitarbeiter, mit dem Sie zerstritten sind. Welche Optionen haben Sie?

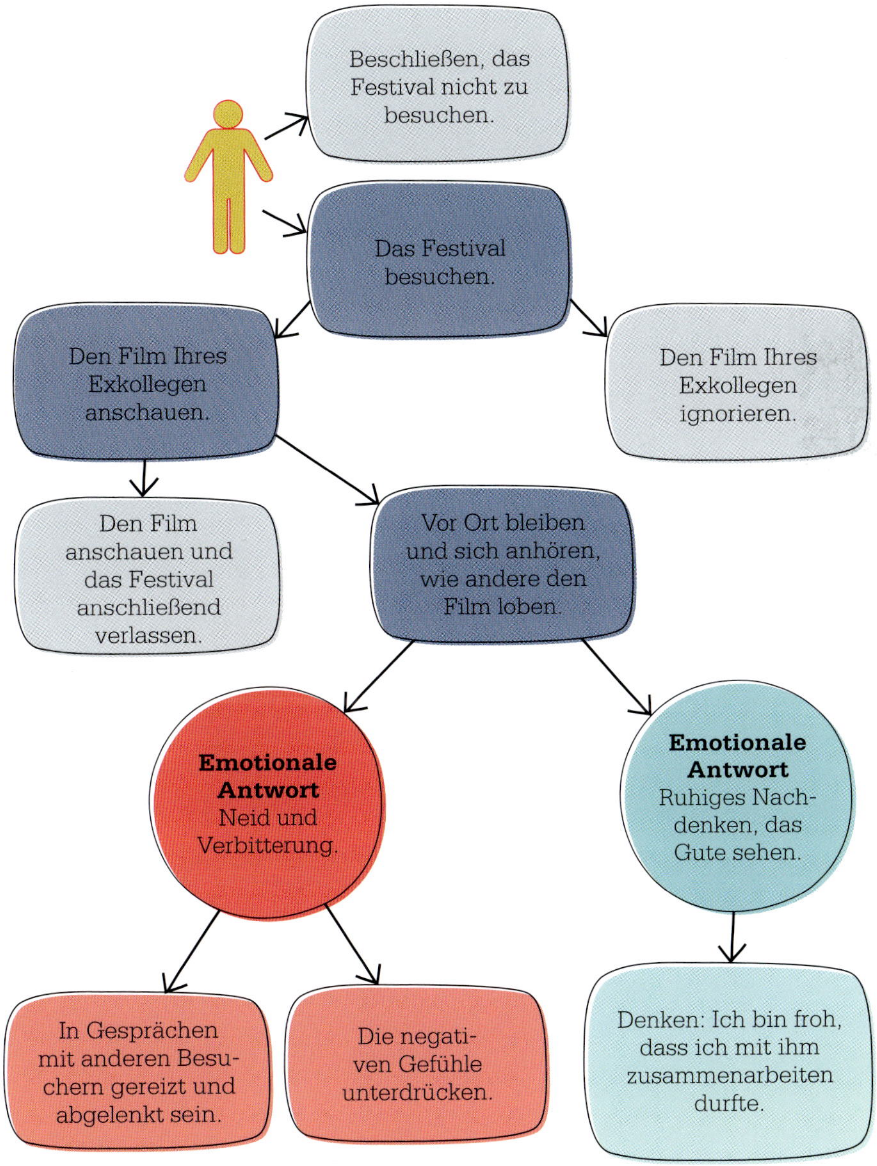

MAN [HAT] ... DIE WAHL ...
... SICH RÜCKWÄRTS AUF SICHERHEIT ODER VORWÄRTS AUF WACHSTUM ZUZUBEWEGEN.
FÜR DAS WACHSTUM MUSS MAN SICH IMMER NEU ENTSCHEIDEN, UND DIE ANGST MUSS IMMER VON NEUEM ÜBERWUNDEN WERDEN.

ABRAHAM MASLOW, PSYCHOLOGE

FÜRCHTEN SIE SICH VOR DEM ERFOLG?

Im Jahr 2001 konfrontierten die US-amerikanischen Psychologinnen Dawn Deeter-Schmelz und Rosemary Ramsey in einer Studie Verkaufspersonal mit einigen Aussagen zum Thema Erfolg. Stimmte eine Person zu, wies dies eindeutig darauf hin, dass sie Angst vor dem Erfolg hatte. Einen Teil der Statements finden Sie unten. Welcher der beiden Gruppe würden Sie sich eher zuordnen?

ANGST VOR ERFOLG

- Oft ist der Preis für den Erfolg höher als der Lohn.
- Wer ganz oben angekommen ist, muss stets darum kämpfen, auch oben zu bleiben.
- Eine erfolgreiche Person gilt eher als unnahbar und arrogant.
- Menschen verändern sich oft zum Negativen, wenn sie Erfolg haben.

KEINE ANGST VOR ERFOLG

- Ich erwarte von anderen, dass sie mein Potenzial voll und ganz anerkennen.
- Leistung muss respektiert werden.
- Wenn man ganz oben steht, schauen die anderen zu einem auf.
- Dem Besten stehen alle Türen offen.

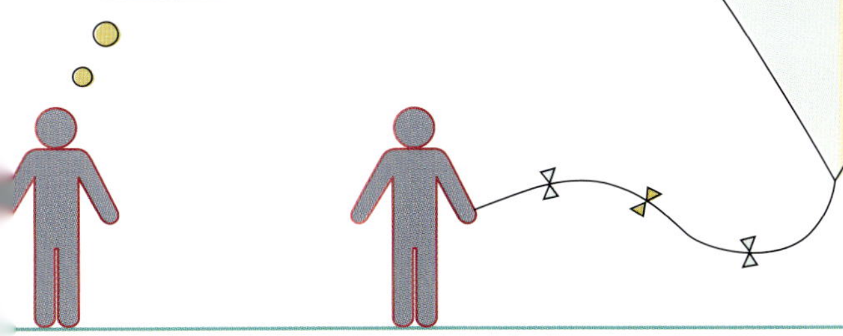

Psychologen haben herausgefunden, dass die Angst vor dem Erfolg unsere Initiative und Kreativität genauso lähmt wie die Angst vor dem Scheitern (siehe S. 106–107). Wie heißt es noch gleich? »An der Spitze ist es einsam.« Wir wollen aber nicht isoliert und allein sein – und wir haben Angst, die Erwartungen anderer zu enttäuschen und zurückgewiesen zu werden. Uns zu bremsen empfinden wir allerdings auch als Niederlage. Der renommierte amerikanische Basketballtrainer John Wooden ist der Meinung, dass es für den Seelenfrieden, den Erfolgserlebnisse uns schenken, nur einen Grund gibt: das Wissen, dass wir unser Leistungspotenzial voll ausgeschöpft haben. Nur Sie selbst können beurteilen, was richtig für Sie ist, doch Sie sollten sich auch fragen, was Sie von sich selbst erwarten (siehe oben). Es ist hilfreich, authentische Ziele von den Zielen zu unterschieden, die eher dem Wunsch nach einem Ausharren in der sozialen Komfortzone entsprechen. Veränderungen eröffnen uns oft eine ganz neue Welt.

DEN UNTERSCHIED ERKENNEN

Haben Sie Probleme, freudige Aufregung von Furcht zu unterscheiden? Wenn ja, kann die gezielte Erinnerung an belastende und positive aufregende Ereignisse Ihnen vielleicht helfen, sich den Unterschied zu vergegenwärtigen. Die Traumapsychologin Susanne Babbel empfiehlt hierzu die folgende Übung.

- Rufen Sie sich eine länger zurückliegende Situation ins Gedächtnis, in der Sie freudig erregt waren und die mit einem Erfolg endete. Beobachten Sie fünf Minuten lang die Gefühle und Körperempfindungen, die in Ihnen aufsteigen.
- Rufen Sie sich eine ähnliche, zeitlich nähere Situation in Erinnerung. Beobachten Sie fünf Minuten lang, welche Gefühle sie in Ihnen auslöst.
- Rufen Sie sich eine unangenehme Situation ins Gedächtnis – kein Trauma (zumindest nicht ohne Anwesenheit eines Psychologen), aber etwas Unerfreuliches. Wie fühlt sich das an?
- Kehren Sie zurück zu Ihrer positiven Erinnerung von eben. Fühlt sie sich ähnlich oder anders an als die unangenehme?

KAPITEL 4

EINMALEINS DES ERFOLGS

MEHR EFFEKTIVITÄT IM ALLTAG

WIE SCHILF IM WIND

DIE KUNST, FLEXIBEL ZU SEIN

»Wer sich nicht biegt, bricht«, so lautet ein Sprichwort. Immer wieder konfrontiert uns das Leben mit kleinen und großen Überraschungen. Ihre Erfolgschancen sind größer, wenn Sie klug damit umgehen können.

Wir leben heute nicht mehr in einer Welt, in der es sich auszahlen würde, stur einem vorgezeichneten Pfad zu folgen. Der technologische Wandel beschleunigt sich, und das hat Auswirkungen auf die Arbeitsmethoden. Die globale Wirtschaft dringt heute bis in den letzten Winkel der Erde vor. Unterschiedliche Kulturen treffen aufeinander und beeinflussen sich gegenseitig mehr als je zuvor. Über das Internet erfahren wir, was die vielen anderen tun und sagen, und reagieren darauf. Die Fähigkeit, konstruktiv mit all diesen Veränderungen umzugehen, trägt zu unserem Wachstum und unserem Erfolg bei. Um dabei gelassen bleiben zu können, brauchen wir die Zuversicht, dass wir in der Lage sein werden, uns immer wieder an Veränderungen anzupassen.

Chancen wahrnehmen

Positiv betrachtet ist eine Veränderung eine Gelegenheit: Sie stehen vor der Herausforderung, eine neue Lösung zu finden. Offenheit und Empfänglichkeit für Veränderungen sind Qualitäten, die es verdienen, kultiviert zu werden. Forscher der britischen Bradford University listen in diesem Zusammenhang eine ganze Palette von Fähigkeiten auf.

1 **Intellektuelle Flexibilität.** Geistige Offenheit, sodass neue Informationen gut aufgenommen und verwertet werden können; die Fähigkeit, sowohl Details wahrzunehmen als auch den Überblick zu behalten.

2 **Empfänglichkeit.** Veränderungen akzeptieren, statt Widerstand zu leisten; die Bereitschaft, neue Wege zu gehen, um Ziele zu erreichen.

3 **Kreativität.** Die Bereitschaft, auszuprobieren, zu improvisieren und Fehler zu riskieren.

4 **Anpassungsbereitschaft.** Ändern von Methoden und Arbeitsstilen, wenn die Situation das erfordert.

5 **Ergebnisorientierung.** Wenn ein Lösungsversuch fehlschlägt, nach einem anderen Weg suchen, der funktioniert.

6 **Einbringen neuer Ideen.** Suche nach neuen Möglichkeiten, um Veränderungen effektiver zu gestalten.

Die Bradford University empfiehlt die Anwendung der STAR-Technik (siehe S. 115 unten), um sich von seiner besten Seite zu zeigen.

> Das **Schilf** beugt sich dem **Wind,** die mächtige **Eiche** fällt der **Sturm.**
>
> **Sprichwort**

Die andere Seite sehen

Wenn wir mit anderen zusammenarbeiten, ist Flexibilität unabdingbar. Deshalb sollten wir uns vor einem verbreiteten Fehler hüten: dem sogenannten fundamentalen Attributionsfehler. Einfach ausgedrückt: Wenn wir einen Fehler machen, neigen wir zu der Annahme, dass das, was ihn verursacht hat, nicht unserer Kontrolle unterlag (»Ich habe meinen Bericht nicht vorgelegt, weil die Zeit für die Recherche nicht ausreichte«). Fehler anderer hingegen führen wir oft auf einen charakterlichen Mangel oder Persönlichkeitsdefekt zurück (»Er hat seinen Bericht nicht vorgelegt, weil er unorganisiert und verantwortungslos ist«). Machen Sie sich bewusst, dass wir alle zu solchen Fehlschlüssen neigen, und versuchen Sie, sich in die Situation des anderen hineinzuversetzen.

Flexibler werden

Eine Studie der Universität Miami aus dem Jahr 2015 zeigte, dass kognitive Flexibilität – also die Fähigkeit, umzudenken und sich an seine Umgebung anzupassen – vier Persönlichkeitsmerkmale erfordert, und zwar:

Aufmerksamkeit. Wahrnehmen, was relevant ist und was nicht.

Arbeitsgedächtnis. Die Fakten im Kopf haben.

Impulshemmung. Die Fähigkeit, seine Impulse zu kontrollieren.

Umschalten. Seine Aufmerksamkeit von einer Aufgabe auf eine andere verlagern können.

DAS COPING ANPASSEN

Zwar werden für die Bewältigung schwieriger Situationen (Coping) oft Universalstrategien angepriesen, doch es zahlt sich auch hier aus, flexibel zu sein. Für eine 2011 durchgeführte Studie der Universität Stanford wurden Probanden mit mehr oder weniger emotional aufwühlenden Bildern konfrontiert. Vor die Wahl gestellt, sich entweder abzulenken oder durch erneute Betrachtung zu einer Neubewertung zu kommen, wählte die große Mehrheit Ablenkung bei belastenderen und Neubewertung bei weniger belastenden Situationen.
Fazit: Beim Coping gibt es keinen »richtigen« Weg. Am besten folgen Sie Ihrem Instinkt.

DIE EIGENEN FÄHIGKEITEN INS RECHTE LICHT RÜCKEN

Wenn Sie belegen können, dass Sie flexibel und anpassungsfähig sind, macht Sie das für potenzielle Arbeitgeber sehr attraktiv. Die Universität Bradford empfiehlt die STAR-Technik und rät, Rückschläge als Teil einer Geschichte zu präsentieren, die man selbstbewusst erzählen kann.

Schritt	Das ist zu tun	Beispiel
S Situation	Schildern Sie Ihre Ausgangssituation.	»Ich habe meine alte Stelle gekündigt, um bei einem Start-up mitzumachen. Als es losgehen sollte, platzte die Finanzierung, und das Unternehmen ging pleite.«
T Task (Aufgabe)	Legen Sie dar, was Sie tun mussten.	»Ich musste schnell eine neue Stelle finden, wollte jedoch keinen Rückschritt in meiner Karriere machen.«
A Action (Handlung)	Beschreiben Sie, wie Sie das Problem gelöst haben.	»So nahm ich einen fachfremden Aushilfsjob an. Die freie Zeit habe ich dazu genutzt, mich technisch weiterzubilden, denn das entspricht meinen wahren Interessen.«
R Result (Ergebnis)	Präsentieren Sie das Ergebnis.	»So konnte ich mich auf Stellen bewerben, die technisches Wissen erfordern. Jetzt verfolge ich meine Karriere in meinem eigentlichen Fachgebiet weiter.«

DAS GLÜCK SCHMIEDEN

DIE KUNST, CHANCEN WAHRZUNEHMEN

Viele glauben, dass es in erster Linie Glücksache ist, ob wir Erfolg haben oder scheitern. Auch wenn der Zufall im Leben immer eine Rolle spielt: Entscheidend ist, ob wir positiv denken und Chancen nutzen.

Wenn eine Anstrengung nicht zum gewünschten Ergebnis führt, sind wir oft versucht, unser Pech dafür verantwortlich zu machen. Doch langfristiger Erfolg ist sicher nicht das Ergebnis einer ununterbrochenen Glückssträhne: Wahrscheinlicher ist, dass sie die Aufs und Abs bei ihrem Vorhaben als unvermeidlich akzeptiert haben.

Wer Chancen erkennen und beim Schopf packen will, braucht eine bestimmte Haltung. Das wichtigste Element ist Offenheit für die vielfältigen Möglichkeiten und die überraschenden Wendungen in Ursache und Wirkung, die das Leben mit sich bringt. Das Potenzial einer Situation zu sehen fördert eine positive Einstellung, die langfristig zum Erfolg führt – selbst wenn die eine oder andere vermeintliche Chance sich im Nachhinein als Sackgasse erweisen sollte.

> Die **Gelegenheit klopft oft,** aber manchmal nur leise an. Während wir blindlings unseren **Zielen nachjagen,** lassen wir uns unerwartete **Möglichkeiten** entgehen.
>
> **Stephen Shapiro**
> Business-Autor, Berater und Redner

Offen sein

Die US-amerikanische Psychologin Carol Sansone bringt es auf den Punkt: »Was uns wie Glück oder Schicksal erscheint, ist in Wirklichkeit das Ergebnis von Wahrnehmungen, Persönlichkeitsmerkmalen, Entscheidungen und Handlungen. Und all das unterliegt unserer Kontrolle.« Unter denjenigen, die am meisten von glücklichen Umständen profitieren, sind besonders viele extravertierte Persönlichkeiten – schon allein deshalb, weil sie ständig neue Bekanntschaften machen und häufig Kontakte zu vielen sehr unterschiedlichen Menschen unterhalten.

Hilfreich sind außerdem die Neugier auf unbekannte Erfahrungen und andere Menschen sowie eine gewisse Experimentierfreude. Wenn Sie von Natur aus eher zur Vorsicht neigen und alles Unbekannte Ihnen Sorgen macht, blockieren Sie womöglich Erfolgschancen, noch bevor sie sich entfalten können. Freuen Sie »

10 %

Der Psychologe Richard Wiseman ist überzeugt, dass **maximal zehn Prozent** unseres **Schicksals** auf **reinem Zufall** beruhen. Unser Schicksal resultiert vielmehr aus dem, was wir dem Leben geben und wie wir auf **Chancen** reagieren.

DIE KUNST, GLÜCK ZU HABEN

Betrachten Sie Glück als etwas, das Sie kultivieren und einladen sollten, oder als eine Kunst, die im Alltag eingeübt und immer wieder praktiziert werden muss? Die folgenden Techniken helfen Ihnen, Ihre Chancen für neue Ideen und Gelegenheiten zu verbessern.

Pflegen Sie Ihr Netzwerk
Eine gute Gemeinschaft von Freunden und Bekannten aus allen Bereichen Ihres Lebens erweitert Ihren Horizont. Umgeben Sie sich mit positiv gestimmten Menschen.

Betrachten Sie sich als Glückspilz
Denken Sie positiv und finden Sie die guten Aspekte widriger Situationen. Dies ist viel produktiver, als andere Menschen für Ihr Schicksal verantwortlich zu machen.

Sehen Sie sich um
Nehmen Sie Ihre Umgebung wahr. Pausen und Abwechslung sorgen für neue Perspektiven. Gewissenhafte Menschen, die innerhalb enger Rahmenbedingungen hart arbeiten, verpassen oft gute Gelegenheiten.

Akzeptieren Sie Niederlagen
Lernen Sie, ganz normale Enttäuschungen zu akzeptieren. Auch erfolgreiche Menschen versagen einmal oder werden Ansprüchen nicht gerecht: Das gehört dazu, wenn man sich größere Ziele gesetzt hat.

Brechen Sie Regeln
Sehen Sie die Möglichkeit, etwas anders zu machen? Seien Sie kreativ. Ihr Instinkt wird Ihnen sagen, wie weit Sie gegen Konventionen verstoßen können …

Verbünden Sie sich mit dem Zeitgeist
Verfolgen Sie gesellschaftliche Trends. Sie können eine Quelle der Inspiration sein, egal, welche Projekte Sie sich vorgenommen haben.

» sich über neue Erfahrungen und vergessen Sie Folgendes nicht: Wenn die Angst über die Neugier siegt, ist Untätigkeit das wahrscheinliche Ergebnis.

Die richtige Haltung

Wie übersteht man unvermeidliche Rückschläge? Eine Antwort lautet: durch »kognitive Rahmung«. Wir haben die Wahl, welchen Aspekten wir Beachtung schenken, welche wir vernachlässigen und wie wir uns die Situation erklären. Diese mentalen Rahmungen beeinflussen unsere Entscheidungen: Sich selbst als jemanden zu betrachten, der vom Glück begünstigt ist, kann dazu führen, dass man aktiver wird.

Zu Anfang dieses Jahrtausends führte der britische Psychologe Richard Wiseman eine Reihe von Experimenten mit Menschen durch, die sich entweder als »vom Schicksal begünstigt« (diese Probanden waren erfolgreich und glücklich, und das Leben schien es gut mit ihnen zu meinen) oder als »Pechvögel« (im Leben dieser Teilnehmer schien vieles schiefzulaufen) betrachteten. Er stellte fest, dass die »Glückspilze« besonders geschickt darin waren, Chancen wahrzunehmen. In einem seiner Versuche gab er beiden Gruppen die Aufgabe, die Abbildungen in einer Zeitung zu zählen. Die »Pechvögel« zählten fleißig, während die »Glückspilze« in der Regel den auf der zweiten Seite groß abgedruckten Satz bemerkten: »Hören Sie auf zu zählen – es sind 43 Fotos in dieser Zeitung.« Die »Pechvögel« waren auch viel zu sehr mit Zählen beschäftigt, um eine weitere Notiz zu registrieren, die später folgte: »Hören Sie auf zu zählen, sagen Sie dem Versuchsleiter, dass Sie diese Notiz gelesen haben, und gewinnen Sie 250 US$.«

Wiseman schloss aus den Ergebnissen, dass selbsterklärte »Pechvögel« beim Lösen eines Problems weniger flexibel waren. Sie konzentrierten sich auf ein fixes Ziel und übersahen andere Optionen. Wiseman formulierte vier Strategien, wie man ein »Glückspilz« wird.

1 **Erkennen und schaffen** Sie Chancen und Situationen, die Glück verheißen.

2 **Hören Sie auf Ihre Intuition** Sie führt mit höherer Wahrscheinlichkeit zu einer glücklichen Entscheidung.

3 **Sorgen Sie für sich selbsterfüllende Prophezeiungen** Denken Sie dazu positiv.

4 **Werden Sie resilient:** Sagen Sie sich, dass Sie unglückliche Umstände wenden können.

FORDERN SIE IHR GEHIRN

Fühlen Sie sich in einer Tretmühle gefangen? Mit einigen Tipps des Psychologen Clifford N. Lazarus können Sie Ihr Denken anregen und Zufälle provozieren.

Versuchen Sie, täglich etwas Neues zu lernen, und sei es nur eine neue Vokabel oder Trivialwissen.

Bringen Sie Abwechslung in Ihre Routinen (ein anderer Platz am Esstisch, ein neuer Weg zur Arbeit …).

Probieren Sie etwas Neues: Kosten Sie ein unbekanntes Gericht, schauen Sie einen Film aus einem Genre, das Sie eigentlich nicht mögen, tragen Sie Kleidung in einem ungewohnten Stil.

Verlassen Sie Ihre Komfortzone: Setzen Sie sich regelmäßig Situationen aus, die Sie leicht unter Stress setzen (etwa eine Schachpartie gegen einen überlegenen Gegner).

DAS BANKRÄUBERSZENARIO

Stellen Sie sich vor, Sie stehen in der Schlange am Bankschalter und ein bewaffneter Bankräuber stürmt herein und schießt um sich. Sie werden in den Arm getroffen. Ist das Glück oder Pech?

Richard Wiseman stellte diese Frage sowohl selbsternannten »Glückspilzen« als auch Menschen, die sich als »Pechvögel« bezeichneten. Die Antworten sind vielsagend:

- **»Glückspilze«** kamen vorwiegend zu dem Schluss, dass sie Glück gehabt hätten – die Kugel hätte sie ja auch lebensgefährlich verletzen können.
- **»Pechvögel«** bezeichneten ihre Verletzung als furchtbares Pech – und es sei einfach typisch, dass sie gerade an diesem Tag in der Bank waren.

Menschen, die sich sagen, dass die Dinge ja auch noch schlechter hätten laufen können, sind besser in der Lage, unerwartete Probleme zu bewältigen und sich anzupassen.

GUT ODER SCHLECHT? WER WEISS ...

»Saeongjima« ist eine chinesisch-koreanische Redewendung, die so viel bedeutet wie »das Pferd eines älteren Menschen, der an der Grenze lebt«. Sie geht auf eine Parabel zurück, in der ein alter Mann mit einer Folge von – glücklichen und unglücklichen – Ereignissen konfrontiert ist. Egal, was ihm widerfährt: Der Alte reagiert auf alle Glückwünsche und Beileidsbekunden seiner Nachbarn mit »Gut oder schlecht? Wer weiß ...«.

Die Geschichte geht so: Eines Tages bricht das Pferd des alten Mannes aus und rennt über die Grenze. Es scheint, als wäre es für immer verloren. Bald darauf kommt es jedoch in Begleitung eines wunderschönen neuen Pferdes zurück – offenbar ein toller Glücksfall.

Monate später wird der Sohn des Mannes bei einem Ausritt mit diesem Pferd schwer verletzt. Sein Bein bleibt gelähmt – augenscheinlich furchtbares Pech. Doch als im folgenden Jahr ein Krieg ausbricht, muss der Sohn wegen seines lahmen Beins nicht zur Armee. Er erfreut sich eines langen und friedlichen Lebens.

Auch in unserem Leben können Ereignisse unvorhersehbare Auswirkungen haben; daher ist es gut, sich an »saeongjima« zu erinnern.

FÜR GLÜCKLICHE ZUFÄLLE SORGEN

Der britische Psychologe Matthew Smith kennt sich mit der Psychologie des Glücks bestens aus. Er befasst sich mit der Frage, ob wir etwas tun können, um mehr Glück zu haben. Seine Ratschläge:

1 **Akzeptieren Sie das Konzept des »Schicksals«.** Nicht alles ist vorhersehbar, manches geschieht zufällig. Wir scheinen besser zu fahren, wenn wir das akzeptieren und die glücklichen Zufälle nutzen.

2 **Denken Sie wie ein Glückspilz.** Wenn wir positiv denken, sind wir zuversichtlicher und auch aktiver. Außerdem schlagen sich unser Verhalten und unsere Erwartungen in den Ereignissen und Resultaten nieder, die wir selbst beeinflussen können.

3 **Seien Sie offen für Chancen.** Wenn wir entspannt und neugierig bleiben und bereit sind, Neues zu probieren, erkennen wir Chancen besser und gehen auch mal ein Risiko ein.

4 **Folgen Sie Ihrem Stern.** Auch wenn es sich unangenehm anfühlen kann, den gewählten Pfad zu verlassen, um Träume zu verwirklichen: Seien Sie darauf gefasst, dass das Leben Sie überraschen wird.

5 **Sagen Sie sich,** dass es auch schlimmer hätte kommen können (»Bankräuberszenario«, siehe oben links).

GELASSENHEIT ENTWICKELN

DIE KUNST DER AKZEPTANZ

Vermutlich möchten Sie dank Ihrer eigenen Persönlichkeit erfolgreich sein, und nicht, indem Sie andere nachahmen. Voraussetzung dafür ist, dass Sie sich selbst so akzeptieren, wie Sie sind – und ebenso die Umstände.

Akzeptanz kann für eine dynamische und zugleich stabile Persönlichkeit sorgen. Die Wahrheit ist jedoch, dass wir nicht mit allen Aspekten unseres Selbst oder unserer Situation glücklich sind – und selbst wenn, wird das nicht immer so bleiben. Wie Leo Babauta, Autor des Blogs *Zen Habits*, schreibt, kann Leben wie der Versuch sein, »in einem Fluss nach etwas Festem zu greifen«. Das Leben fließt, und es fließt nicht immer in die Richtung, die wir uns aussuchen würden. Was also tun, wenn Sie etwas an sich ändern möchten oder es schwierig finden, mit etwas zu leben, auf das Sie keinen Einfluss haben?

Eine Frage der Identität

Die Unternehmerin und Motivationstrainerin Caroline McHugh stellt gern die Frage: »Wenn Sie etwas tun könnten, was würden Sie tun?« Diese Frage stellen wir uns ihrer Ansicht nach nur, wenn wir unglücklich oder unausgefüllt sind. Wir sollten uns jedoch mit ihr beschäftigen, wenn wir uns stark fühlen. Wir Menschen kommen mit einem starken Glauben an unsere Ideen auf die Welt und verlieren ihn oft, wenn wir lernen, uns mit anderen zu vergleichen.

Arbeiten wir lieber daran, »gut darin zu sein, wir selbst zu sein«, wie McHugh es formuliert. Dabei helfen uns weder Überlegenheits- noch Unterlegenheitsgefühle. Stattdessen bräuchten wir, so McHugh, ein Gespür für unser Innenleben. Dies ist »der einzige Ort in Ihrem Leben, an dem es keinen Wettbewerb gibt«, weil Ihnen niemand Ihre eigene Perspektive nehmen kann. Der erste Schritt auf dem Weg zur Resilienz besteht darin, zu akzeptieren, dass es keinen Sinn hat, zu versuchen, jemand anders zu sein. Sie sind der, der Sie sind, und das ist gut so.

Radikale Akzeptanz

Es kann schwer sein, sich selbst zu mögen, wenn man mit seiner Lebenssituation hadert. Manchmal sind die Dinge eben einfach, wie sie sind. Vielleicht arbeiten Sie hart daran, etwas zu ändern, aber das ist schwierig, wenn Sie gleichzeitig gegen das Gefühl der Akzeptanz ankämpfen.

In den 1990er-Jahren entwickelte Marsha Linehan, Begründerin der dialektisch-behavioralen Therapie, das Konzept der »radikalen Akzeptanz«. Ihr war aufgefallen, dass Menschen auf Unglück meist auf vier unterschiedliche Arten reagierten:

- Sie versuchten, die Situation zu ändern.
- Sie versuchten, ihre Gefühle für diese Situation zu ändern.
- Sie waren weiter unglücklich.
- Sie akzeptierten die Situation.

AKZEPTANZHINDERNISSE ÜBERWINDEN

Die amerikanische Autorin und Klinikerin Karyn Hall hat festgestellt, dass das von Marsha Linehan entwickelte Konzept der »radikalen Akzeptanz« im Wesentlichen auf drei Hindernisse stößt. Sie zeigt, wie wir sie überwinden können.

Hindernis	Erklärung	Realität
Sie möchten jemanden nicht einfach so davonkommen lassen.	Wenn Ihnen Unrecht geschehen ist, kann es sich wie Gerechtigkeit anfühlen, wenn Sie wütend bleiben, und wie eine Absolution für die schuldige Person, wenn Sie sich von Ihrem Groll verabschieden.	Ihr Zorn wird das Unrecht nicht ungeschehen machen, und Sie werden vermutlich am meisten darunter leiden. Sie müssen die Person, die Sie verletzt hat, nicht mögen, sollten aber versuchen, aus der Erfahrung zu lernen. Und das funktioniert auch, wenn Sie Ihren Zorn loslassen.
Akzeptanz fühlt sich an wie eine Kapitulation.	Sie sind nicht einverstanden mit dem, was geschehen ist. Es zu akzeptieren würde sich anfühlen, als stimmten Sie zu.	Sie müssen nicht einverstanden sein. Trotzdem können Sie anerkennen, dass etwas so ist, wie es ist, und aufhören, sich einzureden, es wäre nicht so.
Sie möchten sich selbst schützen.	Eine Rüstung aus Wut um sich herum zu haben kann einem manchmal Sicherheit geben.	Diese Rüstung kann eine schwere Last sein. Vielleicht können Sie sie ablegen und sich stattdessen auf Ihre Erkenntnisse konzentrieren. Nutzen Sie diese, um sich zukünftig zu schützen.

Wenn sich die Umstände nicht verändern ließen, war nur die vierte Gruppe in der Lage, ihr Leiden zu verringern. Mit anderen Worten: Wenn es uns gelingt zu akzeptieren, dass die Realität jetzt so ist, wie sie ist, ist das keine Schwäche, sondern vielmehr eine starke, aktive Entscheidung, die uns gesünder macht.

> **Sei du selbst.** Alle anderen gibt es schon.
>
> **Oscar Wilde zugeschrieben**

DIE ELEMENTE RADIKALER AKZEPTANZ

Die Psychologin Marsha Linehan gründet ihre Theorie der »radikalen Akzeptanz« auf fünf Elemente.

1. Akzeptanz bedeutet, das anzuerkennen, was ist.
2. Akzeptanz unterscheidet nicht in gut und schlecht.
3. Um unser Leiden zu beenden, müssen wir die Realität akzeptieren, statt gegen sie anzukämpfen.
4. Es ist ein Akt der Akzeptanz, wenn wir beschließen, unser Leiden in diesem Moment zu ertragen.
5. Schmerzhafte Emotionen zu akzeptieren, anstatt sie zu vermeiden, lindert auf lange Sicht unser Leiden.

HARTE ZEITEN ÜBERSTEHEN

WIE SIE KRISEN BEWÄLTIGEN

Die meisten Menschen machen irgendwann in ihrem Leben eine schwere Zeit durch und wünschen sich, gestärkt daraus hervorzugehen. Wie können wir klug mit den Herausforderungen des Lebens umgehen?

Zwar gibt es keinen Königsweg, um schwierige Zeiten gut zu überstehen; doch es gibt hilfreiche Haltungen und Gewohnheiten, die wir in uns entwickeln und an die jeweilige Situation anpassen können.

HOLEN SIE SICH UNTERSTÜTZUNG

Forschungsergebnisse zeigen, dass die Unterstützung von Angehörigen und Freunden in schwierigen Zeiten eine wichtige Hilfe ist. Ein Modell des Psychologen James S. House unterscheidet drei Kategorien sozialer Unterstützung.

1 **Emotionale Unterstützung.** Die Versicherung, dass andere uns mögen, vertrauen, respektieren, sich um uns sorgen und uns lieben, fühlt sich gut an und kann in Notzeiten entscheidend sein.

2 **Praktische Unterstützung.** Jemand bietet uns praktische Hilfe an, etwa einen Kredit oder Unterstützung beim Ausmisten.

3 **Unterstützung durch Information.** Jemand lässt uns an seinem Wissen teilhaben oder sagt uns, wo wir Hilfe bekommen.

Diese Formen sozialer Unterstützung hängen zusammen, manchmal brauchen wir alle drei. Im digitalen Zeitalter gibt es viele Möglichkeiten, sich Hilfe zu holen. Laut einer Studie aus dem Jahr 2012 fanden jedoch selbst regelmäßige Internetnutzer persönliche Unterstützung (auf allen drei Ebenen) wirksamer als Onlineberatung

DEN FOKUS RICHTIG SETZEN

Dass es hilfreich sein kann, sich auf das zu konzentrieren, was man tun will, statt darauf, wer man sein will, konnte in mehreren Studien mit Sportlern gezeigt werden. Den Ergebnissen aus diesen Untersuchungen zufolge gibt es vor allem zwei Arten, sich mit den eigenen Zielen zu verbinden.

- **Aufgabenorientierung:** Wir konzentrieren uns darauf, Wissen zu erwerben und unsere Kompetenzen und unser Verständnis zu erweitern. Dabei geht es um unsere Fähigkeiten – die unserer Kollegen und Mitmenschen sind weniger wichtig.
- **Egoorientierung:** Wir versuchen, anderen unser überlegenes Können zu beweisen, und möchten, dass sie eine gute Meinung von uns haben. Mit anderen zu konkurrieren und in diesem Wettbewerb besser abzuschneiden ist uns wichtig.

Die Wissenschaftler stellten fest, dass die aufgabenorientierten Teilnehmer weniger anfällig für negative Emotionen und Stress waren. Außerdem konnten sie sich auf ihre höhere Selbstwirksamkeitsüberzeugung verlassen.

Egoorientierte Menschen hingegen neigten eher dazu, schwierige Situationen zu meiden oder sich abzulenken. Diese Vermeidungsstrategien beeinflussten ihre Leistungen negativ – und damit auch ihre Emotionen.

UMSCHALTEN KÖNNEN

Problembewältigungsmuster können sich einschleifen, aber das hat seinen Preis. Der US-amerikanische Psychologe Gary Evans warnt, dass unsere Coping-Strategien problematisch werden können, wenn wir sie auch in Situationen anwenden, in denen wir sie nicht brauchen. Menschen, die zum Beispiel in beengten Wohnverhältnissen leben, bekommen oft den Rat, zu lernen, sich in ihre Innenwelt zurückzuziehen und dort »Raum« zu finden. Dies kann jedoch dazu führen, dass sie weniger soziale Unterstützung bekommen, weil sie nicht mehr aus ihrem Schneckenhaus herauskommen.

Wenn Sie eine schwierige Zeit durchmachen, müssen Sie womöglich Grenzen setzen. Hat Ihr Chef zum Beispiel ein hitziges Temperament, ist es sinnvoll, so wenig wie möglich mit ihm zu kommunizieren. Passen Sie Ihre Reaktionen individuell an die jeweiligen Situationen und Personen an.

EINE NEUE STÄRKE ERLERNEN

Wächst das Selbstvertrauen auf einem Gebiet, kann sich auch das allgemeine Selbstvertrauen verbessern – vor allem dann, wenn man eine nicht ganz risikofreie körperliche Fertigkeit erlernt. Eine US-Studie aus dem Jahr 2000 von Julie C. Weitlauf und anderen stellte fest, dass Absolventinnen eines Selbstverteidigungskurses nicht nur bei dem Gedanken an einen Angriff weniger Angst empfanden, sondern sechs Monate später auch durchsetzungsfähiger und weniger feindselig gegenüber anderen waren.

Fühlen Sie sich durch Ängste eingeschränkt? Wenn Sie eine Methode finden, Ihre Angst zu reduzieren, werden Sie vermutlich insgesamt stärker und gelassener.

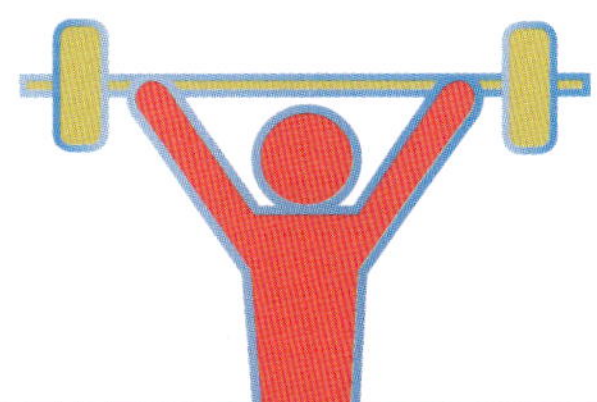

AUS- ODER UNTERDRÜCKEN?

Sollte man seine Gefühle zeigen oder lieber versuchen, sie zu verbergen? Laut einer im Jahr 2004 in *Psychological Science* publizierten Studie kamen langfristig die Menschen am besten zurecht, die beides können. Wer in der Lage ist, sich auf eine Situation einzustellen, wird auf lange Sicht erfolgreicher sein.

GUTES ZEIT-MANAGEMENT

EINE GRUNDLAGE FÜR ERFOLG

Manchmal kommt es uns so vor, als hätte der Tag nicht genug Stunden. Das gilt vor allem dann, wenn wir hart auf ein Ziel hinarbeiten. Zum Glück gibt es Methoden, die uns und unsere Arbeit effizienter machen.

Studien zeigen, dass Menschen mit einem guten Zeitmanagement ein stärkeres Gefühl der Kontrolle haben, sie sind glücklicher und entspannter. (Genau genommen können wir natürlich nicht die Zeit »managen«, sondern nur entscheiden, wie wir sie nutzen.) Menschen, die ihre Zeit gut einteilen, kombinieren häufig mehrere Strategien.

- **Zeitbewertung.** Gemeint ist damit, die eigenen Stärken und Schwächen realistisch einzuschätzen. Es geht um das Wissen, worauf man sich konzentrieren sollte, um Stärken zu optimieren und die Zeit effektiv und für lohnende Ziele aufzuwenden.
- **Planung.** Sich Ziele zu setzen, To-do-Listen zu schreiben und Aufgaben nach Dringlichkeit zu sortieren sind Beispiele für gute Planung. Dazu gehört auch die Klärung der eigenen Lebensziele, denn das hilft uns, Prioritäten zu setzen und motiviert zu bleiben.
- **Selbstkontrolle.** Ein Zeiterfassungssystem ermöglicht es, den eigenen Umgang mit Zeit auf einfache Art zu überprüfen. Wer im Blick hat, wie er seine Stunden nutzt, kann sich besser auf seine Aufgaben konzentrieren und Zeitfresser eliminieren, die weder bei der Zielerreichung unterstützen noch zur Regeneration beitragen.

ZEIT FÜR EINE PAUSE

2014 zeichnete die Draugiem Group, eine lettische Networking-Firma, die Arbeitszeit ihrer Angestellten auf. Sie stellte fest, dass die produktivsten Mitarbeiter keine Überstunden machten, sondern alle 52 Minuten eine Pause von 17 Minuten einlegten.

Planungsfallen

Verwenden Sie nur so viel Zeit auf Ihr Zeitmanagement, dass Ihre eigentlichen Aufgaben nicht darunter leiden. Experten empfehlen, die Planungszeit auf 30 Minuten zu Beginn des Arbeitstages zu begrenzen. Seien Sie sich auch der »Paralyse durch Analyse«-Falle bewusst (siehe S. 132–133): Wer vollauf damit beschäftigt ist, seine Planung zu optimieren, läuft Gefahr, nicht mehr danach zu handeln. Zeitplanung sollte zudem praktisch sein, nicht perfektionistisch, um jede Form von »Aufschieberitis« zu vermeiden (siehe S. 156–159).

DIE EISENHOWER-MATRIX

Venn Sie sich schwer damit tun, Prioritäten zu setzen, kann Ihnen diese Methode hel-fen. Sie geht auf eine Äußerung des früheren US-Präsidenten Eisenhower zurück, der eststellte, dass das, was wichtig ist, selten dringend, und das, was dringend ist, selten wichtig. Krisen und Deadlines sollten oberste Priorität haben, kommen jedoch eher sel-ten vor. Dann folgen Ziele und Beziehungen, die wichtiger sind als Unterbrechungen.

	DRINGEND	NICHT DRINGEND
WICHTIG	**Krisen und Deadlines** Beispiele: Ein Angehöriger muss ins Krankenhaus; Frist für Steuererklärung endet; eine Prüfung steht an.	**Ziele und Beziehungen** Beispiele: die eigenen Fähigkeiten vervollkommnen; gesünder leben; Freundschaften pflegen.
NICHT WICHTIG	**Unterbrechungen** Beispiele: Ein Kollege bittet um einen Gefallen; eine E-Mail mit der Bitte um Antwort trifft ein; das Telefon läutet.	**Zeitvertreib** Beispiele: fernsehen; im Internet surfen; einen Schaufensterbummel machen; ein Spiel spielen.

st Multitasking schlecht?

iese Frage lässt sich pauschal icht beantworten. Laut einer S-Studie der Psychologen Carol aufman-Scarborough und Jay D. indquist von 1999 gibt es zwei rbeitsstile: »Polychronische« Menschen stürzen sich gern in mehrere ufgaben gleichzeitig, »monochro-ische« arbeiten Aufgaben lieber acheinander ab. Menschen aus er zweiten Gruppe planen detail-erter, haben aber mehr Schwierigkeiten, ihrem Plan auch zu folgen, weil sie mit Unterbrechungen schlechter umgehen können.

Wenn Sie sich mit Multitasking nicht wohlfühlen, brauchen Sie vermutlich mehr Kontrolle über Ihre Umgebung, um weniger abgelenkt zu sein. Auch beim Zeitmanagement hat jeder seinen individuellen Stil. Wichtig ist das Wissen, welches Verhalten die eigene Produktivität fördert, und den Tag entsprechend zu planen.

E-MAIL-STRESS?

Allen, die ständig von E-Mails abgelenkt werden, empfiehlt die Arbeitspsychologin Emma Donaldson-Feilder dieses Vorgehen:

1

Löschen. Rund die Hälfte aller E-Mails kann sofort in den Papierkorb-Ordner wandern.

2

Erledigen. Wenn etwas dringend ist oder nicht lange dauert, erledigen Sie es sofort.

3

Delegieren. Kann jemand anders es besser? Geben Sie die Aufgabe weiter.

4

Vertagen. Wenn Sie mehr Zeit brauchen, planen Sie das Beantworten für einen späteren Zeitpunkt ein.

BEVOR WIR DIE ZEIT NICHT MANAGEN KÖNNEN, KÖNNEN WIR NICHTS ANDERES MANAGEN.

PETER DRUCKER, ÖKONOM UND AUTOR

60
45
15
30

UMGANG MIT TERMINDRUCK

DIE HERAUSFORDERUNG ANNEHMEN

Manche Menschen laufen kurz vor einer Deadline zur Hochform auf, andere verzagen. Wie können wir so effektiv planen, dass wir unsere Ziele rechtzeitig erreichen, ohne unnötig in Stress zu geraten?

Gibt der Gedanke an eine Deadline Ihnen Energie und Zuversicht, oder spüren Sie eher Anspannung und fragen sich, wie um alles in der Welt Sie den Termin wohl einhalten sollen? Der richtige Umgang mit Termindruck ist ein Schlüsselelement des Erfolgs.

Druck herausnehmen

Deadlines sollten realistisch sein. In einer entscheidenden Phase viel zu arbeiten mag angehen, aber ein Arbeitsumfeld, in dem enge Fristen die Regel sind, ist ungesund. Laut einer dänischen Studie von 2012 bezahlen Arbeitnehmer dies mit schlechter Schlafqualität – entweder weil sie lange aufbleiben müssen, um ihre Aufgaben zu schaffen, oder weil das Erregungsniveau, das erforderlich ist, um das hohe Tempo halten zu können, sich abends schwer herunterregeln lässt. Schlafmangel wiederum geht auf Kosten der Gesundheit und der Leistung. Deshalb sollten Sie bei Termindruck besonders gut auf sich achten. Passen Sie Ihre Planung so an, dass Ihnen noch Raum zum Atmen bleibt.

In der Zwischenzeit kann kognitive Umstrukturierung (Reframing) ein hilfreiches Werkzeug sein. Die Forschung zeigt: Menschen, die eine Deadline als Herausforderung betrachten (siehe S. 129), können den Druck, den sie empfinden, nutzen, um sich ganz auf ihre Aufgabe zu konzentrieren und Ablenkungen zu vermeiden.

In Gang kommen

Manche Menschen stürzen sich in die Arbeit, wenn eine Deadline am Horizont erscheint, viele andere neigen jedoch zur »Aufschieberitis« und hören die Uhr erst dann ticken, wenn die Zeit abläuft. Zu welcher Gruppe wir gehören, hängt davon ab, ob wir über etwas verfügten, das Psychologen »implemental mindset« nennen: die Ausrichtung darauf, Handeln nicht nur zu planen und zu evaluieren, sondern tatsächlich ins Tun zu kommen. Wer Termine einhalten will, muss seine Pläne in die Tat umsetzen.

Zeitwahrnehmung

Den Psychologen Yanping Tu und Dilip Soman zufolge besteht eines der Probleme darin, dass wir Zeit tendenziell in Einheiten wie Wochen, Monate und Jahreszeiten wahrnehmen. Tu und Soman führten 2014 eine Reihe von Studien mit indischen Bauern und nordamerikanischen Studierenden durch und stellten fest, dass wir eine Deadline, die auf der anderen Seite einer solchen Bruchlinie liegt – etwa im neuen Jahr –, eher als weiter entfernt empfinden (siehe S. 129). Entsprechend gering ist unsere Bereitschaft

SO BLEIBT STRESS POSITIV

Stress ist nicht grundsätzlich schlecht (siehe S. 100–101). Es gibt auch eine Form von Stress, die Psychologen »Eustress« nennen (abgeleitet von der griechischen Vorsilbe »eu« = »gut«, »schön«): Sie ist positiver oder förderlicher. Eine 2013 in *Organizational Dynamics* publizierte Studie zeigt, dass es hilfreich ist, eine Deadline als Herausforderung zu sehen. Dieses Denkmuster macht es leichter zu handeln, statt in Panik zu verfallen.

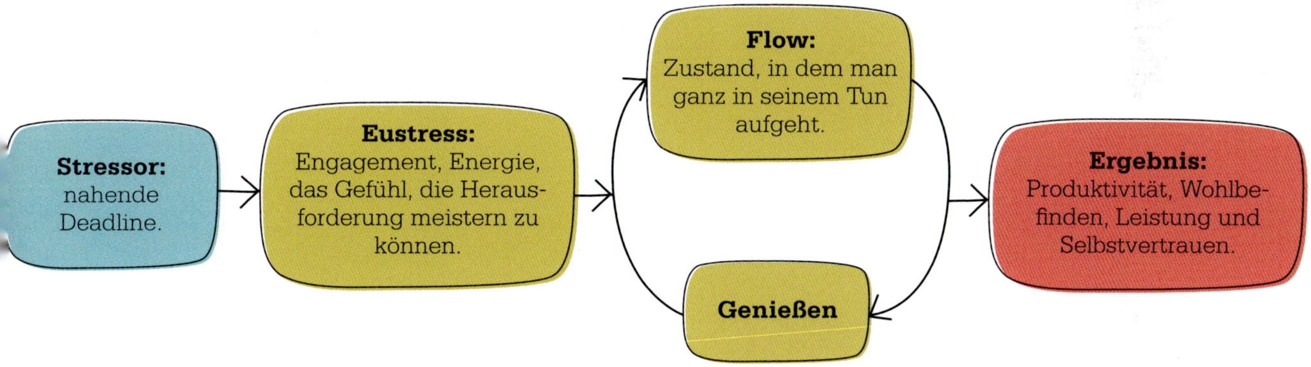

DEADLINES IM RÜCKBLICK

Wenn Sie auf Ihre Arbeit in den letzten drei bis fünf Jahren zurückblicken, kommen Sie dann zu dem Schluss, dass Sie Termine überwiegend einhalten konnten? Gibt es ein Muster? Manche Menschen werden auf den Punkt fertig, andere immer ein bisschen zu spät. Wieder andere liefern regelmäßig noch vor Ablauf der Frist. Vorausgesetzt, eine Deadline ist grundsätzlich realistisch, bleiben solche Muster in der Regel konstant. Wenn Sie zu den Menschen gehören, die immer ein wenig zu spät fertig werden, könnte die Lösung darin bestehen, sich absichtlich eine leicht vorgezogene Deadline zu setzen.

nit der Arbeit anzufangen. Hier st Umdenken angesagt: Wenn es um Beispiel November ist und eine eadline im Januar liegt, sollten ie sich lieber sagen, dass Sie die ufgabe in diesem Winter erledigen nüssen statt im nächsten Jahr.

FÜR MOTIVATION SORGEN

Laut einer 2014 von den Psychologen Yanping Tu und Dilip Soman in Indien und Nordamerika durchgeführten Studie ist es am günstigsten, für die Deadline einen Zeitrahmen zu wählen, der in der eigenen Wahrnehmung möglichst nah an der Gegenwart liegt, damit wir früh genug anfangen. Stellen Sie sich vor, heute wäre der 10. Mai und Ihre Deadline fiele auf den 5. Juni. Sie haben die Wahl zwischen zwei Ansätzen.

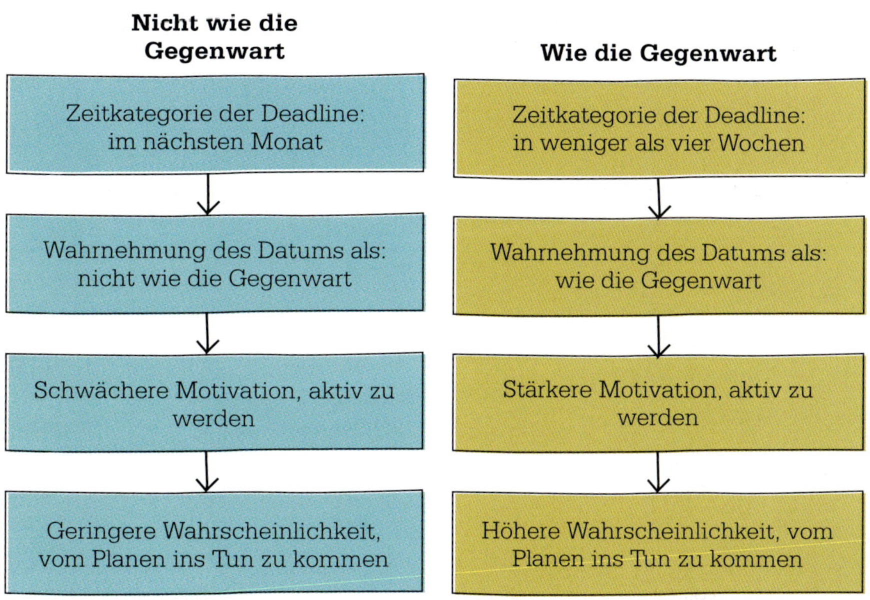

WIE SIE SICH BEHAUPTEN

NEINSAGEN LERNEN

Menschen, die als Teamplayer oder »Macher« fungieren wollen, tun sich oft schwer, sich Grenzen zu setzen, auch wenn ihnen die Zeit für eine Aufgabe fehlt. Neinsagen ist jedoch etwas, das wir alle können sollten.

Manchmal müssen wir andere enttäuschen. Schließlich hat der Tag nur 24 Stunden, und niemand verfügt über unendliche Energiereserven. Viele Menschen fühlen sich jedoch unbehaglich, wenn sie Nein sagen. Sie befürchten, das könnte ihre Beziehung zu der Person beeinträchtigen, der sie etwas abschlagen. Wie also können wir auf eine gute Weise »Nein« oder »Nicht jetzt« sagen?

Das Gesicht wahren

Das Gesichtskonzept wurde 1963 von dem Soziologen Erving Goffman entwickelt und ist bis heute aktuell. Einfach ausgedrückt möchten wir uns in der Beziehung zu anderen nicht herabgesetzt fühlen. Weil derjenige, gegenüber dem wir etwas ablehnen, dadurch das Gesicht verlieren könnte, fühlen sich die meisten Menschen unwohl, wenn Sie absagen müssen. Laut Goffman gibt es zwei Varianten des »Gesichts«.

- **Positives Gesicht:** der Wunsch, von anderen bestätigt und respektiert zu werden.
- **Negatives Gesicht:** der Wunsch, autonom zu bleiben.

Die Psychologen Penelope Brown und Stephen C. Levinson verfeinerten das Modell, indem sie das Neinsagen in vier Kategorien einteilten (siehe S. 131 rechts).

Wenn Sie Nein sagen wollen, ohne Ihr Gegenüber zu kränken, sollten Sie darüber nachdenken, welche Art der Gesichtswahrung dieser Person wichtig ist. Das gilt vor allem dann, wenn aufgrund Ihrer Position in der Hierarchie von Ihnen erwartet wird, dass Sie sich demjenigen, dem Sie etwas abschlagen, unterordnen.

Darüber hinaus gibt es einige Taktiken, die Ihnen helfen, das Beste aus der Situation zu machen.

- **Das Positive finden.** Der Verhandlungsführer und Präsidentenberater William Ury lehrt die Kunst des »positiven Neins«. Sie geht in drei Schritte (Ja–Nein–Ja) vor sich.

> Mit Bestimmtheit **Nein zu sagen,** ist ein Geschenk an uns selbst … Wir **schützen** das, was wir **wertschätzen.**
>
> **William Ury**
> Anthropologe und Verhandlungsexperte

Bestätigen: »Ich würde gern mit Ihnen zusammenarbeiten.«
Eine Grenze setzen: »Der Januar ist ungünstig für mich.«
Alternative vorschlagen: »Lassen Sie uns nach einem späteren Termin suchen, der für uns beide passt.«
Ury fügt hinzu, dass wir eine »beste Alternative« parat haben sollten, falls die Verhandlung nicht gut läuft.

Konkret bleiben. Einer 2005 im *Journal of Experimental Social Psychology* veröffentlichten Studie zufolge werden Menschen, die sich abstrakt ausdrücken, in ihren Einstellungen und Motiven eher als voreingenommen wahrgenommen als Menschen, deren Sprache konkreter ist. Die Person, der Sie etwas abschlagen, wird Sie in einem besseren Licht sehen, wenn Sie Ihr Nein so konkret wie möglich begründen.

Gründe nennen. Der amerikanische Psychologe Robert Beno Cialdini fand heraus, dass ein begründetes Nein selbst dann überzeugender ist als ein unbegründetes, wenn die Begründung einer Prüfung nicht standhält.

Worte gut wählen. Eine amerikanische Studie von 2011 zeigte, dass es überzeugender wirkt zu sagen: »Ich übernehme diese Aufgabe nicht«, als: »Ich kann diese Aufgabe nicht übernehmen.« Natürlich gilt das nicht in jeder Situation, Ihrem Chef gegenüber wäre diese Formulierung nicht sehr klug. Doch wenn es um sozialen Druck geht, erscheint ein »Ich werde dies oder jenes nicht tun« weniger verhandelbar. Statt also zu sagen: »Ich kann nichts mehr ausgeben, ohne meinen Kontostand zu prüfen«, versuchen Sie es lieber mit: »In Geldangelegenheiten treffe ich keine spontanen Entscheidungen.«

Mit der richtigen Mischung aus Selbstvertrauen einerseits und Fingerspitzengefühl andererseits wahren Sie Ihre Grenzen, ohne Ihre Allianzen zu gefährden. So lässt sich die ungute Situation für beide Seiten etwas angenehmer gestalten.

DIE HÖFLICHKEITSTHEORIE

Laut den Psychologen Penelope Brown und Stephen C. Levinson gibt es vier Arten von gesichtsbedrohenden Sprechakten. Ihre Höflichkeitstheorie ist auf viele Kontexte anwendbar, so auch auf das Neinsagen. Verschiedene Situationen erfordern verschiedene Arten von Nein.

Sprechakt	Beispielsatz	Wird das Gesicht des Hörers gewahrt?
Ganz offenkundig	»Nein, das mache ich nicht.«	In der Regel nicht. Kann in Extremsituationen angemessen sein.
Positive Höflichkeit	»Sie können vielleicht stattdessen Frau Soundso fragen.«	Ziel ist, das »positive Gesicht« des Hörers möglichst wenig zu bedrohen; man versucht, freundlich zu klingen.
Negative Höflichkeit	»Ich weiß, Sie haben gerade viel um die Ohren, aber hat das ein bisschen Zeit?«	Ziel ist, Respekt für das »negative Gesicht« des Hörers zu zeigen, also anzuerkennen, dass er eigene Probleme hat.
Nicht offenkundig	»Na, dann steht mir ja eine arbeitsreiche Woche bevor.«	Ziel ist, das Gesicht des Hörers möglichst zu wahren, indem eine Andeutung gemacht wird, statt offen Nein zu sagen.

ENTSCHEIDEN SIE JETZT

OPTIONEN ABWÄGEN

Wer etwas zuwege bringen will, muss Entscheidungen treffen. Manchen Menschen fällt das leicht, andere tun sich schwer und zögern. Was steckt hinter der Unentschiedenheit, und wie können wir sie überwinden?

Bekommen Sie manchmal Panik angesichts einer Überfülle von Informationen? Oder grübeln Sie so lange über eine Entscheidung nach, bis Sie am Ende keine treffen? Das nennen Psychologen »Paralyse durch Analyse«: Das Gehirn ist von all den Möglichkeiten so überwältigt, dass es wie gelähmt ist. Zu viel Analyse kann uns in mehrfacher Hinsicht sabotieren.

- **Produktivität und Urteilsfähigkeit.** Zu viele Informationen, Druck und Angst können unser Kurzzeitgedächtnis überlasten und Leistungsvermögen und Scharfblick beeinträchtigen.
- **Kreativität.** Eine Studie der Universität Stanford von 2015 zeigte, dass die Probanden dann am kreativsten arbeiteten, wenn ihr präfrontaler Cortex – das für bewusstes Denken zuständige Areal – weniger aktiv war als ihr Kleinhirn, das Bewegung und Aktivität steuert.

51%

GUT INVESTIERTE ZEIT?

Laut einer in den USA, China, Südafrika, Großbritannien und Australien durchgeführte Studie verwenden **Büroangestellte** im Durchschnitt 51 Prozent ihrer Zeit, um **Informationen** zu **sortieren**, statt sie für ihre Arbeit zu nutzen. Kein Wunder, dass wir uns manchmal überfordert fühlen.

- **Glück.** Perfektionismus mindert unsere Chancen auf Glück. Dem Ökonomen Herbert Simon zufolge sind wir entweder »Satisficer«, also mit einem Ergebnis zufrieden, das »gut genug« ist, oder »Maximizer«, die grundsätzlich die bestmögliche Entscheidung treffen wollen. Maximizer empfinden sich in der Regel als weniger glücklich, haben ein geringeres Selbstwertgefühl und bereuen Entscheidungen häufiger als Satisficer.

Je beflissener wir uns also um die bestmögliche Entscheidung bemühen, desto mehr trainieren wir eine Denkweise, die unsere Entscheidungsfähigkeit behindert.

Auf den Punkt kommen

Folgende Strategien können Ihnen helfen, Entscheidungen zu treffen:

- **Stellen Sie sich vor, Sie beraten einen Freund.** Studien zeigen, dass Entscheidungen uns vor allem dann schwerfallen, wenn wir emotional beteiligt sind. Mit Abstand wird das Bild häufig klarer.
- **Begrenzen Sie die Information.** Forscher der Universitäten Princeton und Stanford fanden heraus, dass zu viel Information ein Hauptgrund für Unentschiedenheit ist. Laden Sie sich nicht mehr auf, als Sie verarbeiten können.
- **»Für gewöhnlich« heißt nicht »immer«.** Die Psychologen Ralph Hertwig und Ido Erev stellten 2009 fest, dass wir kurz zurückliegende Geschehnisse im Vergleich zu eher seltenen, aber wahrscheinlicheren Ereignissen oftmals überbewerten. Doch Umstände können sich ändern.
- **Verschwenden Sie keine Zeit für Bagatellentscheidungen.** Wenn eine Situation unabhängig von Ihrer Entscheidung in einem Jahr noch dieselbe sein wird, sollten Sie nicht viel Energie auf diese Sache verwenden.
- **Setzen Sie sich eine Frist.** Beschließen Sie, bis zu einem bestimmten Datum eine Entscheidung zu fällen.

SIND SIE EIN »LAIENRATIONALIST«?

Folgen Sie eher Ihrem Kopf oder Ihrem Herzen? Laut einer 2015 im Auftrag der American Marketing Association durchgeführten Studie werden sogenannte Laienrationalisten – das sind Menschen, die sich lieber an Fakten als an Gefühle halten – eher davon beeinflusst, was sie glauben, tun zu sollen. Weniger rationale Menschen werden eher von ihren Gefühlen und dem, was sie tun wollen, beeinflusst. Entsprechend unterschiedlich sehen die Vorstellungen von Erfolg aus.

Laienrationalisten	**Emotionsbasierte Entscheider**
Geben tendenziell mehr Geld für materielle Dinge aus.	Geben tendenziell mehr Geld für Erlebnisse aus.
Mögen, was sich gut anfühlt, wählen aber, was sie vernünftig finden.	Entscheiden sich für das, was sich gut anfühlt.
Haben mehr »nützliche« Freunde, die über Kontakte verfügen.	Haben mehr »Spaß«-Freunde, mit denen sie gern Zeit verbringen.
Werden leichter von objektiven Ergebnissen beeinflusst.	Legen mehr Wert auf Fairness und Moral.
Sind bereit, Verluste zu begrenzen, um etwas zu retten.	Sind bereit, Verluste hinzunehmen, um ein Unrecht zu verhindern.
Bei Spenden achten sie stärker auf die Zahl der Menschen, denen die Spende hilft.	Bei Spenden lassen sie sich vor allem von den Gefühlen für die Menschen leiten, für die sie spenden.
Sind im Allgemeinen beruflich erfolgreicher.	Sind im Allgemeinen glücklicher in ihrem Alltagsleben.

AKTIVE PLANUNG

STRATEGIEN ENTWICKELN UND VERFEINERN

Vorbereitung hat Vor- und Nachteile: Ein guter Plan kann Ihre Effizienz enorm erhöhen, ein schlechter dazu führen, dass Sie viel Zeit vergeuden. Wie lässt sich das richtige Verhältnis zwischen Strategie und Handeln finden?

Studien zeigen, dass wir gute Leistungen bringen, wenn wir gut planen. Sie zeigen aber auch, dass wir uns das Vorausdenken gerne sparen, wenn wir nicht dazu aufgefordert werden. Offenbar neigen wir dazu, uns mit Problemen erst dann auseinanderzusetzen, wenn sie auftreten. Wer vorausschauendes Planen trainiert, hat also einen echten Vorteil.

Was hindert uns?

Den Kognitionswissenschaftlern Wayne Gray und Wai-Tat Fu zufolge haben wir es mit zwei Arten von Hindernissen zu tun, wenn wir versuchen, Probleme anzugehen.

- **Harte Bedingungen:** nicht verhandelbare Fakten, die bedeuten, dass etwas entweder möglich ist oder nicht.
- **Weiche Bedingungen:** Wir versuchen, Ziele mit so wenig kognitiver Anstrengung wie möglich zu erreichen. Wenn wir ein Ergebnis auf zwei Wegen erreichen können und einer unser Gedächtnis oder unsere Energie mehr beansprucht, verweisen uns weiche Hemmnisse auf den Weg des geringsten Widerstands.

Manchmal müssen Pläne im Lauf eines Projekts angepasst werden, aber grundsätzlich ist es gut, eine Strategie zu haben. Wenn Sie wissen, wie Ihr Gehirn arbeitet, können Sie weiche Bedingungen voraussehen und deren Einfluss mindern. Gray und Fu verdeutlichen das am Beispiel eines Kinderspielzeugs, das zusammengesetzt werden muss. Lesen Sie gern alle Anleitungsschritte, bevor Sie beginnen, oder beansprucht das Ihr Gedächtnis zu sehr? Lesen Sie zunächst den ersten Anleitungsschritt und befolgen ihn, bevor Sie zum nächsten übergehen, oder bedeutet das zu viele Aufgabenwechsel? Manche Menschen brauchen mehr Zeit für die frühen Planungsstadien, andere eher Spielraum im Arbeitsprozess. Ermitteln Sie zunächst anhand von einfachen Aufgaben, welche Herangehensweise Ihnen mehr entspricht. Dann planen Sie entsprechend.

Planung in der Gruppe

Eine gute Planung muss allen Teammitgliedern gerecht werden. Ein nützliches Format ist das »Input-Prozess-Output«-Modell aus dem Jahr 1975 (siehe S. 135). Je größer die Herausforderung, desto mehr Variablen wollen bedacht sein:

- Je komplexer ein Projekt, desto umfangreicher die Planung, da es entsprechend viele (Teil-)Aufgaben gibt.
- Hat ein Team wenig Erfahrung, sollten Sie detaillierter planen,

GRUPPENEFFEKTIVITÄT

In einem Team müssen alle zusammenarbeiten, damit ein gutes Ergebnis zustande kommt. Mithilfe dieses Input-Prozess-Output-Modells der Psychologen J. Richard Hackman und C. G. Morris lässt sich die Effektivität einer Gruppe vorhersagen.

INPUT
Variablen, darunter: Aufgabenzuschnitt, Gruppennormen, Erfahrungen und Persönlichkeiten aller Mitglieder, Komplexität der Aufgabe.

Beispiele
- Die Band sollte drei neue Songs spielen können.
- Wir kommen meist miteinander aus, doch zwischen Mike und Jo gibt es Spannungen.
- Jo ist ein guter Komponist, Raj und Ben fehlt es an Spielpraxis.

PROZESS
Variablen, darunter: Leistungsstrategien, Arbeitsaufwand für alle, Können und Wissen der Teammitglieder.

Beispiele
- Wie oft können wir proben?
- Kommen alle zu den Proben?
- Sind wir erfahrene Musiker?
- Sind wir alle bereit, uns anzustrengen?
- Wer leitet die Gruppe? Geschieht das mit dem Einverständnis der anderen?

OUTPUT
Die Effektivität der Gruppe hängt von der Kombination der Input- und Prozesselemente ab.

Beispiele
- Weil wir über solide musikalische Grundfertigkeiten verfügen und viel geübt haben, kamen wir gut durch unseren Auftritt.
- Bei den letzten zwei Songs haben wir ein bisschen herumgestümpert.

FEEDBACK
Was lernen wir daraus für das nächste Mal?

Beispiele
- Was haben unsere Fans nach dem Auftritt gesagt?
- Hat sich der Veranstalter geäußert?
- Gibt es aus unserer Sicht etwas, über das wir reden sollten?

aber spätere Änderungen einkalkulieren, weil Ihre Kollegen dazulernen (prozessbegleitende Planung).

- Bitten Sie die Teammitglieder, zusätzlich individuell zu planen. Forschungsergebnisse zeigen, dass dies die Produktivität steigert. Die meisten Menschen brauchen jedoch eine ausdrückliche Aufforderung, daher gilt es klarzustellen, dass jeder im Team seinen eigenen Plan haben sollte.
- Zwingen Sie Ihre Teammitglieder nicht zu unnötiger Planung, wenn es um Aufgaben geht, die sie gut kennen.

Einzelne arbeiten in Gruppen besser, wenn jeder selber plant und die anderen auf dem Laufenden hält.

DIE ZIELE KENNEN

Für Führungskräfte hat jeder gute Plan vier Stadien.

1 **Hauptziel/Absicht:** Ihre Aufgabe, aber auch Ihre Vision und Ihre Werte.

2 **Zwischenziele:** was Sie tun werden, um Ihr Hauptziel zu erreichen.

3 **Strategien:** wie Sie diese Zwischenziele erreichen.

4 **Handlungsplanung:** was bis wann und von wem zu tun ist.

ASPEKTE GUTER PLANUNG

Laut einer Studie von 1990 gibt es fünf Kernelemente effektiver Planung.

1 **Zukunftsorientierung:** Alles sollte auf das Ziel und den Weg dorthin ausgerichtet sein.

2 **Kommunikation:** Die Teammitglieder sollten so viel wie möglich interagieren.

3 **Überprüfen Sie** immer wieder Ihre Stärken, Schwächen, Chancen und Bedrohungen (SWOT-Analyse).

4 **Rollendefinition:** Die Aufgaben jedes Einzelnen sollten klar sein.

5 **Handlungspläne:** Entwickeln und kommunizieren Sie Ideen zu dem, was Sie tun und wie die Ressourcen verteilt werden.

SCHRITT INS RAMPENLICHT

DIE KUNST, ÖFFENTLICH AUFZUTRETEN

Ob Ihre Vorstellung von Erfolg darin besteht, ganz für sich allein zu arbeiten oder Tausende von Menschen zu überzeugen: Mit ziemlicher Sicherheit werden Sie hin und wieder in der Öffentlichkeit sprechen.

Dem *Wall Street Journal* zufolge ist Reden in der Öffentlichkeit das, was US-Amerikanern am meisten Angst macht – der Tod kommt erst an zweiter Stelle. Doch selbst wenn wir eine Rede vermasseln, ist es sehr unwahrscheinlich, dass man uns mit faulen Tomaten bewirft. Wovor also haben wir solche Angst, und was lässt sich dagegen tun?

Redeangst

Von einer Menschenmenge abgelehnt zu werden ist eine Grundangst – und Ablehnung schmerzt. Eine Studie der University of Michigan stellte 2013 fest, dass unser Gehirn bei sozialer Zurückweisung dieselben Botenstoffe freisetzt wie bei körperlichen Schmerzen. Manche Evolutionspsychologen glauben außerdem, dass die Angst vor dem öffentlichen Sprechen in den entwicklungsgeschichtlich ältesten Regionen des Gehirns lokalisiert ist, und zwar dort, wo die Überzeugung sitzt, dass wir bei einem Verlust sozia-

IN GUTER GESELLSCHAFT

Laut einem Artikel der Führungsberaterin Beverly D. Flaxington in *Psychology Today* haben **drei von vier** Menschen **Angst,** in der Öffentlichkeit **zu sprechen.** Trotzdem sind die meisten dieser Aufgabe gewachsen.

ALL HAIL – SEID GEGRÜSST!

Der britische Stimmtrainer Julian Treasure entwickelte 2013 ein nützliches Akronym, das Ihnen helfen kann, Ihre Zuhörer zu fesseln und zu inspirieren:

er Unterstützung allein sind und verhungern müssen. Es überrascht ılso nicht, dass so viele Menschen Redeangst haben, aber es ist Zeit, etwas dagegen zu tun.

Die richtige Stimmung

Manche Forscher gehen davon aus, lass »Spiegelneuronen« in unserem Gehirn nicht nur wahrnehmen, was ein anderer fühlt, sondern dieses Gefühl auch in uns abbilden. Sind Sie schon einmal zusammengezuckt, als jemand sich verletzt hat, oder haben Sie sich vom Gelächter eines Freundes anstecken lassen? Das war das Werk der Spiegelneuronen. Dies können Sie sich bei Ihrem nächsten Vortrag zunutze machen: Wenn Sie von Ihrem Thema begeistert sind, wird das Publikum dies empfinden.

Dem Publikum etwas gönnen

Erfolgreiche Vortragsredner empfehlen, den Zuhörern etwas mitzugeben – zum Beispiel eine Einsicht, die sie auf ihr Leben anwenden können – und sich als jemand zu sehen, der anderen etwas schenkt, statt ihnen etwas zu verkaufen. Ein mechanischer Vortragsstil fällt sofort auf – gestalten Sie Ihren Vortrag besser so, dass alle profitieren.

Gut zu reden ist erlernbar

Ob Sie vor Publikum reden können oder nicht, sagt nichts über Ihren inneren Wert aus: Viele herausragende Menschen nuscheln oder leiern, wenn sie im Rampenlicht stehen. Pflegen Sie ein dynamisches Selbstbild (siehe S. 26): Sie sind jemand, der sein Leben lang lernt, und öffentliches Sprechen lässt sich durch Üben verbessern.

Nicht ablesen

Lesen Sie Ihre Rede nicht Wort für Wort vom Blatt ab. Es braucht viel Erfahrung, um ganze Absätze so vorzutragen, dass es frisch und lebendig klingt; zudem müssen Sie beim Vorlesen auf Ihr Manuskript blicken statt auf Ihre Zuhörer. Besser sind stichpunktartige Notizen zu Ihren Hauptideen, die Sie mit einem Blick erfassen und ausformulieren können. Mithilfe dieses Gerüsts können Sie sich Ihrem Publikum direkt zuwenden, und Ihr Vortrag wird mitreißender sein.

DIE ANGST ZÄHMEN

Ein gewisses Maß an Anspannung kann Ihrer Vortragskunst zuträglich sein (siehe S. 100–101). Angst bewirkt einen Adrenalinschub, und Adrenalin verleiht Energie. Das können Sie sich zunutze machen: Setzen Sie ein selbstsicheres Gesicht auf (das wird sich auf Ihre Stimmung auswirken) und denken Sie daran, dass Ihre Nervosität nicht bedeutet, dass Sie versagen werden, sondern nur, dass Ihr Körper sich auf eine Herausforderung vorbereitet.

AKTIV IM WETTBEWERB

DIE KUNST DES VERKAUFENS

Zu wissen, dass man eine gute Idee hat, ist eine Sache – andere davon zu überzeugen, eine ganz andere. Ob man Geld sammelt oder eine Stelle sucht: Der Erfolg wird größer sein, wenn ein Vorhaben gut präsentiert wird.

Andere vom eigenen Wert zu überzeugen – oder zumindest vom Wert seiner Arbeit oder seines Produkts – ist eine Kunst, die nicht jedem in die Wiege gelegt wurde. Hier finden Sie hilfreiche Tipps.

VORBEREITET SEIN

- **Markt.** Wie sieht Ihre Zielgruppe aus? Wie würden die potenziellen Kunden von Ihrem Angebot profitieren? Jemand, der etwas kauft, tut dies aus eigenen Motiven, nicht um einem Fremden einen Gefallen zu tun.
- **Kaufkraft.** Wenn Sie hochpreisige Waren oder Dienstleistungen anbieten, wenden Sie sich gezielt an Menschen, deren verfügbares Einkommen entsprechend hoch ist.
- **Wettbewerber.** Konkurrenten lassen sich beispielsweise durch besondere Qualität oder ein besonders gutes Preis-Leistungs-Verhältnis ausstechen. Falls Ihr Angebot einzigartig ist: Welche Bedürfnisse verspricht es zu erfüllen, und was erfüllt diese im Moment? Verkaufen Sie die Idee, dass Sie das besser können.
- **Flexibilität.** Wenn Sie sich an sehr unterschiedliche Menschen wenden, sollten Sie Ihr Angebot auf individuelle Bedürfnisse zuschneiden.
- **Rhetorik.** Verfeinern Sie Ihre Redekünste (siehe S. 136–137).

DER RICHTIGE ANSATZ

- **Den eigenen Wert kennen.** Haben Sie Ihre Erfolge aufgelistet oder etwas zu bieten, das Sie auszeichnet? Rücken Sie es ins Zentrum Ihres Angebots.
- **Verkaufen als Kunst sehen.** Jeder kennt das Klischee des aalglatten, aufdringlichen Vertreters. Lassen Sie solche negativen Assoziationen gar nicht erst zu. Versuchen Sie, die Kunst des Verkaufens in einem positiven Licht zu sehen.
- **Körpersprache einsetzen.** Strahlen Sie Selbstvertrauen und Gelassenheit aus. Wildes Gestikulieren oder nervöses Zappeln lenkt von Ihrer Botschaft ab.
- **Das Gegenüber ansehen.** Sie versuchen, eine Verbindung herzustellen – dafür ist Blickkontakt wesentlich.
- **Lernwillig sein.** Ermuntern Sie Ihre Kunden, Fragen zu stellen, und reagieren Sie auf Feedback.
- **Mit sich handeln lassen.** Auch der begabteste Verkäufer bekommt nicht immer genau das, was er möchte. Üben Sie im Rollenspiel mit Freunden, bis Sie sich beim Verhandeln wohlfühlen.
- **Leidenschaft zeigen.** Es geht um Ihre Idee, und Sie sind überzeugt von ihr. Das sollte jeder sehen können.

EINE GUTE STRUKTUR

- **Mit dem Fazit beginnen.** Patricia Fripp, Trainerin für Führungskräfte, rät dazu, sein Gegenüber von Anfang an wissen zu lassen, warum man da ist.
- **Einfach, aber einprägsam formulieren.** Machen Sie mit etwas weiter, das man leicht versteht und behält und anderen gegenüber wiederholen kann.
- **Vorteile und Kosten nennen.** Zurückhaltung ist hier nicht angebracht: Ihr Publikum möchte beides hören.
- **Deutlich sagen, was man will und braucht.** Je klarer und genauer Sie sind, desto professioneller wirken Sie auf andere.

DEN STIL WÄHLEN

Laut einer Umfrage des Verkaufsschulungsanbieters TACK International bevorzugten 50 Prozent der Befragten gesprächsbasierte Angebote und Präsentationen.

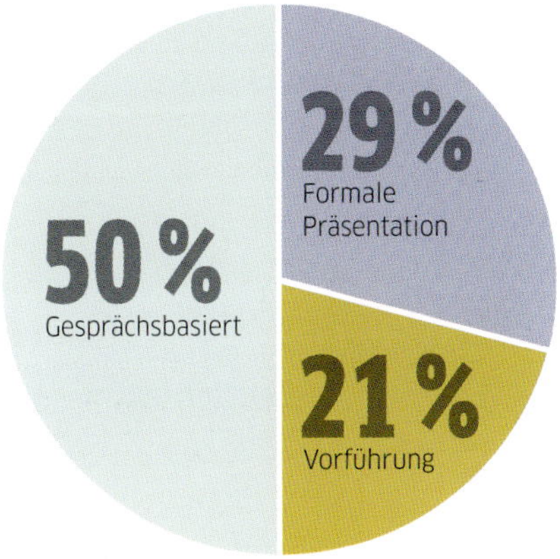

ALLES ODER NICHTS?

Laut Kimberly D. Elsbach von der University of California können vier verbreitete Sprachstile eine Präsentation ruinieren.

1 **Der Schwächling.** Es ist gut, sich den Bedürfnissen des Publikums anzupassen, aber wenn Sie laufend Änderungen anbieten, wirkt das, als wären Sie von Ihrer Idee selbst nicht überzeugt. Greifen Sie Feedback auf, aber verteidigen Sie Ihre Position, wenn nötig.

2 **Der Roboter.** Lesen Sie nicht vom Blatt ab und reagieren Sie auf Fragen nicht mit vorbereiteten Antworten. Ihr Publikum sollte sich gehört und verstanden fühlen.

3 **Der Gebrauchtwagenhändler.** Haarsträubende Behauptungen und eine aggressive Verkaufsstrategie wirken abstoßend. Es ist dann ganz egal, wie gut Ihre Idee ist.

4 **Der Almosenempfänger.** Klingen Sie nicht zu bedürftig und betteln Sie nicht, wenn Ihr Gegenüber Nein sagt. Die Leute sind an dem interessiert, was Sie zu bieten haben, nicht daran, Ihnen etwas Gutes zu tun.

SICH KURZ FASSEN

52 %

der Kunden bevorzugen schriftliche Angebote auf **weniger als drei Seiten.**

PROJEKTE GUT PLANEN

ZUSAMMENARBEIT IN TEAMS

Wenn ein Team Projekte in Angriff nimmt, kommen viele Faktoren und einige Risiken ins Spiel. Welche Möglichkeiten gibt es, die Produktivität zu gewährleisten und das Gruppenklima zu verbessern?

In jedem Team können Konflikte auftreten, unter denen die Arbeitsmoral und der Zusammenhalt im Team leiden. Wie lässt sich das vermeiden?

Gute Planung

Dass gut geplante Projekte größere Erfolgschancen haben, ist wissenschaftlich nachgewiesen: Laut einer 2013 in Australien und auf den Fidschiinseln durchgeführten Studie ist es besonders hilfreich, Risiken schon vorab einzubeziehen (siehe S. 141). Projekte sind in diesem Fall

- bei hohem Risikolevel effizienter, das heißt, sie werden mit höherer Wahrscheinlichkeit pünktlich und ohne Budgetüberschreitung abgeschlossen;
- bei niedrigem Risikolevel effektiver, das heißt, es werden mit höherer Wahrscheinlichkeit gute Ergebnisse erzielt.

Damit die Planung umgesetzt wird, müssen Motivation und Zusammenarbeit stimmen – hier sind gute Managementfähigkeiten gefragt.

Die entscheidende Frage

Viele Studien bestätigen, dass es für den Zusammenhalt in Teams am wichtigsten ist, eine einfache Frage zu beantworten: Warum tun wir das, was wir tun? Wenn das nicht klar ist, kann der Fokus verloren gehen und Konflikte entstehen.

Es gibt viele Gründe, diese Frage nicht zu stellen. Eine 2013 vom Massachusetts Institute of Technology (MIT) durchgeführte Studie führt beispielsweise die Tendenz zum Aktionismus an: Das Team stürzt sich in die Arbeit, bevor das große

EIGENSCHAFTEN EINES GUTEN TEAMS

)ie Managementexperten Dov Dvir und Aaron J. Shenhar haben seit den 1950er-Jahren mehr als 400 Projekte aus verschiedenen Branchen weltweit ıntersucht. Ihnen zufolge verfügten gute Teams über bestimmte Eigenschaften.

1 Sie arbeiteten daran, etwas Einzigartiges oder etwas von einzigartigem Wert zu bieten.

2 Am Beginn stand eine lange Phase der Projektdefinition, nach der allen Beteiligten das übergeordnete Ziel klar war.

3 Sie waren in der Lage, eine Projektkultur zu entwickeln, die Veränderung erlaubt. Wenn alte Gewohnheiten nicht funktionierten, ersetzten sie sie durch zieldienlichere.

4 Ihre Leiter hatten ausgeprägte persönliche und kommunikative Fähigkeiten und hielten den Kontakt zur nächstunteren Ebene der Befehlskette.

5 Sie versuchten nicht, das Rad neu zu erfinden, sondern nutzten vorhandenes Wissen.

6 Sie waren in der Zusammensetzung so vielfältig, dass auf Veränderungen am Markt sofort reagiert werden konnte.

7 Sie legten Wert auf einen guten Teamgeist, waren stolz auf ihre Arbeit und empfanden sich als Miteigentümer, was die Leiter wiederum respektierten.

anze geklärt ist. Auch das Streben ach bereits bekannten Lösungen t ein Faktor: Dann kann das Team icht die Besonderheiten eines Proıkts bedenken. Das MIT empfiehlt ır Vorbereitung diese Ansätze:

Was ist das wichtigste Problem? Wird der eingeschlagene Kurs diesem Problem gerecht?
Wie viele potenzielle Ursachen können wir finden? Betrachten wir das Problem in einem ausreichend großen Kontext?

- Sind wir uns einig, weshalb dieses Projekt notwendig ist?
- Diskutieren wir ehrlich und offen, um auch unausgesprochene Fragen zutage zu fördern?
- Haben wir unser Ziel fest im Blick oder schweifen wir ab?

Wenn diese Fragen im Fokus stehen, rücken persönliche Konflikte in den Hintergrund. Zudem können neue Informationen aus der Perspektive des übergeordneten und geteilten Ziels verarbeitet werden.

RISIKOTYPEN

Am sinnvollsten ist es, schon beim Planen zukünftige Risiken einzubeziehen. Der Projektmanagementexperte Max Wideman identifiziert fünf Risikobereiche.

- **Äußere, unvorhersehbare und unkontrollierbare Risiken,** zum Beispiel Unwetterschäden am Gebäude, die für plötzliche Zusatzkosten sorgen.
- **Äußere, vorhersehbare und unkontrollierbare Risiken,** zum Beispiel dass der Hauptlieferant auf einen Bankrott zusteuert.
- **Innere, nicht technische und kontrollierbare Risiken,** zum Beispiel Spannungen innerhalb der Belegschaft, die die Produktivität mindern.
- **Innere, technische und kontrollierbare Risiken,** zum Beispiel Sicherheitsmängel bei der IT.
- **Rechtliche und kontrollierbare Risiken,** zum Beispiel zu klärende urheberrechtliche Fragen.

Avraham Shtub und sein Team nennen drei Risikobereiche.

- **Technische Performance-Risiken,** zum Beispiel ob sich ein empfindliches Produkt sicher verschicken lässt.
- **Budgetrisiken,** zum Beispiel ob im nächsten Jahr alle Löhne bezahlt werden können.
- **Terminrisiken,** zum Beispiel ob eine nahende Deadline eingehalten werden kann.

ERFOLGREICHE FÜHRUNG

VERANTWORTUNG ÜBERNEHMEN

Ob Sie eine Abteilung leiten oder Sprecher eines Teams sind: Es wir immer wieder Situationen geben, in denen Sie Ihren Einfluss geltend machen müssen. Wie lassen sich Botschaften am besten vermitteln?

Die Begriffe »Management« und »Führung« werden häufig synonym verwendet. Zutreffender wäre die Aussage, dass Führungsstärke eine der vielen Fähigkeiten ist, die ein Manager braucht.

Auch wenn Sie keine leitende Position haben, können Sie Führungsstärke zeigen, etwa um Ihr Team von einer Veränderung zu überzeugen. Management hingegen beruht auf einem ausgewogenen Verhältnis von Autorität und organisatorischen Fähigkeiten. Vielleicht sind Sie (noch) kein Manager, aber eine Führungspersönlichkeit, denn Führung basiert auf Handeln, nicht auf Positionen.

Den richtigen Stil finden

Erfolgreiche Menschen behaupten häufig, das Geheimnis guter Führung zu kennen, doch unterschiedliche Situationen verlangen unterschiedliche Ansätze. Die Kontingenztheoretiker Robert Tannenbaum und Warren Schmidt (siehe S. 143 oben rechts) unterscheiden folgende Führungsstile:

1 **Autoritär.** Sie führen autokratisch, wenn auch nicht notwendigerweise streng. Regeln existieren bereits, und es ist Ihre Aufgabe, deren Einhaltung zu überwachen.

2 **Patriarchalisch.** Ihre Entscheidung ist vorab gefallen, Sie betrachten es als Aufgabe, Ihre Mitarbeiter von dieser Lösung zu überzeugen.

3 **Beratend.** Sie wissen, was Sie erreichen wollen, aber lassen das Team über das Wie mitentscheiden. Ihre Aufgabe sehen Sie darin, zu motivieren, zu delegieren und zu steuern.

4 **Partizipativ.** Sie definieren Aufgaben und Leitlinien, vertrauen jedoch auf die Fähigkeiten und die Motivation Ihres Teams, Lösungsansätze zu entwickeln. Sie überlassen Ihren Mitarbeitern so viel Verantwortung wie möglich.

Andere inspirieren

Erinnern Sie sich an Vorgesetzte, Lehrer oder andere Menschen, die bei Ihnen einen positiven Eindruck hinterlassen haben? Was genau hat

> Beim **Führen** geht es nicht um Titel, Positionen oder Diagramme, sondern darum, dass **ein Leben ein anderes beeinflusst.**
>
> **John C. Maxwell**
> Autor und Redner

ie so beeindruckt? Was können ie von diesen Menschen lernen?

Studien haben gezeigt, dass in en Kulturen unterschiedliche Persönlichkeitsmerkmale bevorzugt verden. Folgende Verhaltensweisen werden jedoch fast immer Vertrauen wecken.

- **Benennen Sie Ihr Ziel klar.** Der ständige schnelle Wandel bewirkt, dass Führungskräfte ihre Strategien oft wechseln müssen. Dies kann irritierend auf Teams wirken. Das oberste Ziel sollte immer erkennbar sein, damit Ihre Integrität nicht angezweifelt wird, wenn Sie Ihre Taktik anpassen müssen.
- **Vermitteln Sie, dass Zuhören und Zustimmen nicht das Gleiche ist.** Führungskräfte, die nicht zuhören, demotivieren oder keine Autorität ausstrahlen, frustrieren ihre Mitarbeiter. Seien Sie offen für Feedback, aber entscheiden Sie, wenn nötig.
- **Stehen Sie zu Ihrer Verantwortung.** Jeder macht Fehler. Wenn Sie nicht in der Lage sind, Fehler einzugestehen und zu bereinigen, führt das zu unnötigen Spannungen.
- **Treten Sie souverän, aber nicht arrogant auf.** Heilmittel bei übersteigertem Selbstbewusstsein ist Offenheit. Jeder kann von anderen etwas lernen.
- **Behalten Sie die Ergebnisse im Blick** und ziehen Sie Konsequenzen aus Ihren Erfahrungen.

er als Führungskraft seine Verantwortung annimmt und alle Beteiligten mitnimmt, der kann seine eamerfolge schnell verbessern.

DAS FÜHRUNGSSTILKONTINUUM

Dieses Modell der Führungsstile wurde 1958 von Robert Tannenbaum und Warren Schmidt in den USA entwickelt. Unterschiedliche Gruppen und Aufgaben, so ihre These, benötigen unterschiedliche Arten der Führung:

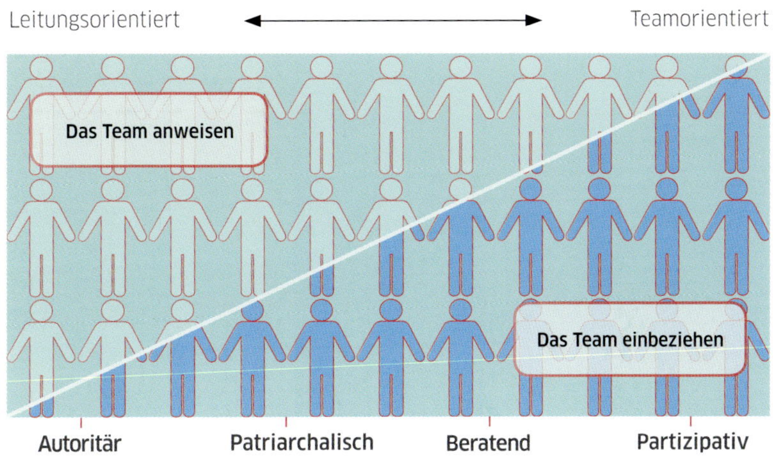

SIND ALLE EINVERSTANDEN?

Laut der Psychologin Anna Lebedeva reagieren Akteure, etwa Teammitglieder, auf Neuerungen so:

1 **Aktive Unterstützer** begrüßen die neue Idee. Eine gute Führungskraft erkennt das und dankt diesen Menschen ausdrücklich.

2 **Unentschiedene** möchten abwarten, wie sich die Dinge entwickeln. Der beste Weg, sie zu überzeugen, besteht darin, sie mit aktiven Unterstützern zusammenzuspannen.

3 **Aktive Blockierer** äußern offen Kritik und leisten Widerstand. Hier sind direktere Methoden der Überzeugung gefragt.

ALLES IM BLICK?

Dem Managementexperten John Adair zufolge hängt die Leistungsstärke eines Teams davon ab, wie der Teamleiter konkurrierende Interessen ausbalanciert. Drei Aspekte sind wichtig.

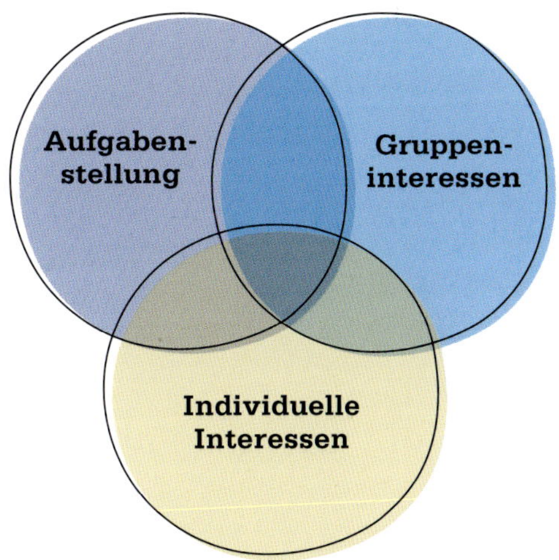

GUTES GEDÄCHTNIS

MENTALE STÄRKEN FÖRDERN

Das Gedächtnis ist Teil der Überlebensausrüstung, die uns die Evolution mitgegeben hat. Aber wie macht man ein Steinzeitgehirn fit für heutige Aufgaben? Basis ist genug Wissen darüber, wie das Gehirn arbeitet.

Warum haben wir die Fähigkeit entwickelt, Erinnerungen zu speichern und abzurufen? Die wahrscheinlichste Erklärung lautet: weniger, damit wir uns an die Vergangenheit erinnern können, sondern vor allem, damit wir wissen, wie wir in der Gegenwart reagieren sollen. Und damit wir einen Blick in die Zukunft werfen können. Die Erkenntnisse hieraus können nützlich sein, wenn wir nach Wegen suchen, wie wir Informationen bestmöglich speichern und mit unseren Erwartungen umgehen.

Den Kontext im Blick

In Studien wurde nachgewiesen, dass unser Gedächtnis adaptiv funktioniert. Das heißt, es ist so gebaut, dass wir uns bestmöglich an unsere Umgebung anpassen können. Eine 2007 durchgeführte Studie (siehe S. 145) ergab, dass wir uns am besten an Vorstellungen oder Begriffe erinnern, die wir mit Überleben assoziieren. Wenn Sie sich also an eine bestimmte Information erinnern wollen, setzen Sie sie in diesen Kontext, zum Beispiel indem Sie sie mit positiven »Überlebenstechniken« wie »Verbündete gewinnen« verknüpfen.

Positives bewusst würdigen

Das Gedächtnis mag beim Überleben helfen, aber es kann uns auch beeinträchtigen. Studien zeigen, dass wir leicht einer Fehleinschätzung erliegen, die Wissenschaftler »duration neglect« (»Missachtung des Dauerhaften«) nennen.

Die Psychologen Daniel Kahneman und Jason Riis beschreiben

DER ÜBERLEBENSINSTINKT

Bei einem internationalen Experiment im Jahr 2007 wurden die Teilnehmer in
rei Gruppen eingeteilt. Sie bekamen eine Liste mit zufällig ausgewählten Wör-
ern (wie »Stein« oder »Stuhl«). Jede Gruppe bekam eine andere Aufgabe.

bwohl die Liste dieselbe war, erinnerten sich die Probanden, die an »Überleben«
edacht hatten, später an die meisten Wörter. Unser adaptives Gedächtnis behält
as am besten, was uns hilft, in unserer aktuellen Umgebung zu überleben.

Prozentsatz der korrekt erinnerten Wörter:

erzu das Beispiel eines Musiklieb-
abers, der entzückt einer Sinfonie
uscht und dann schockiert auf ein
örgeräusch in den letzten Takten
agiert, weil die Aufnahme fehler-
aft ist. Wahrscheinlich wird er sein
esamtes Hörerlebnis als schlecht
ezeichnen, obwohl nur die Erin-
erung ruiniert ist – mehr als eine
unde lang war das Erlebnis ja
hr angenehm.

Wir neigen dazu, erinnerte Erlebnisse nach ihrem dramatischsten Moment oder nach ihrem Ende zu bewerten – ein Phänomen, das als »Höhepunkt/Endpunkt«-Regel bekannt ist. Machen Sie sich bewusst, dass wir unangenehme Momente rückblickend eher überbewerten. Erinnern Sie sich an alle Fakten – dann werden Sie sich sehr wahrscheinlich besser fühlen.

DER GEDÄCHTNISPALAST

Die alten Griechen und Römer waren meisterhafte Redner und benötigten keine Manuskripte. Sie bauten sich einen Gedächtnispalast, in dem sie neue Informationen in einem bekannten Umfeld platzierten. Probieren Sie es aus: Angenommen, Sie möchten in Ihrem nächste Vortrag erläutern, wie sich der Markt für ein Produkt erweitern lässt. Außerdem wollen Sie von einer Werbekampagne berichten, die Sie in Kanada entwickelt haben, und den Wunsch zum Ausdruck bringen, diese in den Social Media zu testen. Stellen Sie sich Folgendes vor:

- Sie stehen vor Ihrem Haus. Vor der Tür befindet sich eine große Pflanze, die im Rekordtempo wächst (das erinnert Sie an das Wort »wachsen«).
- Sie betreten Ihr Haus. Durch den Flur tanzt ein Clown mit einem Ahornblatt auf der Nase (»Kanada-Kampagne«).
- Sie betreten die Küche. Die Arbeitsfläche steht voll mit winzigen Computern, die sich über Ihren Toaster unterhalten (»Social Media«).

Die Redner der Antike erinnerten sich nicht Wort für Wort, sondern Thema für Thema – das ist eine sehr gute Idee, wie die moderne Wissenschaft zeigt, denn unser visuell-räumliches Gedächtnis ist nachweislich stärker als unsere Fähigkeit, Wörter und Zahlen zu behalten.

KRITISCHES DENKEN

WARUM SKEPSIS WICHTIG IST

Wer erfolgreich sein will, neigt dazu, jeden vielversprechenden Rat zu beherzigen. Es kommt jedoch darauf an, auf das eigene Urteilsvermögen zu vertrauen und »Erfolgsgeschichten« kritisch zu hinterfragen.

Kritisches Denken fällt uns nicht immer leicht. Tatsächlich zeigen Studien, dass die meisten Menschen eher schlecht darin sind. Wenn wichtige Entscheidungen anstehen, sind logische Fähigkeiten jedoch unverzichtbar.

Medienkompetenz

Bei einem neuen Projekt besteht der erster Schritt darin, alle relevanten Informationen zusammenzutragen. Wenden Sie dabei die folgenden Fähigkeiten an, die die American Association of College and Research Libraries als wesentliche Elemente der Medienkompetenz definiert hat:

- Definieren Sie die Art und die Menge der benötigten Informationen.
- Sammeln Sie diese Informationen so effizient wie möglich.
- Bewerten Sie sie kritisch, auch unter dem Gesichtspunkt, wie zuverlässig oder einseitig die jeweilige Quelle ist.
- Nutzen Sie sie effektiv, ethisch korrekt und legal, um ein bestimmtes Ziel zu erreichen.
- Machen Sie sich bewusst, dass Medienkompetenz ein Bestandteil lebenslangen Lernens ist.

Kritisches Denken beginnt damit, sicherzustellen, dass alle wichtigen Fakten bekannt sind.

Hören Sie auf die Richtigen

Egal, welches Ziel Sie anstreben: Wahrscheinlich haben Sie Vorbilder, die Sie bewundern. Wenn ja, ist es nur natürlich, auf deren Ratschläge zu hören – was diese Menschen zum Erfolg geführt hat, sollte doch auch bei Ihnen funktionieren, oder?

So einfach ist es nicht, bleiben Sie lieber skeptisch. Kritisches Denken weist darauf hin, warum: Erfolgreiche Menschen sind gewissermaßen ein unvollständiger Datensatz. So wird eine Person, die große Risiken eingegangen ist, um ein Unternehmen zu gründen, und dann zum

> Wir glauben, dass wir **Entscheidungen** treffen, weil wir **gute Gründe** haben … [doch] wir glauben an die Gründe, weil wir uns **bereits entschieden** haben.
>
> **Daniel Kahneman**
> Psychologe und Nobelpreisträger

Milliardär wurde, Ihnen womöglich empfehlen, ebenso kühn zu handeln. Doch es gibt genügend Menschen, die mit derselben Strategie bankrottgegangen sind – sie würden Ihnen zur Vorsicht raten. Wer den Erfolgsgeschichten glaubt, baut also auf eine nicht repräsentative Auswahl.

Denkfehler

»Survivorship-Bias« (etwa: »Verzerrung zugunsten der Überlebenden«) nennen Psychologen einen gängigen Denkfehler: Wir orientieren uns an den Erfolgreichen, denn die, die vom Scheitern erzählen könnten, sind schlicht nicht mehr da. Ein besonders eindrückliches Beispiel liefert die jüngere Geschichte: Im Zweiten Weltkrieg sollte der Statistiker Abraham Wald der US-Luftwaffe helfen, ihre Flugzeuge besser vor Abschüssen zu schützen. Die Kommandanten wollten bei den zurückkehrenden Bombern prüfen, welche Bereiche besonders viele Einschusslöcher hatten, und diese stärker panzern. Wald erkannte jedoch, dass das Problem woanders lag: Die Einschüsse hatten die Flugzeuge nicht zerstört. Besseren Schutz brauchten folglich die Bereiche ohne Einschusslöcher, weil ein Treffer an diesen Stellen offensichtlich zum Absturz führte. Wald konnte mit seinen Berechnungen vielen Piloten das Leben retten.

Bevor Sie also einem Rat folgen, sollten Sie sich vergewissern, dass Sie alle wichtigen Fakten kennen. Machen Sie sich zudem bewusst, dass die »Gewinner« nicht alle Antworten kennen. Stellen Sie Fragen und ziehen Sie Ihre eigenen Schlüsse.

DER KLASSISCHE SYLLOGISMUS

Der griechische Philosoph Aristoteles lehrte eine Form des logischen Schlussfolgerns, die für das westliche Denken zentral wurde: den dreiteiligen Syllogismus aus zwei Prämissen (Ober- und Untersatz) und einer Konklusion. Sie ist bis heute nützlich, um ein Ergebnis zu überprüfen. Betrachten Sie zwei Syllogismen: Beide Schlüsse sind technisch korrekt, doch der rechte übersieht die Möglichkeit, dass es sich bei Sokrates um ein nicht menschliches Wesen handeln könnte. Kurz: Eine Schlussfolgerung mag richtig klingen – dennoch sollten Sie die ihr zugrunde liegende Logik immer kritisch prüfen.

WIE VERARBEITEN WIR INFORMATIONEN?

Die »Dual Process«-Theorie besagt, dass zwei verschiedene Denkprozesse beteiligt sind, wenn wir Informationen bewerten: das intuitive Entscheiden und das Reflektieren. Fragen Sie sich vor einer Entscheidung, welcher Prozess überwiegt und ob es von Vorteil sein könnte, den anderen zum Ausgleich stärker zu gewichten.

Denkprozess	Arbeitsweise	Pro	Kontra
Intuitives Entscheiden	Schnell, automatisch, auf Erfahrungen basierend.	Im Alltag effizient, erspart unnötiges Kopfzerbrechen.	Unreflektiert, anfällig für Verzerrungen und Fehlinformationen.
Reflektieren	Bewusst rational und fokussiert.	Führt in neuen oder komplexen Situationen mit höherer Wahrscheinlichkeit zu korrekten Schlüssen.	Benötigt viel Arbeitsgedächtnis, mehr Zeit und Konzentration.

BLINDE FLECKEN ERKENNEN

MIT VERNÜNFTIGEN ARGUMENTEN VERLUSTE VERMEIDEN

Viele Menschen glauben, dass sie mit Glück gewinnen werden, ob im Casino oder auf dem Aktienmarkt. Wer erfolgreich sein will, sollte die psychologischen Hintergründe dieser Annahme kennen und durchschauen.

Wir verhalten uns nicht immer rational, wenn wir Entscheidungen im eigenen Interesse treffen. Oft machen wir eine ungute Situation sogar noch schlimmer, indem wir einen ungewissen Kurs einschlagen, statt Verluste einfach zu akzeptieren und uns zu bemühen, weiteren Schaden abzuwenden.

Der »Sunk Cost«-Effekt

Wenn wir eine Investition getätigt haben, die sich nicht ausgezahlt hat – vielleicht Geld in ein bankrottes Unternehmen gesteckt, Zeit in eine scheiternde Beziehung investiert oder einen Einsatz am Roulettetisch verloren –, fällt es uns schwer, diesen Verlust auf sich beruhen zu lassen. Wir unterliegen dem Trugschluss der »versunkenen Kosten«: Instinktiv neigen wir dazu, noch mehr Geld oder Zeit zu investieren, in der Hoffnung, dass unsere Investition sich am Ende

PROSPECT-THEORIE

Ist der Nutzen einer Handlung oder eines Produkts ungewiss, neigen wir laut der Prospect-Theorie (auch »Neue Erwartungstheorie«) dazu, uns an unseren Erwartungen zu orientieren. Das heißt, wir beurteilen den Wert von etwas danach, wie er später sein könnte, nicht danach, wie er im Moment tatsächlich ist. Erscheint uns der »Könnte«-Wert verführerisch hoch, erhöht sich die Wahrscheinlichkeit, dass wir irrationale Entscheidungen treffen, sodass am Ende der Nutzen in keinem Verhältnis zur Investition steht.

doch noch auszahlt. Aufgeben würde bedeuten anzuerkennen, dass wir etwas unwiederbringlich vergeudet haben. Dieser Gedanke ist so schmerzhaft, dass wir ihn möglichst vermeiden.

Statt zu akzeptieren, dass wir 1000 Euro verloren haben, investieren wir weitere 1000 Euro und verlieren auch die. Indem wir den Schmerz vermeiden, der mit dem eingestandenen Verlust verbunden ist, machen wir es nur schlimmer.

Gefährliche Beinahe-Treffer
Ein im Jahr 2016 für das *Journal of Gambling Studies* durchgeführtes Experiment ergab, dass Spieler, die knapp an einem Gewinn vorbeigeschrammt waren, eine höhere Herzfrequenz und ein größeres Verlangen hatten, erneut zu spielen, als Spieler, die einen Gewinn weit verfehlten. Machen Sie sich klar, dass auch ein Beinahe-Treffer ein Verlust ist.

QUANTITÄT VERSUS WAHRSCHEINLICHKEIT

Die Teilnehmer eines 1994 von Veronika Denes-Raj und Seymour Epstein durchgeführten Experiments konnten einen Dollar gewinnen, wenn sie es schafften, eine rote Geleebohne aus einer Schüssel mit weißen und roten Bohnen zu fischen. Sie durften zwischen zwei abgedeckten Schüsseln wählen: einer großen mit einigen roten und sehr vielen weißen Bohnen und einer kleinen, in der es noch weniger rote, aber auch sehr viel weniger weiße Bohnen gab. Die meisten Teilnehmer wählten, obwohl sie die Gewinnchancen kannten, die große Schüssel mit den schlechteren Aussichten.

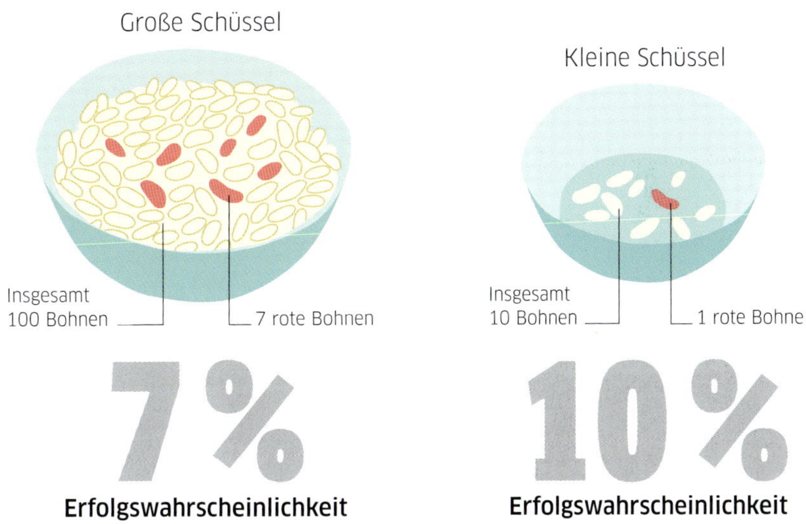

DER SPIELER-TRUGSCHLUSS

Der sogenannte Spieler-Trugschluss (»gambler's fallacy«) besagt, dass ein zufälliges Ereignis wahrscheinlicher scheint, wenn es längere Zeit nicht eingetreten ist. Nehmen wir an, Sie werfen sechsmal eine Münze und jedes Mal liegt »Kopf« oben. Für wie wahrscheinlich halten Sie es, dass beim siebten Wurf die »Zahl« kommt? Wenn Sie von einer Wahrscheinlichkeit ausgehen, die höher ist als 50 zu 50, dann sind Sie dem Spieler-Trugschluss erlegen.

DER TRUGSCHLUSS DER KOMPOSITION

Manchmal lassen wir uns zu der Annahme verleiten, das Ganze sei so gut wie jedes seiner Teile. Angenommen, Sie leiten ein Start-up-Unternehmen und wissen, dass alle, die Sie an Bord geholt haben, produktiv und effizient arbeiten. Der Schluss, dass damit auch das Unternehmen als Ganzes produktiv und effizient sein wird, erscheint logisch. Aber: Er muss nicht zutreffen, denn der Trugschluss der Komposition (auch »Verallgemeinerungstrugschluss« genannt) berücksichtigt nicht, wie die »Teile« interagieren. Wenn zum Beispiel Ihr effizienter Administrator und Ihre äußerst fähige IT-Verantwortliche beide davon ausgehen, dass der jeweils andere für die Zusammenstellung der Testergebnisse Ihrer Prototypen verantwortlich ist, haben Sie ein Problem. Auch eine Abteilung, die aus lauter guten Mitarbeitern besteht, kann ein Projekt zum Scheitern bringen.

KAPITEL 5

IM VISIER

ZIELE FORMULIEREN UND UMSETZEN

DIE REGIE ÜBERNEHMEN

SO BLEIBEN SIE MOTIVIERT

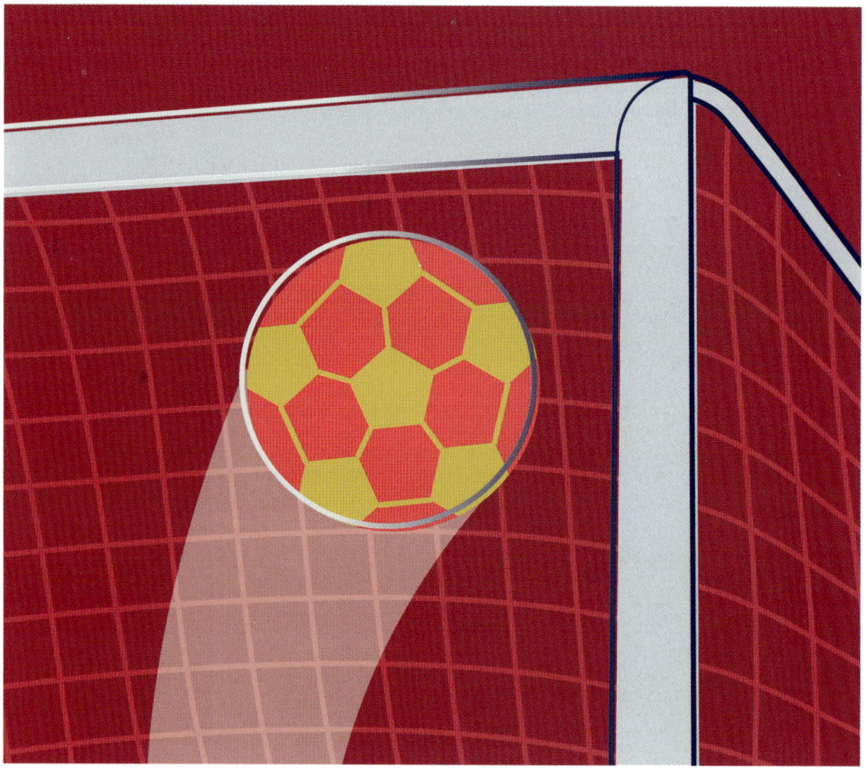

Sehen Sie sich als dynamische Person mit Eigeninitiative, oder finden Sie es schwierig, ohne Anstoß von außen in Gang zu kommen? Ihr Selbstbild kann einen überraschend großen Einfluss auf Ihren Erfolg haben.

Glauben Sie, dass es in Ihrer Macht steht, Ihre Welt zu verändern? Wie viel Anteil an Ihrem Leben haben Ihrer Meinung nach Zufälle? Ihre Einschätzungen hierzu können Einfluss darauf haben, ob Sie Ihre Ziele erreichen oder nicht.

Kontrollüberzeugung

Der US-amerikanische Psychologe Julian Rotter entwickelte 1954 seine Theorie der »Kontrollüberzeugung«. Dieser Begriff beschreibt, inwieweit jemand glaubt, dass ein – positives oder negatives – Ereignis mit dem eigenen Verhalten oder den eigenen Persönlichkeitsmerkmalen zu tun hat. Einfach ausgedrückt: Es geht darum, ob jemand die Gründe dafür, dass eine Situation ist, wie sie ist, eher in sich selbst oder eher in äußeren Faktoren vermutet.

Studien belegen, dass Menschen mit einer hohen *internalen* Kontrollüberzeugung erfolgreicher sind, mehr Freude an ihrer Arbeit haben, Belohnungen besser aufschieben können und Herausforderungen eher annehmen. Die Überzeugung, etwas bewirken zu können, führt zu mehr Selbstwertgefühl und

AKTION ERZEUGT MOTIVATION

Beginnen Sie etwas Neues? Dann hat David D. Burns, Experte für kognitive Verhaltenstherapie, folgenden Tipp für Sie: Erst kommt das Tun, dann die Motivation! Manchmal ist der beste Weg, mit etwas anzufangen, einfach zu beginnen – Ihre Motivation wird Sie einholen.

INTERNAL ODER EXTERNAL?

Welchen Aussagen stimmen Sie zu? Je mehr der rot hinterlegten Sätze das sind, desto höher ist Ihre internale Kontrollüberzeugung.

- Man erntet, was man gesät hat.
- Egal, was man macht – manche Leute mögen einen einfach nicht.
- Ich vertraue gewöhnlich auf meine Pläne.
- Wenn man sich auf ein Bewerbungsgespräch vorbereitet, hat man bessere Chancen.
- Ich habe oft das Gefühl, nicht viel Kontrolle über mein Leben zu haben.
- Das Leben ist ein Glücksspiel.
- Wenn man sich bemüht, kann man eigentlich mit jedem auskommen.
- Man weiß nie, wie sich die Dinge entwickeln.
- Es hat wenig Sinn, sich vorzubereiten, weil so viel von der Laune des Gegenübers abhängt.
- Ich glaube nicht, dass Zufälle in meinem Leben eine große Rolle spielen.

Motivation. (Sie verstärkt aber auch die Tendenz zu Vorurteilen und die Neigung, Fehlschläge persönlich zu nehmen.) Fällt es Ihnen hingegen schwer, ohne Anweisung anderer aktiv zu werden, haben Sie eher eine relativ hohe *externale* Kontrollüberzeugung und sollten Bereiche finden, in denen Sie mehr Kontrolle ausüben können.

Hilft das?

Eine Studie von S. M. Miller von 1980 ergab: Selbst eine falsche Kontrollüberzeugung stärkt das Wohlbefinden. Generell davon auszugehen, dass eine Situation beeinflussbar ist, motiviert uns eventuell am besten, ins Handeln zu kommen. Wenn Sie Ihre Motivation länger aufrechterhalten wollen, konzentrieren Sie sich auf das, was Sie kontrollieren können, und nehmen bei Bedarf Hilfe von anderen an. So stellen Sie vielleicht fest, dass Sie mehr selbst in der Hand haben, als Sie dachten.

WENN DAS INTERESSE FEHLT

Der Selbstbestimmungstheorie zufolge haben Arbeitnehmer weniger Stress, wenn sie ihre Arbeit intrinsisch motivierend finden (siehe S. 72–73). Wenn diese Motivation bei einer Aufgabe fehlt, helfen die folgenden Faktoren.

- **Äußere Anreize.** Sie erledigen die Aufgabe, um Geld zu verdienen oder die Erwartungen anderer zu erfüllen.
- **Selbstwertmotive.** Stolz, wenn Sie Ihre Arbeit gut machen, hingegen Schuldgefühle und Angst, wenn Sie sie schlecht machen.
- **Internalisierung.** Sie identifizieren sich mit Ihrem Arbeitgeber, zum Beispiel so: Ich glaube an das, was meine Firma tut, deshalb zählen auch Details.

ENTSCHEIDUNGSPROBLEME?

Eine Studie von 2015 befasste sich damit, welche Eigenschaften der Teilnehmer – US-Amerikaner, Israelis und Chinesen vor Karriereentscheidungen – Entschlüsse erleichterten bzw. erschwerten. Kulturübergreifend waren es folgende Merkmale:

- internale Kontrollüberzeugung,
- kaum Hang zum Prokrastinieren,
- schnelleres Entscheidungstempo,
- wenig abhängig von anderen Personen.

Die meisten Probanden profitierten zudem davon, dass sie möglichst umfassende Informationen sammelten (außer die US-Teilnehmer) und ihrer Wirkung auf andere wenig Beachtung zu schenken (außer die chinesischen Teilnehmer).

DENKEN WIE EIN GEWINNER

ZEHN MOTIVIERENDE GLAUBENSSÄTZE

Was geht in den Köpfen sehr erfolgreicher Menschen vor? Wer seine Ziele unbeirrt verfolgen und Schwierigkeiten gut meistern will, sollte sich einige der hier aufgelisteten Einstellungen zu eigen machen.

Erfolg hat viele Gesichter, und jeder hat seine eigene Vorstellungen davon, was es heißt, etwas zu leisten und zu erreichen. Studien belegen jedoch, dass die weltweit erfolgreichsten Menschen eine recht ähnliche Lebenseinstellung haben.

1 **Leistung ist wichtiger als Macht.** Man kann auch ins Management aufsteigen, wenn man vor allem an Macht interessiert ist. Doch die Menschen, die sich ihre Position in der Welt selbst erarbeitet haben, sind oft solche, die sich am wohlsten fühlen, wenn sie etwas wirklich Wichtiges leisten. Eine Portion Autorität kann nötig sein, um Ziele zu erreichen und Dinge in Bewegung zu bringen, aber sie ist ein Mittel und kein Selbstzweck.

2 **Es liegt in meiner Verantwortung.** Erfolgreiche Menschen haben meist eine hohe internale Kontrollüberzeugung (siehe S. 152–153) und glauben, dass ihre eigenen Anstrengungen den Ausschlag geben. Sie konzentrieren sich darauf, zu tun, was getan werden muss, statt darauf zu warten, dass andere sie dazu auffordern. Verantwortung zu übernehmen bedeutet auch zu wissen, wann man um Hilfe bitten sollte.

3 **Ich sehe Chancen, keine Bedrohungen.** Leistungsträger sehen neue Herausforderungen eher als Chance, als dass sie sich Sorgen machen, was passieren könnte, wenn etwas schiefgeht. Schwierigkeiten sehen sie lediglich als Beweis dafür an, dass das Projekt die Mühe lohnt.

4 **Ich habe Spaß.** Beharrlichkeit kann etwas sehr Befriedigendes sein – Tatmenschen können süchtig nach diesem Gefühl werden. Wenn Sie den Aufwand, den Sie für etwas einsetzen, spielerisch sehen können, haben Sie wahrscheinlich weniger Stress und mehr Spaß bei dem, was Sie tun.

5 **Talent ist nichts, worüber ich mir den Kopf zerbrechen sollte.** Angeborene Begabungen können die Grundlage für Erfolge sein. Aber ohne Übung werden

> Laufen lernt man nicht, indem man Regeln befolgt, sondern **indem man losläuft** und **hinfällt.**
>
> **Sir Richard Branson**
> Unternehmensgründer, Virgin Group

43 %

PRODUKTIVER

)ie weltweit tätige Consulting-Firma Iay Group ermittelte, dass Firmen mit **notivierten Beschäftigten** um 3 Prozent **produktiver** waren als die nit unmotivierten Mitarbeitern.

ENGAGIERTE MITARBEITER

In einer Gallup-Umfrage von 2014 gaben zwar weniger als ein Drittel der amerikanischen Beschäftigten an, engagiert und motiviert bei der Arbeit zu sein, doch der Grad der emotionalen Bindung an das jeweilige Unternehmen war der höchste seit 2000 – damals hatte dieser Wert nur bei 26 Prozent gelegen.

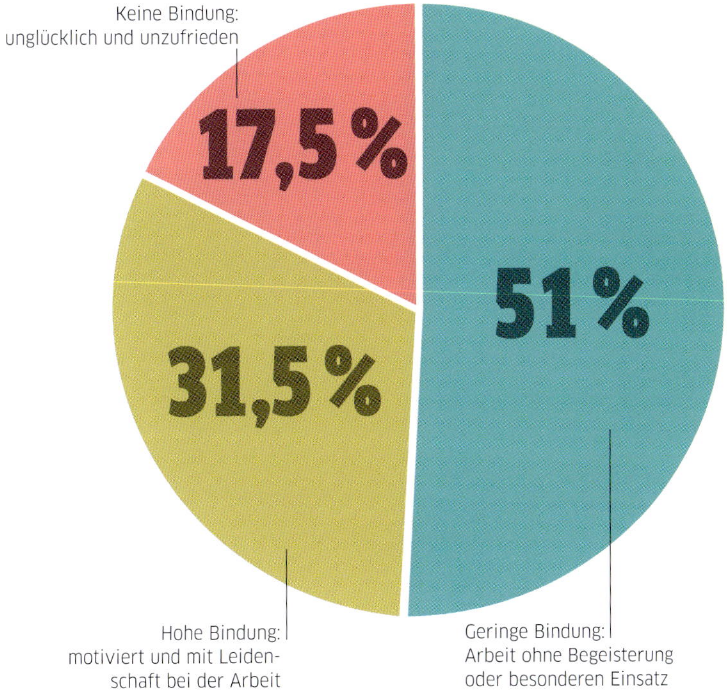

ie sich nicht entfalten, sondern erkümmern wie ein Muskel, der icht benutzt wird. Auch wenn wir nsere Anlagen nicht beeinflussen önnen: Wir sind sehr wohl in der age zu entscheiden, was wir darus machen. Auch die talentiertesen Menschen müssen ihre Fähigeiten stetig weiterentwickeln. eshalb ist es produktiver, sich auf as zu konzentrieren, was man tun nd lernen will, als sich darüber edanken zu machen, wie begabt nan für etwas ist.

6 **Harte Arbeit ist beeindruckend.** Menschen, die Herausagendes leisten, bewundern harte rbeit und finden sehr engagierte Ienschen interessant. Sie sind ıfrieden mit sich, weil sie ihre Verte leben, und bereit, auch über ngere Zeit alles zu geben.

7 **Fehlschläge haben keine große Bedeutung.** Wenn was nicht gleich funktioniert, erbuchen erfolgreiche Menschen es als Teil des Lernprozesses und machen weiter. Es braucht schon einige Misserfolge, bevor sie etwas für unmöglich zu halten beginnen.

8 **Keine Brücken abbrechen.** Vielleicht mögen Sie jemanden nicht, müssen aber weiter mit ihm oder ihr zusammenarbeiten. Selbst wenn nicht: Feinde zu haben schadet dem Ruf. Es ist viel einfacher und reduziert Stress, wenn man einigermaßen höflich bleibt und als jemand gilt, mit dem sich gut zusammenarbeiten lässt. Sie wissen nie, wem Ihr Verhalten zu Ohren kommt – bleiben Sie also lieber professionell.

9 **Ausgefahrene Gleise verlassen.** Mehr Praxis führt nicht zu Verbesserungen, wenn wir immer dieselben Dinge üben. Zielführender ist es, immer auf einem Niveau zu üben, das leicht oberhalb unserer Komfortzone liegt.

10 **Was ist mein nächster Schritt?** Wir entwickeln uns kontinuierlich weiter, deshalb werden sich wahrscheinlich auch Ihre Ziele im Lauf Ihrer Karriere verändern. Leistungsträger holen sich regelmäßig Feedback und planen ihre nächsten Schritte auf der Basis neuer Informationen.

AUFSCHIEBERITIS BESIEGEN

DER KLUGE UMGANG MIT ZEIT UND RESSOURCEN

Wenn Sie schon mal gedacht haben: »Ich muss noch dieses oder jenes tun, aber zuerst erledige ich schnell noch …«, dann wissen Sie, was Prokrastinieren ist. Sie erfahren nun, was Sie dagegen tun können.

Die meisten Menschen wissen, dass es keine gute Idee ist, Dinge aufzuschieben. Tatsächlich bestätigen Studien, dass Prokrastinieren zu schlechteren akademischen Leistungen, verminderter Selbstfürsorge, schlechterer Gesundheit, Brüchen in der Erwerbsbiografie, einem höheren Stress- und Angstlevel, Depression und verstärkter Einsamkeit führen kann. Man könnte meinen, diese Auswirkungen wären Motivation genug, »Aufschieberitis« zu vermeiden. Allerdings steigt die Neigung zum Prokrastinieren noch, wenn wir mit uns nicht im Reinen sind. Eine bessere Strategie besteht darin, die Ursachen anzugehen.

Warum prokrastinieren wir?

In der Psychologie zählt Prokrastination zu den Selbstregulationsstörungen, das heißt, wir fühlen uns nicht in der Lage, unser eigenes Verhalten zu kontrollieren. Die Ursachen dieses Verhaltens sind komplex und noch nicht vollständig erforscht. Sicher ist, dass folgende Faktoren dazu beitragen:

- Die Neigung zum Aufschieben ist teilweise angeboren. So legt etwa eine Zwillingsstudie von

> Zeit ist das, was wir uns am meisten **wünschen,** aber am schlechtesten **nutzen.**
>
> **William Penn**
> Quäker, Gründer der Kolonie Pennsylvania

KÄMPFEN SIE MIT SELBSTZWEIFELN?

Wer eine Aufgabe aufschiebt, weil er sich ihr nicht gewachsen fühlt, kann eine Technik ausprobieren, die in einer 2010 im *Journal of Experimental Social Psychology* veröffentlichten Studie entdeckt wurde. Die Wissenschaftler stellten fest, dass unsichere Menschen sich sicherer fühlten, wenn sie den Kopf schüttelten, während sie ihre Zweifel zum Ausdruck brachten. Offenbar beeinflussen Gesten, die für »Zweifel am Zweifel« stehen, die eigene Stimmung positiv.

DER KREISLAUF DER PROKRASTINATION

Wer zu sich selbst sagt, dass er etwas später erledigen wird, tut dies meist in der Hoffnung, dann motivierter zu sein. Doch der Stress, den unerledigte Aufgaben verursachen, führt oft in einen Teufelskreis.

2003 nahe, dass dieses Verhalten zu rund 22 Prozent genetisch bedingt ist.

Je weniger uns eine Aufgabe gefällt, desto wahrscheinlicher ist es, dass wir ihre Erledigung verschieben. Dies nennt man »Aufgabenaversion«.

Menschen, die in dem Persönlichkeitstest »Big Five« (siehe S. 18–19) hohe Neurotizismus- und/oder geringe Gewissenhaftigkeitswerte haben, neigen eher zum Prokrastinieren.

Perfektionismus, Versagensangst und die Angst vor Bewertungen haben ebenfalls mit der Neigung zum Aufschieben zu tun. Vermutlich prokrastinieren manche Menschen, weil der Stress, der mit einer unerledigten Aufgabe einhergeht, sie weniger schreckt als der Stress, der entsteht, wenn sie für unfähig gehalten werden.

Impulsivität fördert das Prokrastinieren. Wenn es uns schwerfällt, auftauchende Wünsche im Zaum zu halten, wird das Verlangen, uns mit etwas Vergnüglicherem zu beschäftigen, überwältigend.

- Menschen, die glauben, dass ihr Handeln nicht viel bewirkt, versuchen häufig, ihre Gefühle abhängig von der Situation zu regulieren, statt zu versuchen, etwas zu verändern.
- Prokrastinieren kann zu Depressionen führen, ebenso kann eine Depressionsneigung das Prokrastinieren verstärken.

Was hilft?

Der erste Schritt besteht in der Erkenntnis, dass ein Denkfehler im Spiel ist. Laut dem amerikanischen Psychologen Joseph Ferrari unterliegen wir zwei Fehlannahmen:

1 **Wir vertagen eine Tätigkeit,** weil wir meinen, »nicht in der richtigen Stimmung« zu sein.

2 **Wir gehen davon aus, dass die richtige Stimmung** sich in naher Zukunft (irgendwie) spontan einstellt.

In Wirklichkeit wird sich unsere Stimmung mit ziemlicher Sicherheit weiter verschlechtern, je länger wir die Aufgabe aufschieben (Kreislauf der Prokrastination, siehe oben), weil Schuldgefühle unsere Produktivität mindern. Wirksamere Strategien sind diese:

»

» ■ **Bitten Sie um eine Deadline.** In einer Studie des israelisch-amerikanischen Psychologen Dan Ariely sollten Studenten drei Textpassagen Korrektur lesen. Diejenigen, denen eine Frist vorgegeben war, schnitten durchweg besser ab als Probanden, die sich ihre Zeit selbst einteilen durften – vor allem, wenn sie alle drei Texte zum selben Zeitpunkt abgeben mussten.

■ **Überlisten Sie sich.** In einem Experiment von Joseph Ferrari (siehe S. 157) erhielten Studenten die Auskunft, dass man in einer Stunde ihre mathematischen Fähigkeiten testen würde. Vor Testbeginn konnten die Teilnehmer mathematische Aufgaben lösen. Die Gruppe, der man gesagt hatte, die Aufgaben gehörten zu einem Computerspiel, übten eher als die Gruppe, die glaubte, es handle sich um eine Vorbereitung auf den Test. Diesen Effekt können Sie sich zunutze machen: Kombinieren Sie eine anstehende Aufgabe mit einer Beschäftigung, der Sie lieber nachgehen würden. Wenn Sie zum Beispiel lieber Zeit mit anderen verbringen als zu lernen, gründen Sie eine Lerngruppe.

■ **Verringern Sie Ablenkungen.** Wenn Sie Ihre Steuererklärung nicht in Angriff nehmen können, weil das Surfen im Internet lockt, könnten Sie ein Zeitlimit auf Ihrem PC einstellen. Und wenn Sie auf Haushaltstätigkeiten ausweichen, statt für Ihre Prüfung zu lernen, suchen Sie sich am besten andere Lernorte, beispielsweise die Bibliothek.

KONKRETES DENKEN

Eine 2008 in *Psychological Science* publizierte Studie kam zu dem Ergebnis, dass Menschen effizienter sind, wenn sie praktisch denken. Die Teilnehmer wurden in zwei Gruppen eingeteilt.

1

Abstraktes Denken
Die erste Gruppe bekam ein Bild des impressionistischen Malers Georges Seurat vorgelegt. Ihr wurde gesagt, dies sei ein gutes Beispiel dafür, wie Farben Gefühl und Harmonie erzeugten.

2

Konkretes Denken
Der zweiten Gruppe zeigte man einen vergrößerten Ausschnitt des Gemäldes mit dem Hinweis, es zeige, wie Seurat mit vielen kleinen Farbtupfern ein Bild aus kontrastierenden Farben aufgebaut habe.

Dann wurden die Teilnehmer gebeten, einen Fragebogen auszufüllen und innerhalb von drei Wochen abzugeben. Die erste Gruppe brauchte durchschnittlich 20,5 Tage – fast bis zur Deadline –, die zweite war nach 12,5 Tagen fertig. Die simple Anregung, konkret zu denken, verkürzte die Bearbeitungszeit.

■ **Finden Sie die Herausforderung.** Laut einer US-Studie von 1995 sind Schwierigkeiten nicht so hinderlich, wie man meinen könnte. Im Gegenteil: Zu leichte Aufgaben langweilen sogar. Wir empfinden es als befriedigender, etwas zu tun, das sich nach »Leistung« anfühlt. Das bedeutet: Wenn eine Aufgabe einfach, aber nun mal zu erledigen ist, sollten Sie versuchen, eine Herausforderung daraus zu machen.

■ **Suchen Sie sich Vorbilder.** Der amerikanische Psychologe Albert Bandura stellte 1997 in einer Studie fest, dass es zwei besonders effektive Wege gibt, das Erledigen von Aufgaben zu fördern: das Modell- oder Nachahmungslernen (man sieht anderen dabei zu, wie sie ähnliche Aufgaben ausführen) und Erfolgserfahrungen (man macht sich bewusst, welche Herausforderungen man schon erfolgreic bewältigt hat). Schreiben Sie auf, welche Aufgaben Sie scho erfolgreich abgeschlossen habe

■ **Machen Sie sich klar, dass Si immer dazulernen.** Psychologen sprechen von »erlerntem Fleiß«, was bedeutet, dass Sie sich gute Gewohnheiten antrainieren können, indem Sie sich belohnen. Hierzu eignen sich la

WÄCHST SICH DAS PROBLEM AUS?

Wer neigt am stärksten zum Aufschieben? Laut einer deutschen Studie von 2015 haben 14- bis 29-Jährige die höchsten Werte, die Zahlen sinken mit zunehmendem Alter nur leicht. Junge Prokrastinierer tun also gut daran, zügig an ihrer Schwäche zu arbeiten, da sich eine effektive Zeiteinteilung nicht automatisch entwickelt.

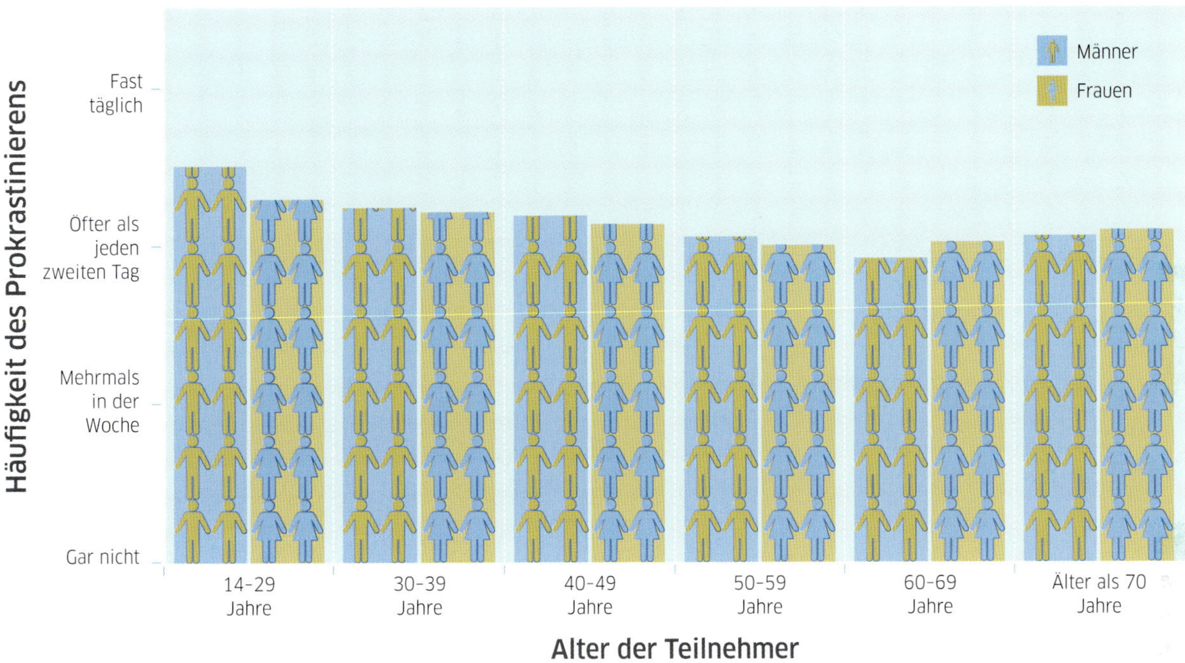

einer 2000 im *Journal of Applied Behavior Analysis* veröffentlichten Studie Kleinigkeiten, und zwar materielle wie immaterielle. Wichtig ist nur, dass sie zwei Kriterien erfüllt: Erstens muss die Belohnung jedes Mal und zweitens direkt nach Erledigung einer Aufgabe erfolgen, damit Ihr Gehirn den Zusammenhang zwischen Zielerreichung und Konsequenz erkennt und speichert.

Wir alle drücken uns gelegentlich vor unangenehmen Aufgaben. Auf keinen Fall sollten Sie sich dafür schämen, denn das erzeugt nur noch mehr Stress. Zudem sinkt die Wahrscheinlichkeit, dass Sie es angehen, weiter. Betrachten Sie lieber jede Aufgabe als Herausforderung, deren Bewältigung Ihnen ein richtig gutes Gefühl vermitteln wird. Selbst kleine Änderungen zeigen hier große Effekte.

15–20 %

IMMER ZU SPÄT

In einer US-Studie von 1996 bezeichnen sich 15–20 Prozent der Erwachsenen als **chronische Aufschieber.**

1/3

VERLORENE ZEIT

In einer Studie von 2007 schätzten amerikanische Studenten, dass sie **ein Drittel des Tages** mit Prokrastinieren verbrachten.

PERFEKTION IST KEIN MUSS

ZUFRIEDEN MIT GUT GENUG

Wer auf Erfolgskurs ist, steckt sich eher anspruchsvolle Ziele – eigentlich eine gute Sache. Doch wer Angst hat, einmal nicht perfekt zu sein, für den erweisen sich hohe Maßstäbe eher als Hindernis denn als Hilfe.

Muss alles stets bis aufs i-Tüpfelchen stimmen, bevor es für Sie akzeptabel ist? Fällt es Ihnen schwer, sich kleine Fehler und Missgeschicke zu verzeihen? Obwohl wir vielleicht glauben, dass Erfolg bedeutet, so gut zu sein wie irgend möglich, kann übertriebener Perfektionismus unsere Leistung mindern.

Ursachen des Perfektionismus

Warum sind manche Menschen so ängstlich bemüht, alles richtig zu machen? Studien aus den frühen 2000er-Jahren belegen, dass ein wichtiger Faktor unsere Erziehung ist. Menschen, die von autoritativen Eltern erzogen wurden – die also Grenzen setzen, aber auch auf die Gefühle ihrer Kinder eingehen –, sind meist zufrieden, wenn etwas »gut genug« ist. Wer hingegen mit autoritären Eltern aufgewachsen ist, die auf Regeln pochten und Gehorsam belohnten, hatte eine angstbetontere Kindheit. Das führt im Erwachsenenalter oft zur Angst, Fehler zu machen. Es gibt zwei Arten von Perfektionismus: den »adaptiven« situationsbezogenen und den »maladaptiven«, der uns schadet. Kinder autoritärer Eltern neigen zu beiden Formen.

Natürlich liegen die Ursachen nicht allein in der Kindheit: Manche Menschen sorgen sich von Natur aus eher als andere, und auch die Erfahrungen, die wir im Lauf des Lebens machen, spielen eine Rolle.

> Das **Bessere** ist der Feind des **Guten.**
>
> **Voltaire**
> Schriftsteller, Historiker und Philosoph

Sich selbst schwächen

Wenn wir mit einem Problem konfrontiert werden, suchen wir eine Lösung. Leider erschwert Perfektionismus unsere Bemühungen. Zahlreiche Studien zeigen, dass Perfektionisten weniger proaktiv sind, wenn sie unter Stress geraten. Menschen, die hohe, aber realistische Maßstäbe haben, sind fähig zu »aktivem Coping«, sie versuchen also, das Problem zu bewältigen oder seine Auswirkungen zu verringern. Wer hingegen Angst hat, einen Fehler zu machen flüchtet sich eher in »vermeidendes Coping«. Das heißt, er versucht, das Problem zu ignorieren oder die damit verbundenen Auswirkungen zu leugnen.

Was hilft?

Wenn Sie sich unter Druck fühlen, immer perfekt sein zu müssen, sollten Sie zunächst versuchen, die

PERFEKTIONISMUSFALLEN VERMEIDEN

Maladaptiver Perfektionismus, also die Unfähigkeit, selbst kleinste Schönheitsfehler zu tolerieren, kann zu vielen Problemen führen. Eine nachsichtigere Haltung hat Vorteile:

rsachen zu finden (siehe rechts). eherzigen Sie außerdem folgende pps:

- Vorsicht vor Schwarz-Weiß-Denken: Zwischen »perfekt« und »furchtbar« gibt es sehr viele Nuancen.
- Entscheidungen sind selten unwiderruflich. Eine Arbeitsstelle, die Ihnen nicht zusagt, können Sie wechseln, einen Plan ändern, wenn er nicht funktioniert.
- Wählen Sie den richtigen Vergleichspunkt. Wenn Sie eine »adäquate« mit Ihrer Vorstellung von einer »perfekten« Lösung vergleichen, blockiert das Ihre Handlungsfähigkeit. Vergleichen Sie die adäquate Lösung lieber mit überhaupt keiner Lösung.

WOHER KOMMT DER DRUCK?

Laut einer kanadischen Studie von 2014 entsteht Perfektionismus aus einer Kombination zweier Grundfaktoren: Stress, der aus sozialem Druck resultiert, und Stress, der mit dem Druck zu tun hat, den wir uns selbst machen. Wenn Sie zum Perfektionismus neigen, fragen Sie sich, woher bei Ihnen der Druck kommt. In welchen Bereichen Ihres Lebens könnten Sie für mehr Leichtigkeit sorgen?

	Geringer sozialer Druck	Hoher sozialer Druck
Geringer selbst auferlegter Perfektionismus	»Andere erwarten nicht von mir, dass ich perfekt bin, und ich selbst strebe auch nicht danach.«	»Andere verlangen von mir, dass ich perfekt bin. Ich selbst habe mir dieses Ziel nicht gesetzt.«
Starker selbst auferlegter Perfektionismus	»Ich selbst habe den Anspruch, perfekt zu sein.«	»Andere verlangen von mir, dass ich perfekt bin, und ich selbst erwarte das auch von mir.«

DEN WEG VOR SICH SEHEN

VISUALISIERUNGSTECHNIKEN

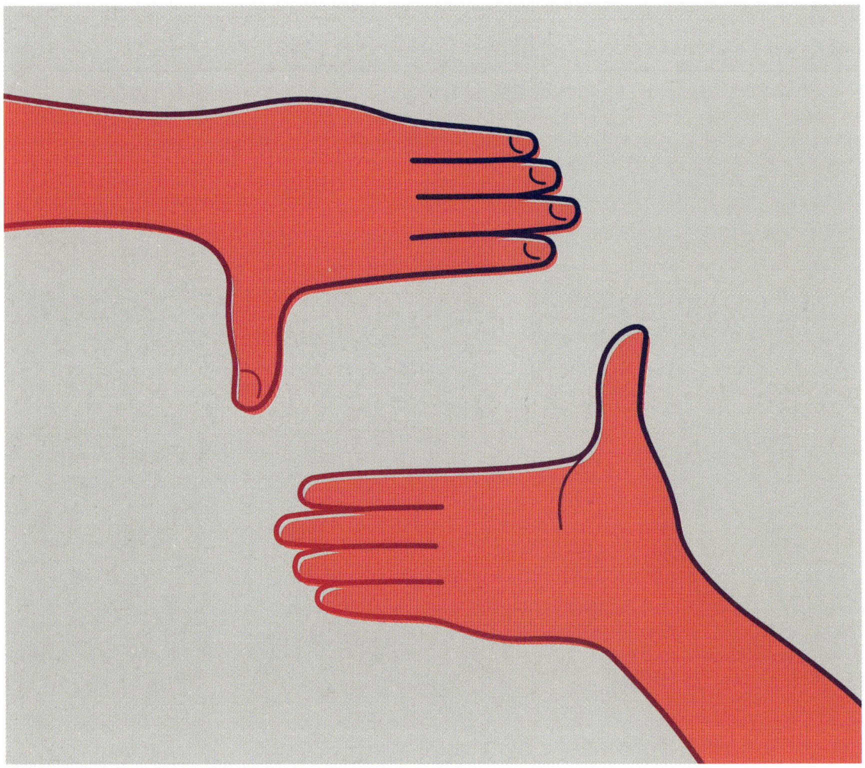

Vielleicht haben Sie schon davon gehört, dass das Visualisieren dessen, was man sich wünscht, die Wahrscheinlichkeit erhöht, es auch zu bekommen. Was sagt die Wissenschaft dazu?

Die Vorstellung, dass wir uns zum Erfolg »denken« können, ist sehr reizvoll. Studien belegen, dass Visualisierer tatsächlich hilfreich sein kann, vorausgesetzt, man geht dabei sorgfältig vor. Sich Erfolge auszumalen ist kein Zaubermittel, es hilft bestenfalls, sich zu motivieren. Manche Formen des Visualisierens können unsere Motivation jedoch dämpfen

Ein guter Rat

Zwischen handlungsorientiertem Visualisieren und Fantasieren zu unterscheiden ist wichtig. Studien zeigen, dass Menschen, die sich oft in Fantasien über ihren Traumjob ergehen, tendenziell weniger Bewe bungen schreiben, weniger Stellenangebote bekommen und weniger verdienen. Solche Tagträumereien können unsere Motivation versiege lassen. Laut einer 2011 von den zw Psychologinnen Heather Kappes und Gabriele Oettingen in den USA durchgeführten Studie verhielten sich Teilnehmer, die ermuntert wur den, über eine erwünschte Zukunft zu fantasieren, weit weniger aktiv als diejenigen, die sich gedanklich mit den Aufgaben und Schwierigkeiten auf dem Weg dorthin beschäftigen sollten.

Wenn wir uns vorstellen, etwas Erwünschtes erreicht zu haben, täuschen wir unser Gehirn. Es reagiert so, als wären wir tatsächlich schon am Ziel. Das mag angenehm sein, motiviert aber nicht.

Die richtige Vision

Wenn wir uns auf dem Weg in ein schönere Zukunft von inneren Bildern unterstützen lassen wollen, müssen wir uns auf den Prozess konzentrieren statt auf das Ergebnis. Mentale Vorstellungen bilden, wie die britischen Psychologen Martin Conway, Kevin Meares und Sally Standart es formulieren, eine »Sprache der Ziele«, und es gilt, sich selbst die richtige Botschaft zu senden. Das heißt, dass wir unsere Fantasien als eine Art Simulator für unser Handeln nutzen und uns nicht auf unser Ziel an sich konzentrieren sollten, sondern darauf, wie wir dorthin gelangen.

Eine 2010 in Neuseeland durchgeführte und im *Journal of Behavioural Medicine* publizierte Studie definierte zwei Arten des Visualisierens: Die Ergebnissimulation steigerte das Bedürfnis, ein Ziel zu erreichen, führte jedoch nicht zum Handeln. Die Prozesssimulation hingegen sorgte eher für »zielgerichtete Verhaltensweisen«. Indem wir uns den Weg zum Ziel vorstellen, nehmen wir im Geiste potenzielle Schwierigkeiten vorweg, was bedeutet, dass wir uns im Ernstfall weniger leicht entmutigen lassen.

PLANUNGSFEHLER

Wenn wir ein Projekt planen, unterschätzen wir oft die Ressourcen – zum Beispiel Zeit oder Geld –, die wir dafür brauchen. Wer sich nicht das Ergebnis, sondern die Arbeit vorstellt, die ihn auf dem Weg zum Ziel erwartet (Prozesssimulation), bleibt realistischer. In einer 1998 an der University of California durchgeführten Studie erreichten Studenten, die sich mit Prozesssimulation auf ihr Examen vorbereitet hatten, bessere Ergebnisse.

FANTASIE VERSUS SIMULATION

Wenn wir künftige Erfolge visualisieren, sollten wir uns als Problemlöser statt als Träumer positionieren. Angenommen, Sie wollen bei einem Benefizmarathon mitlaufen. Verfolgen Sie, wie unterschiedlich Fantasie und Simulation sich auf Ihre Motivation auswirken.

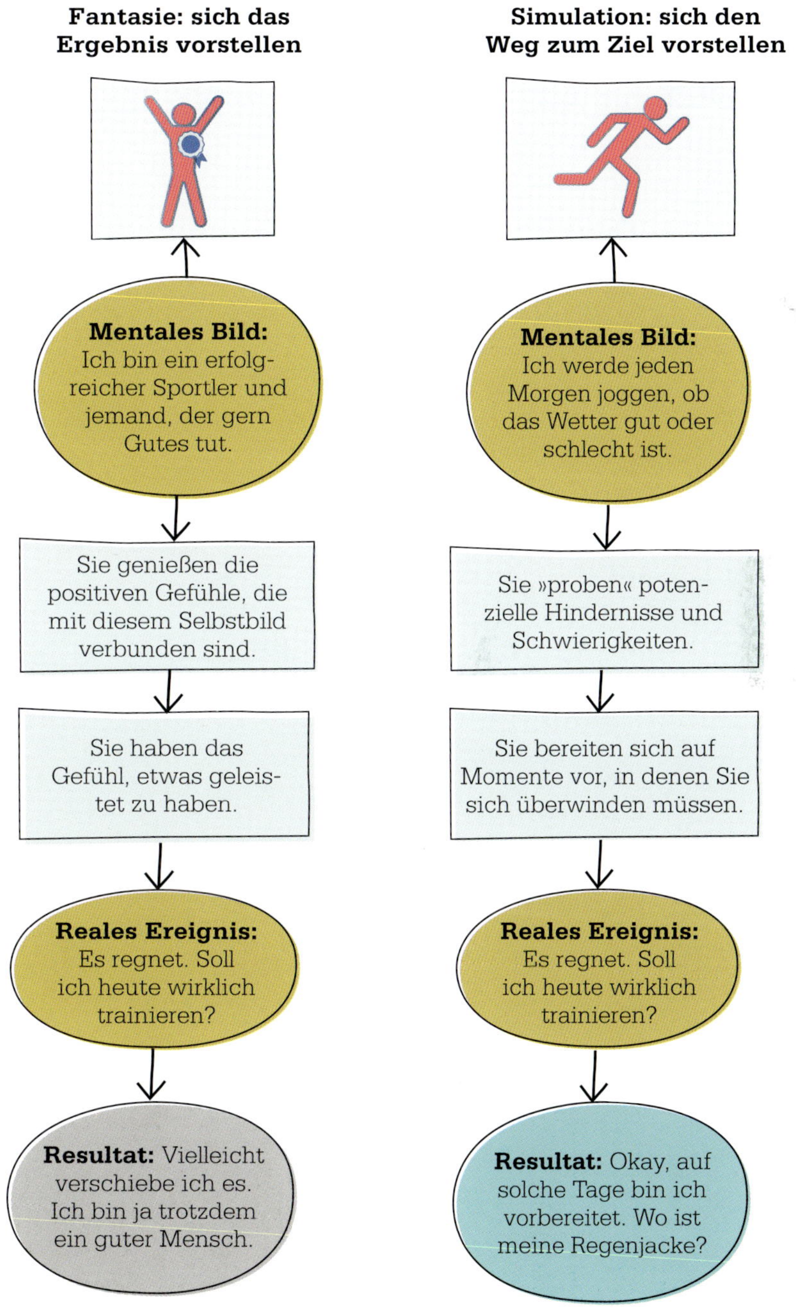

STIMMUNGEN ÜBERTRAGEN

DIE MACHT EMOTIONALER ANSTECKUNG

Glücklich zu sein ist nicht nur angenehm, es hat auch Einfluss darauf, wie andere auf Sie reagieren. Wie lässt sich die Energie positiver Emotionen anzapfen, um die Ziele zu erreichen, die uns wichtig sind?

Wir sind soziale Wesen und nehmen die Stimmungen unserer Mitmenschen wahr. Wir erkennen nicht nur, ob unser Gegenüber glücklich oder traurig ist, sondern erleben tatsächlich unbewusst einen Widerhall seiner Stimmung.

Stimmungen am Arbeitsplatz

Dieser Vorgang nennt sich »emotionale Ansteckung« und kann beeinflussen, wie andere auf uns reagieren. Für eine 2011 in China durchgeführte Studie wurden Schauspielerinnen als Bedienungen in einem Restaurant eingesetzt und sollten entweder »positive« oder »negative« Regieanweisungen befolgen. Zu den positiven zählte beispielsweise »Ich bin glücklich, weil ich gerade eine Bonuszahlung erhalten habe«, zu den negativen »Ich bin enttäuscht von meinem Chef«. Die Gäste verziehen Servicemängel eher, wenn sie glaubten, dass die Kellnerin gute Laune hatte.

Der Halo-Effekt

Das psychologische Konzept des Halo-Effekts besagt, dass wir dazu neigen, schon mit wenigen Informationen Rückschlüsse aus dem Handeln und Verhalten anderer zu ziehen. Ist unser Eindruck positiv, statten wir unser Gegenüber mit einer Art »Heiligenschein« (engl. »halo«) aus, der auch alles andere in günstigem Licht erscheinen lässt. Eine US-Studie von 1994 bestätigte, dass gute Laune bei der Arbeit zu besseren Bewertungen und höheren Löhnen führen kann. Fröhliche und warmherzige Menschen werden als kompetent und vertrauenswürdig wahrgenommen.

DAS PASSENDE LEVEL

Die Psychologen R. J. Larsen und E. E. Diener haben ein Schema entwickelt, das die Beziehungen zwischen Stimmung und Aktivierungsniveau abbildet. Wir können sowohl von den positiven und negativen Stimmungen als auch von den Aktivierungsniveaus anderer beeinflusst werden. Vereinfacht formuliert: Das Aktivierungsniveau zeigt die Handlungsbereitschaft des Nervensystems an, und zwar unabhängig davon, ob es um eine »Kampf-oder-Flucht-Reaktion« oder um Begeisterung geht. Die Forschung zeigt, dass man sich leichter von einer »aktivierten« Stimmung (ob angenehm oder unangenehm) anstecken lässt als von einer »deaktivierten«. Wenn Sie andere emotional beeinflussen möchten, sollten Sie vorrangig dafür sorgen, dass Sie ausgeruht und gesund sind, damit Ihr Energielevel hoch bleibt. Nutzen Sie das abgebildete Schema, um Ihr Stimmungs- und Aktivierungsniveau sowie das der Person, die Sie beeinflussen möchten, zu bestimmen. So fällt es leichter, die Stimmung herzustellen, die Sie »übertragen« wollen.

STIMMUNGS- UND AKTIVIERUNGSNIVEAUS

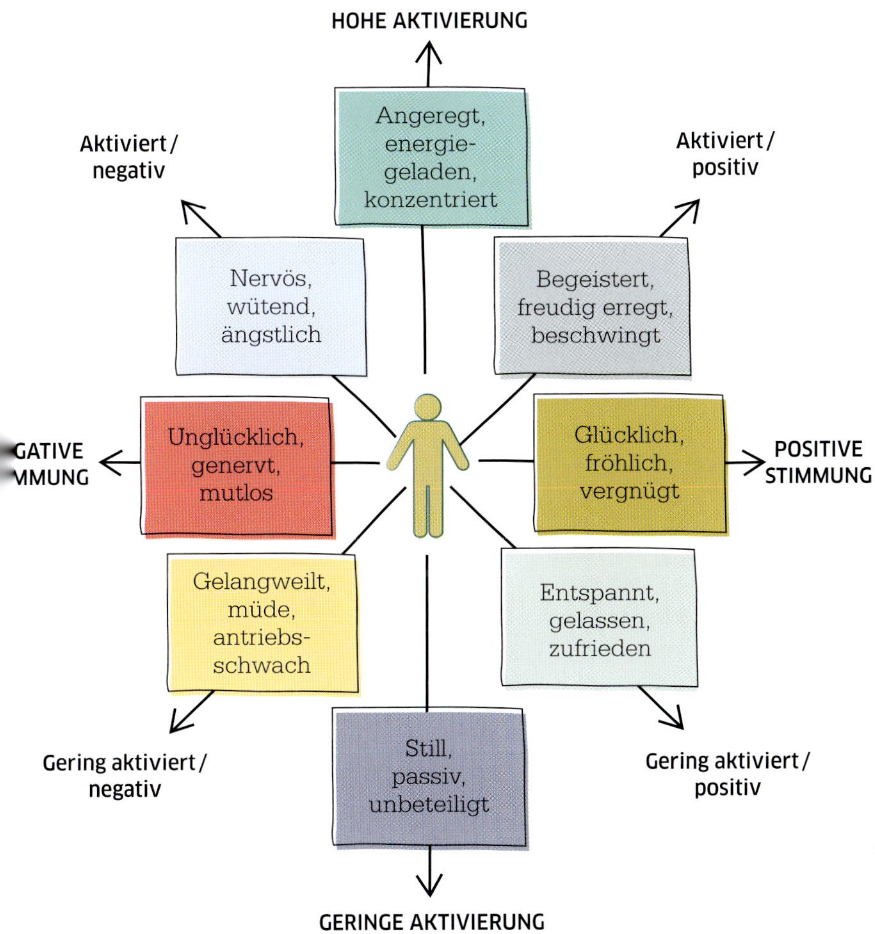

BEWUSST UND UNBEWUSST

Emotionale Ansteckung geschieht auf zwei Ebenen, der »bewussten« und der »unbewussten«. Wenn Sie versuchen, andere zu beeinflussen – oder dem Einfluss anderer zu widerstehen –, sollten Sie auch auf die unbewussten Signale achten, die gesendet werden. Wenn Sie eine Körperhaltung einnehmen, die der Stimmung entspricht, die Sie übertragen wollen, treffen Sie leichter den richtigen emotionalen Ton. Folgen Sie den unten stehenden Schritten bewusster emotionaler Ansteckung und behalten Sie die Stadien der unbewussten emotionalen Ansteckung im Hinterkopf.

Bewusste emotionale Ansteckung

1 Finden Sie heraus, wie Ihr Gegenüber gestimmt ist.
2 Ermitteln Sie, welcher emotionale Ton der aktuellen Situation angemessen ist.
3 Versetzen Sie sich in die entsprechende Stimmung.

Unbewusste emotionale Ansteckung

1 Sie nehmen die Mimik und die Körpersprache Ihres Gegenübers wahr.
2 Sie ahmen sie automatisch nach.
3 Sie erleben die Gefühle, die Sie zeigen.

IN DEN FLOW KOMMEN

VOLL UND GANZ BEI DER SACHE

Unser Tun ist vor allem dann wirklich befriedigend, wenn wir es um seiner selbst willen genießen können und nicht allein die Ergebnisse zählen. Das setzt voraus, dass wir ganz in dem aufgehen, was wir tun.

Flow ist ein wichtiges Element von Erfolg. Der Begriff wird in der Positiven Psychologie (siehe S. 48–51) häufig benutzt und beschreibt einen Zustand des vollständigen Eintauchens in eine Aufgabe – bis hin zu dem Punkt, an dem man jedes Zeitgefühl verliert. Wenn Sie schon einmal zu essen vergessen haben, weil Sie ganz damit beschäftigt waren, einen Text fertigzuschreiben, oder beim Joggen irgendwann nichts mehr gespürt haben als den Rhythmus Ihrer Schritte, haben Sie Flow erlebt.

Solche Erfahrungen wirken intrinsisch belohnend: Wir genießen sie unabhängig davon, ob bei unserem Tun etwas Konkretes herauskommt. Der Flow-Zustand bewirkt innere Klarheit und das Gefühl, etwas erreicht zu haben.

Wie erreicht man Flow?

Voraussetzung für Flow ist das, was der Psychologe Robert J. Vallerand »harmonische Leidenschaft« nennt (siehe S. 167). Sie entsteht, wenn wir eine Aufgabe als Teil von uns empfinden. Im Gegensatz dazu steht laut Vallerand die »obsessive Leidenschaft«, bei der wir eine Aufgabe, mit der wir uns nicht identifizieren, nur erledigen, weil wir glauben, sonst leiden zu müssen oder bestraft zu werden.

Angenommen, Sie unterrichten Mathematik und finden Ihre Arbeit nicht nur interessant, sondern sehen Sie als zentralen Bestandteil Ihrer Persönlichkeit bzw. Ihres Selbstkonzepts. In diesem Fall sind Sie nicht einfach jemand, der unterrichtet, sondern »ein Lehrer« bzw. »eine Lehrerin«. Unter den richtigen Voraussetzungen (siehe S. 167 unten) geraten Sie beim Unterrichten, insbesondere bei Aufgaben, die Ihre ganze Aufmerksamkeit fordern, in einen Flow-Zustand. Der entwickelt sich dann, wenn wir uns einer Sache mit Leidenschaft widmen, die mit unseren Werten und unserer Identität in Einklang steht.

Bewusste Kontrolle

Natürlich gibt es im Alltag auch immer wieder Tätigkeiten, die es schlicht zu erledigen gilt, die aber keine zentrale Bedeutung für unsere Identität haben. In solchen Situationen sollten wir Absorption durch Aufmerksamkeit ersetzen (siehe S. 167 unten). Eine internationale Studie von 2011 für das *Journal of Management Studies* zeigte – wenig überraschend –, dass Beschäftigte, die eine harmonische Leidenschaft für ihren Job empfanden, eher in ihrer Arbeit aufgingen und die nötige Aufmerksamkeit leichter aufbringen konnten.

Ein unerwartetes Ergebnis dieser Studie war, dass auch Beschäftigte, die keine harmonische Leidenschaft empfanden, in ihrem Tun aufgehen und aufmerksam sein konnten – sie mussten dazu ihre Aufgabe nur anders angehen, etwa indem sie sich diese zu eigen machten oder bewusst ihr Interesse daran pflegten.

Kurz: Wer mehr Flow erleben möchte, braucht Selbsterkenntnis. Was macht den Kern Ihrer Identität aus? Welche Werte sind Ihnen wichtig? Wofür interessieren Sie sich wirklich? Wenn eine Aufgabe hierzu passt oder mit der entsprechenden Haltung angegangen wird, erhöhen sich Ihre Chancen, in den Flow zu kommen – so werden Sie von Ihren Erfahrungen mehr profitieren.

QUALITÄT ODER QUANTITÄT?

Dem Psychologen N. P. Rothbard zufolge sind zwei Faktoren entscheidend für die kognitive Auseinandersetzung mit einer Aufgabe:

1. **Aufmerksamkeit:** die *Quantität* unserer Konzentration bzw. das Maß an Anstrengung, das wir dabei aufbringen. Aufmerksamkeit
   - unterliegt der bewussten Kontrolle,
   - nimmt ab, wenn wir ermüden.
2. **Absorption:** die *Qualität* unserer Aufmerksamkeit bzw. die Intensität, mit der wir in eine Aufgabe eintauchen. Absorption
   - geschieht spontan, wenn die Voraussetzungen gegeben sind,
   - belohnt sich aus sich selbst; auch im müden Zustand können wir uns weiter konzentrieren.

EINE FESSELNDE HERAUSFORDERUNG

Das Flow-Konzept stammt von Mihaly Csikszentmihalyi, einem ungarischen Psychologen. Laut ihm erreichen wir das Stadium des völligen Aufgehens in einer Tätigkeit am besten, wenn die an uns gestellte Aufgabe relativ schwierig ist. Sie sollte unsere Fähigkeiten nicht übersteigen, uns jedoch fordern und unsere ganze Aufmerksamkeit verlangen. In der folgenden Grafik ist Flow einer von mehreren mentalen Zuständen, die bei einer Tätigkeit auftreten können, abhängig vom Schwierigkeitsgrad und von unseren Fähigkeiten.

FLOW UND ANDERE MENTALE ZUSTÄNDE

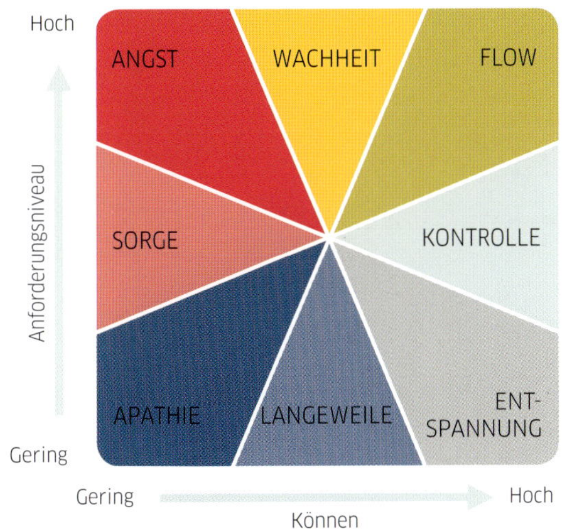

HARMONISCHE LEIDENSCHAFT

Der Psychologe Robert J. Vallerand stellte fest, dass unsere Leistung sich deutlich verbessern kann, wenn wir eine »harmonische Leidenschaft« für eine Aufgabe entwickeln. Das heißt, unser Interesse daran ist so stark, dass es zu einem Bestandteil unserer Identität wird. Spiegelt unser Tun unsere Gefühle und Werte, sind wir auf einer tieferen Ebene beteiligt.

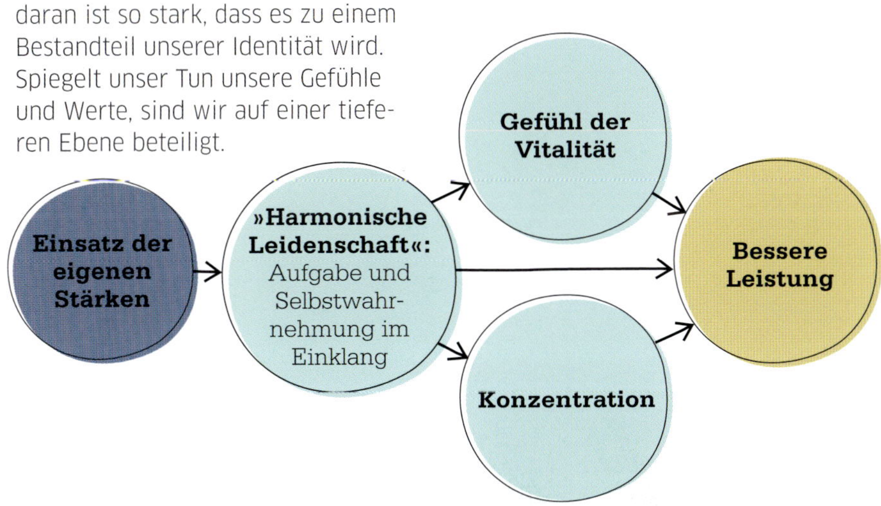

FREUDE TRITT AN DER GRENZE ZWISCHEN LANGEWEILE UND UNSICHERHEIT AUF, WENN SICH DIE HERAUSFORDERUNGEN MIT DEN FÄHIGKEITEN DES MENSCHEN DIE WAAGE HALTEN.

MIHÁLY CSÍKSZENTMIHÁLYI, PSYCHOLOGE UND PIONIER DES »FLOW«-KONZEPTS

BEWUSST LOSLASSEN

DER UMGANG MIT VERLUSTEN

Wer Ziele erreichen will, muss oft Prioritäten setzen. Doch der Entschluss, etwas aufzugeben oder loszulassen, fällt uns oft schwer und bereitet Unbehagen. Wie können wir sinnvoll damit umgehen?

Haben Sie schon einmal ein Kleidungsstück behalten, obwohl es Ihnen nicht mehr passt, oder eine Aktie nicht aufgegeben, deren Wert in den Keller ging? Sie wünschen sich mehr Platz in Ihrem Kleiderschrank oder eine lohnendere Investition, aber der Schmerz, etwas zu verlieren – selbst wenn es nicht mehr nützlich ist –, scheint die Vorteile des Abstoßens zu überwiegen. Psychologen nennen dies »Verlustaversion«.

Der Endowment-Effekt

Der Ökonom Richard Thaler, der Psychologe Daniel Kahneman und der Verhaltensökonom Jack L. Knetsch führten im Jahr 1990 ein Experiment durch: Die Hälfte der Teilnehmer bekam Kaffeetassen, die andere Hälfte durfte nur einen Blick auf die Tassen werfen. Anschließend wurden beide Gruppen gefragt, für welchen Betrag sie die Tassen verkaufen bzw. kaufen würden. Die Tassenbesitzer verlangten rund doppelt so viel für ihre Tassen, als die Tassenbetrachter auszugeben bereit waren. Grund ist der sogenannte Endowment-Effekt (»Besitztumseffekt«): Die schlichte Tatsache, dass wir etwas besitzen – wenn auch nur für kurze Zeit und selbst wenn dieser Gegenstand nicht viel bedeutet –, führt dazu, dass wir ihm mehr Wert beimessen.

Besitz und Selbstbild

Warum verhalten wir uns manchmal so irrational? In einer im Jahr 2013 von Sara Loughran Dommer und Vanitha Swaminathan durchgeführten Studie sollte eine Hälfte

VERLUSTAVERSION

/erlustaversion kann man sich unutze machen, wenn man Wett-)ewerber ausstechen oder etwas 'erkaufen will:

- Suggerieren Sie potenziellen Kunden, dass sie bereits etwas Begehrenswertes besitzen und Ihr Produkt verhindern wird, dass sie es verlieren (Beispiel: »Es könnte Sie zahlreiche Klienten kosten, wenn Sie nicht ...«).
- Regen Sie sie dazu an, sich selbst als Besitzer Ihres Produkts zu sehen (Beispiel: »Stellen Sie sich vor, Sie sitzen hinter dem Steuer ...«).
- Überlassen Sie ihnen Ihr Produkt eine Zeit lang zum Testen. Denn so müssen sie etwas aufgeben, wenn sie es nicht kaufen.

er Teilnehmer eine Situation eschreiben, in der ihr soziales elbst bedroht war, zum Beispiel ine Zurückweisung, die zweite ruppe einen durchschnittlichen ag. Alle Teilnehmer erhielten nschließend billige Kugelschreiber, ie sie kurz darauf wieder abgeben)llten. Die Teilnehmer aus der ersn Gruppe waren weniger bereit, en Stift zurückzugeben.

Wenn Sie sich von etwas trennen üssen, sollten Sie sich bewusst achen, dass Ihr Selbstwert nicht)n bestimmten Besitztümern oder eziehungen abhängt. Je größer Ihr elbstvertrauen ist, desto leichter llt es Ihnen, etwas loszulassen.

ALTERNATIVEN ABWÄGEN

Wenn Sie Prioritäten setzen und etwas aufgeben müssen, kann es hilfreich sein, die Ziele in der betreffenden Situation genauer anzuschauen. Eine 1997 im *Journal of Personality and Social Psychology* publizierte Studie schlägt vor, bei einer Entscheidung vier Zieltypen zugrunde zu legen. Nehmen wir an, Sie überlegen, ob Sie eine Verabredung mit Ihrem Partner absagen sollen, um eine Arbeit zu Ende zu bringen. Analysieren Sie die Situation wie im Folgenden beschrieben, um leichter entscheiden zu können, ob Sie Ihrem Partner oder Ihrer Arbeit Vorrang geben.

Zieltyp	Mit dem Partner essen gehen ...	... oder länger arbeiten?
Aufgabenspezifisches Ziel: ein bestimmtes kurzfristiges Ziel erreichen.	Ich habe einen romantischen Abend geplant, der meinem Partner sicher Freude macht.	Ich muss eine Deadline einhalten. Überstunden wären hilfreich.
Situationsspezifisches Ziel: das übergeordnete Ziel einer bestimmten Aktivität.	Ich möchte eine gute Partnerin sein. Wenn ich absage, wirkt es, als läge mir nichts an unserer Beziehung.	Ich möchte meinen Chef beeindrucken, um meine Beförderungschancen zu erhöhen.
Persönliches Ziel: individuelles Bestreben, das über die konkrete Situationen hinausgeht.	Ich wünsche mir eine liebevolle Beziehung. Ich möchte mich daher aufmerksam und fürsorglich verhalten.	Ich will meinen Job gut machen. Kann ich das, ohne heute länger zu bleiben?
Persönliche Werte und das ideale zukünftige Selbst: die eigene Vorstellung, wer man langfristig sein will.	Ich möchte irgendwann heiraten und eine Familie gründen. Ich will zeigen, dass ich eine verlässliche Partnerin bin.	Ich möchte als die geeignetste Kandidatin für die nächste Beförderung gesehen werden. Ich muss auf meinen guten Ruf achten.

GEKONNT NETZWERKEN

VIELFÄLTIGE BEZIEHUNGEN PFLEGEN

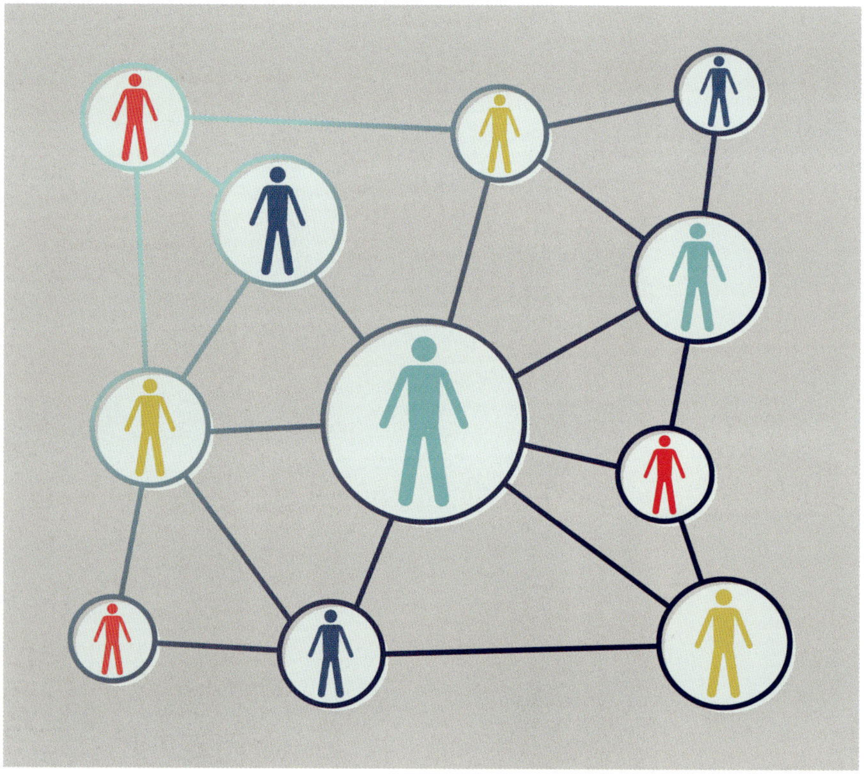

Ihr Aufwand für das Netzwerken wird sich auszahlen. Es geht dabei darum, Kontakte zu Menschen zu knüpfen, auf die Sie bauen, von denen Sie lernen und mit denen Sie sich austauschen können.

Suchen Sie beim Netzwerken eher den Kontakt zu Menschen, die Sie sympathisch finden, oder gehen Sie gezielt auf diejenigen zu, die etwas für Sie tun können? Laut einer US-Studie von 2008 handeln manche Menschen »affektbasiert«, sie lassen sich von ihren Gefühlen leiten. Ihr Netzwerk beruht auf Empathie, Harmonie und Offenheit. »Kognitionsgesteuerte« Netzwerker hingegen verhalten sich rational und sprechen bevorzugt Menschen an, die ihnen etwas Handfestes zu bieten haben, etwa berufliche Unterstützung. Die Forscher schlossen daraus, dass manche Menschen Freundlichkeit höher bewerten als praktische Hilfe, bei anderen ist es umgekehrt. Im Berufs- und Privatleben ist es vorteilhaft zu wissen, in welche Kategorie Kollegen und Freunde einzuordnen sind.

»Schwache« Beziehungen

Menschen, mit denen wir uns gut verstehen, die wir aber nicht oft sehen – etwa Freunde von Freunden oder ehemalige Kollegen –, sind eher lose Kontakte. Auch diese sollte man pflegen. Der Soziologe Mark Granovetter fand heraus, dass unter zufällig ausgewählten Akademikern die meisten ihre Arbeit über Menschen bekommen hatten, die sie nur selten sahen. Granovetter schloss daraus, dass lockere Beziehungsgeflechte sich kaum mit unseren Freundeskreisen überschneiden. So machen wir neue Bekanntschaften und stoßen auf neue Chancen. Wie es scheint, sind gerade Personen, die auf den ersten Blick mit unseren beruflichen Chancen nichts zu tun haben, wichtig für unsere Zukunft.

ƎER RICHTIGE ABSTAND

ƨ004 versuchten Forscher im Rahmen einer italienisch-amerikanischen Stu-
ǀie zur Gruppendynamik in der italienischen Fernsehindustrie herauszufinden, velche Produktionsteams am effektivsten waren. Sie stellten fest, dass Teams mit noderater Netzwerkdichte ihre Aufgaben am wenigsten produktiv erledigten: Ihre 3indung war so eng, dass die Mitglieder sich als Gruppe wahrnahmen, aber nicht ·ng genug, als dass sie ein tieferes Verständnis füreinander entwickelt hätten.

Wenig Nähe	**Moderate Nähe**	**Große Nähe**
■ Vielfalt	■ Wenig frische Ideen	■ Vertrauen
■ Innovation	■ Kreative Stagnation	■ Gegenseitige Unterstützung
■ Unternehmertum	■ Gruppendenken	■ Sich verstärkende Effektivitätsmuster
■ Akzeptanz für andere Meinungen	■ Geringere Produktivität	

ꞮICHTIG NETZWERKEN

·er Unternehmer Adam Rifkin geht davon aus, dass die meisten Menschen sich ır Netzwerk wie ein Rad vorstellen, dessen Speichen (Kontakte) in der Mitte (bei ınen selbst) zusammenlaufen. Rifkin rät jedoch dazu, sich als Teil einer Gemein-
:chaft wahrzunehmen, in der wir selbst im Zentrum stehen. Wir machen andere ıiteinander bekannt, sind aber nicht mit allen Beteiligten besonders verbunden. ·o wird unser Netzwerk größer und vertieft sich.

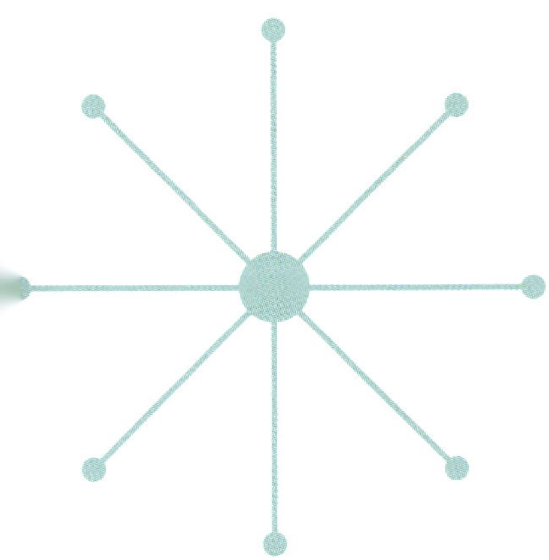

Das Netzwerk gleicht einem Rad.

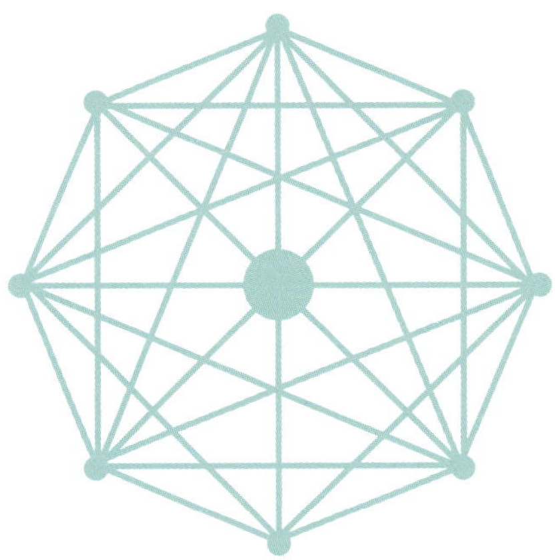

Das Netzwerk als Gemeinschaft

WIE NETWORKING FUNKTIONIERT

Der amerikanische Managementberater und Unternehmer Ken Morse hat ein paar Tipps für erfolgreiches Netzwerken bei Veranstaltungen.

1 **Recherchieren Sie vorab.** Informieren Sie sich über die Teilnehmer und überlegen Sie, ob jemand aus Ihrem Netzwerk Sie mit den anderen bekannt machen kann.

2 **Formulieren Sie einen »Elevator Pitch«.** Sie sollten in der Lage sein, in ein oder zwei Sätzen zu sagen, was Sie zu bieten haben.

3 **Kommen Sie früher.** Dann treffen Sie noch den Veranstalter.

4 **Seien Sie selbstbewusst.** Ergreifen Sie die Initiative und stellen Sie sich anderen vor.

5 **Bleiben Sie in der Nähe der Speisen.** Wer die Bar blockiert, verärgert andere; dort, wo es etwas zu essen gibt, sind alle freundlicher.

6 **Sprechen Sie die Redner an, bevor sie dran sind.** Danach sind sie von Zuhörern umgeben, ihre Aufmerksamkeit ist gebunden.

7 **Bitten Sie darum, anderen vorgestellt zu werden.** Wenn Sie einen vertrauenswürdigen Teilnehmer kennen (siehe S. 200–201), überträgt sich diese Eigenschaft auf Sie, wenn er Sie bekannt macht.

8 **Konzentrieren Sie sich auf Ihr jeweiliges Gegenüber.** Stellen Sie Fragen und hören Sie aufmerksam zu, damit das Gespräch sich entwickeln kann.

SOZIALKAPITAL ENTWICKELN

KONTAKTE KLUG NUTZEN

Gute Kontakte sind positiv für unsere Gefühlswelt. Doch es geht um mehr: Ein funktionierendes Netzwerk bildet den Kern einer leistungsfähigen Gemeinschaft. Auch Sie können dieses »Sozialkapital« mitentwickeln.

Der Begriff »Sozialkapital« wurde im Jahr 1916 von Lyda Judson Hanifan geprägt. Er beschreibt, dass Beziehungen innerhalb größerer Gemeinschaften das Leben sowohl der beteiligten Individuen als auch der ganzen Gruppe bereichern.

Mit seinem Buch *Bowling Alone: The Collapse and Revival of American Community* bescherte der amerikanische Soziologe Robert D. Putnam der Idee im Jahr 2000 ein Revival. Seither wurde sie von einflussreichen Befürwortern aufgegriffen, beispielsweise von Bill Clinton, George W. Bush und der Weltbank.

Zusammenarbeit

Der Sozialwissenschaftler Michael Woolcock beschreibt drei Arten von Sozialkapital:

1 **Bindendes Sozialkapital** (»bonding«): Beziehungen zwischen Menschen in ähnlichem Umfeld, zum Beispiel Familie, enge Freunde und Nachbarn.

2 **Brückenbauendes Sozialkapital** (»bridging«): vergleichbar mit dem Konzept der »schwachen Beziehungen« (siehe S. 172–173). Kontakte zwischen Menschen, die sich relativ ähnlich, aber nicht sehr vertraut miteinander sind, etwa Bekannte oder ehemalige Kollegen.

3 **Koppelndes Sozialkapital** (»linking«): Beziehungen zwischen Menschen aus unterschiedlichen Bereichen, die einander nicht kennen, aber Ressourcen teilen oder austauschen möchten.

Das produktivste Szenario ist ein gesunder Mix aus allen drei Komponenten. Bindendes Sozialkapital ist gemäß Studienergebnissen oft die verlässlichste Quelle für gegenseitige Unterstützung, kann aber bei exklusiver Nutzung Vereinze-

KONTAKT, DER SICH AUSZAHLT

Laut einer US-Studie von 1998 verbrachten die erfolgreichsten Manager

10 % **mehr Zeit mit Kommunikation und Zuhören** als ihre Kollegen.

70 % **mehr Zeit mit Netzwerken** als ihre Kollegen.

ungstendenzen begünstigen und zu einem »Wir gegen die«-Denken führen. Brücken bauendes Sozialkapital ermöglicht den nützlichen Austausch an Informationen und Ressourcen. Das koppelnde Sozialkapital schließlich bringt uns in Kontakt mit neuen Ideen und bestärkt uns darin, großzügig zu sein und das große Ganze zu sehen. Diese drei Formen bilden eine solide, vielgestaltige Basis, um Erfolgskonzepte zu entwickeln, auf ihr beruht das Gefühl, Teil einer größeren Gemeinschaft zu sein.

Guter Leumund

Aktives Netzwerken bietet Ihnen die Chance, Sozialkapital aufzubauen. Noch besser ist es, selbst vertrauenswürdig zu sein (siehe S. 200–201), arbeiten Sie daran. Wie stark die Gemeinschaft wird, hängt davon ab, wie sehr die Mitglieder Ihnen vertrauen. Je öfter Sie zeigen, dass auf Sie Verlass ist, umso mehr profitieren die Einzelnen – das gilt auch für Sie selbst.

Sozialkapital ist nicht einfach die Summe der für die Gesellschaft **fundamentalen** Institutionen – es ist auch der **Leim,** der sie **zusammenhält.**

Die Weltbank, 1998

GEMEINSAM WERTE SCHAFFEN

Die Ergebnisse einer Studie von 1998 zeigen, dass es sinnvoll ist, den Aufbau von Sozialkapital als Resultat aus mehreren Faktoren zu betrachten. Grundvoraussetzung sind unterstützende Rahmenbedingungen, zum Beispiel regelmäßige Treffen, Aktivitäten oder Gespräche (strukturelle Dimension). Hinzu kommen weitergehende Übereinstimmungen wie gemeinsame Werte. Selbst wenn die Beteiligten sehr unterschiedlich sind, gibt es sicherlich Prinzipien, die alle teilen (kognitive Dimension). Während die Beteiligten Zeit miteinander verbringen und auf gemeinsame Ideale hinarbeiten, hat jeder die Möglichkeit, sich als vertrauenswürdige Person zu etablieren (relationale Dimension). Mit dem sich so entwickelnden Sozialkapital lassen sich Ergebnisse erzielen, die mehr sind als die Summe aller Teile. Das folgende Diagramm veranschaulicht diesen Mechanismus.

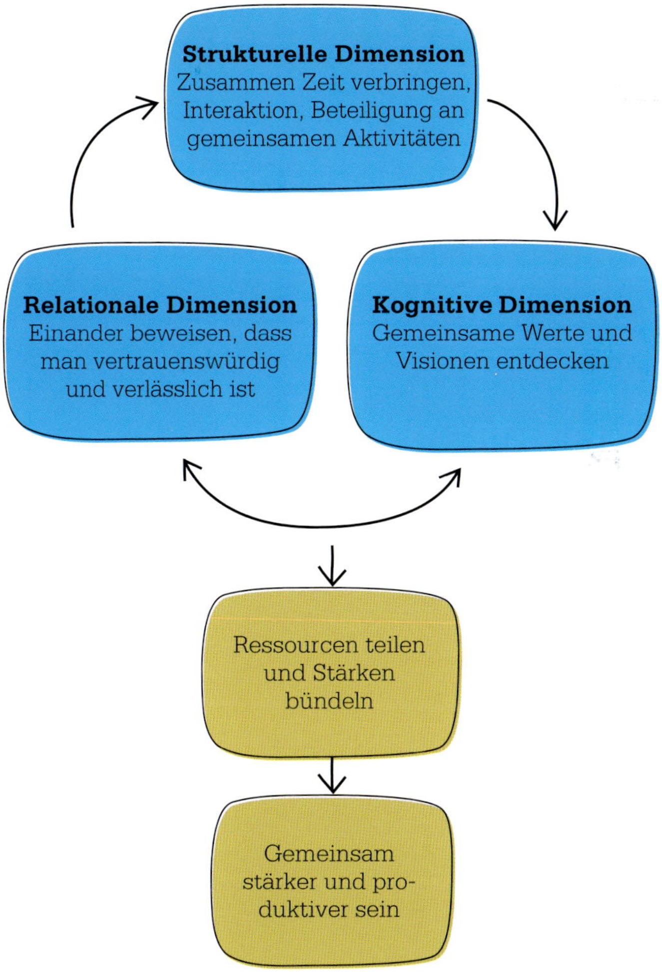

KREATIVITÄT FÖRDERN

DER WEG ZU ORIGINELLEN IDEEN

Kreativität kann als Fähigkeit definiert werden, Bestehendes auf neue Weise zu betrachten. Wer schöpferisch denkt, kann Probleme auf ungewöhnliche Weise lösen und findet neue Wege, um seine Ziele zu erreichen.

Sind Sie Künstler, Wissenschaftler oder beides? Laut Forschungsergebnissen ist das kein großer Unterschied: Kreativität ist Kreativität, egal, wozu sie dient. Eine US-amerikanische Studie von 2011 stellte sogar fest, dass die Erkenntnisse Albert Einsteins und die Werke Pablo Picassos von den gleichen Persönlichkeitsmerkmalen getragen sind: einem stark ausgeprägten Sinn für Ästhetik und dem Interesse daran, wie unterschiedliche Beobachter Räume erfahren.

Sie halten sich nicht für kreativ? Dann überdenken Sie Ihre Haltung, denn auf sie kommt es offenbar an. Betrachten Sie Kreativität als einen mentalen Zustand, der jedem zugänglich ist, und regen Sie Ihre Vorstellungskraft und Neugier mit den folgenden Strategien an.

1 IDENTIFIZIEREN SIE DAS PROBLEM

Wenn Sie mit einem neuen Problem konfrontiert sind, beobachten Sie das Geschehen aufmerksam, identifizieren und definieren Sie, worum es geht. Bei Bedarf definieren Sie dies neu. Bleiben Sie geistig so offen wie möglich. Wie leicht gewöhnt man sich an den Status quo, gerade in unserer schnelllebigen Zeit, die so zahlreiche Ablenkungsmöglichkeiten bietet. Versuchen Sie, aufmerksam wahrzunehmen, wie die Dinge beschaffen sind, warum das so ist und was sich wie verbessern lässt. Lassen Sie einfache oder vertraute Erklärungen dabei außen vor.

2 LASSEN SIE SICH EIN

Es kommt darauf an, Probleme vollständig zu durchdringen. Verlassen Sie sich nicht darauf, lass Sie plötzlich eine Erleuchtung naben werden. »Inspiration« ist tatsächlich oft Ergebnis einer langen and ernsthaften Beschäftigung mit einem Thema. Je mehr Sie wissen, amso besser werden Ihre Ideen ausallen. Erforschen Sie Ihr Thema und nachen Sie sich damit vertraut.

3 ÜBEN SIE, IDEEN ZU ENTWICKELN

Jnser Nervensystem übermitelt Signale über eingeschliffene 3ahnen, damit das Gehirn Energie part. Häufig haben wir bewährte Regeln im Kopf, die uns hindern, Dinge ganz neu zu denken. Zudem aben wir die hinderliche Neigung, ei Stress auf Nummer sicher zu ehen. Wie die Forschung zeigt, abrizieren neun von zehn Probanen, die unter Druck kreativ sein ollen und ein Arbeitsbeispiel erhalen, etwas, das dem Beispiel sehr hnelt. Um sich davor zu schützen, st Übung erforderlich: Entwickeln ie in Situationen, in denen es auf ichts ankommt, regelmäßig neue leen. Das fördert die Kreativität nd bestärkt Sie in der Überzeuung, dass Sie auf Ihre Fähigkeit ertrauen können, neue Optionen nd Alternativen zu entwickeln. Ienschen sind Gewohnheitstiere. ewöhnen Sie sich also an, unkonentionell zu denken.

4 IDEEN KOMBINIEREN

Das Zusammenwürfeln von Gedanken und Ansichten liegt in unserer Natur. Wenn Sie auf der Suche nach neuen Lösungen sind, kombinieren Sie unterschiedliche Konzepte und Lösungsvorschläge unter der Maßgabe, ob sich daraus irgendetwas Neues ergibt. Wenn ja, schlagen Sie den neu entdeckten Weg ein und schauen Sie, wohin er Sie führt.

5 IDEEN REIFEN LASSEN

Wenn Ideen aufkommen, müssen sie nicht unmittelbar umgesetzt werden. Auch der kreative Prozess kann mehrere Testphasen durchlaufen (siehe S. 178). Oft gewinnt eine Idee an Substanz, wenn man sie eine Weile reifen lässt. Geben Sie Ihrem Unbewussten Zeit, sich eingehend damit zu beschäftigen.

6 BEWERTEN UND AUSWÄHLEN

Kreativ zu sein heißt auch, Ideen eingehend zu prüfen. Welche Ideen sind es wert, ein Risiko einzugehen? Welche rechtfertigen es, dass Energie in sie fließt? Welche spiegeln Ihre Werte und Ziele am besten wider? Nutzen Sie die Chance, sich Unterstützung zu suchen und Ihre Pläne in einem sicheren Umfeld zu diskutieren.

7 AUSPROBIEREN UND UMSETZEN

Es ergibt keinen Sinn, den Plot eines noch ungeschriebenen Romans oder die erste Skizze einer neuen Maschine zu bewerten. Um sich eine fundierte Meinung bilden zu können, muss eine Idee zumindest so weit herangereift sein, dass ein Prototyp »gebaut« werden kann. Testen Sie Ihr Vorhaben, sobald erste greifbare Ergebnisse vorliegen. Jede kreative Unternehmung birgt das Risiko des Scheiterns; das Selbstvertrauen leidet weniger, wenn Fehler frühzeitig entdeckt und korrigiert werden – und nicht erst in einem fortgeschrittenen Stadium. So vermeiden Sie übrigens auch Leistungsdruck und die Angst vor dem Scheitern, denn zu diesem Zeitpunkt erwartet niemand, dass ein perfektes Ergebnis vorliegt.

> Der **aufregendste Ausruf** angesichts einer **wissenschaftlichen Neuentdeckung** ist nicht »Heureka«, sondern »Das ist ja seltsam«.
>
> **Isaac Asimov**
> Schriftsteller und Biochemiker

»

Ihr Bewusstsein in Balance
Hirnscans zeigen, dass zwei unterschiedliche Bewusstseinszustände die Kreativität beflügeln:

1 **Ein entspannter, traumähnlicher Zustand** der Inspiration, in dem Ideen geboren werden.

2 **Ein dynamischer, aktiver Zustand,** in dem Ideen ausgearbeitet und umgesetzt werden.

Studien zeigen, dass kreative Menschen sehr gut von einer niedrigen zu einer hohen Hirnaktivierung wechseln können und umgekehrt. Der Versuch, auf Kommando kreativ zu sein, ist also von vornherein zum Scheitern verurteilt. Damit inspirierende Ideen aufkommen, sind Phasen der Ruhe notwendig, sie gehören zum kreativen Prozess einfach dazu.

Das »einsame Genie«
Sicher werden Sie sich manchmal ins stille Kämmerlein zurückziehen wollen, um an Ihren Ideen zu feilen. Doch lässt sich der kreative Prozess auf kaum vorstellbare Weise beschleunigen, wenn man andere um ihre Einschätzungen bittet. Das einsam vor sich hin forschende Genie ist ein Mythos. Zahlreiche Studien bestätigen, dass der soziale und der kulturelle Kontext, in dem wir uns bewegen, unsere Kreativität beeinflusst. Selbst einige der größten Superhirne der Geschichte, unter anderem Albert Einstein und Charles Darwin, entwickelten ihre bahnbrechenden Ideen innerhalb eines Teams – auch wenn der Ruhm der Geschichte ihnen allein zuteilwurde. Der Austausch mit anderen fordert uns heraus, vermittelt uns ein Gefühl von Unterstützung und fördert die Kreativität.

DIE SECHS HÜTE

In den 1990er-Jahren entwickelte der Kognitionswissenschaftler Edward de Bono eine spielerische Technik zur kreativen Problemlösung in Gruppen: die Sechs-Hüte-Methode. Jeder Hut repräsentiert eine gewisse Denkweise, die durc eine bestimmte Farbe gekennzeichnet ist. Alle Gruppenmitglieder setzen sich Hü auf und übernehmen in der Diskussion die durch die Hutfarbe vorgegebene Rol Die Forschung zeigt, dass das Experiment am besten funktioniert, wenn die Teilnehmenden tatsächlich Hüte tragen.

Roter Hut: repräsentiert emotionales Denken, Gefühle und Intuition.

Weißer Hut: repräsentiert emotionale und moralische Neutralität und das ausschließliche Interesse an Fakten.

Grüner Hut: rep sentiert Kreativit neue Ideen und Perspektiven, sel wenn sie verrüc erscheinen.

Gelber Hut: repräsentiert positives Denken – optimistischer Gegenpart zum schwarzen Hut.

Bleiben Sie neugierig
Der Glücksforscher Todd Kashdan definiert Neugier als die Bereitschaft, sich bewusst neuen Erfahrungen auszusetzen und unbefangen mit dem Mehrdeutigen und Unvorhersehbaren umzugehen. Offen zu sein bedeutet, aus Erfahrungen zu lernen. Zudem stärkt es unser Durchhaltevermögen, wenn wir nicht wissen, wie etwas ausgeht. Der romantische Dichter John Keats prägte dafür den Begriff »negative capability« – die Fähigkeit, einen Zustand voller Unsicherheit, Geheimnisse und Zweifel auszuhalten, ohne nervös zu werden und sich in Fakten und Vernunft zu retten. Sie ist in seinen Augen ein Muss für alle großen Denker. Fürchten Sie also nicht die Unsicherheit: Sie kann der Keim eines großen Werks sein.

Selbstbewusst am Ball bleiben
Kreativität hat ihren Preis: Manchma gehen Dinge einfach schief. So stellte das Howard Hughes Medical Institute fest, dass Wissenschaftler, die komplette kreative Freiheit genossen doppelt so oft in den führenden Zeitschriften, aber auch doppelt so oft in

veniger anerkannten Zeitschriften ›ublizierten als ihre Kollegen – ihre deen waren demnach genauso häufig rfolgreich wie erfolglos. Das Wesen ler Kreativität besteht darin, eine ichere Position zu verlassen und eine Chance zu nutzen, auch wenn sie ielleicht in eine Sackgasse führt. Je nehr Sie auf Ihre Leistungsfähigkeit ertrauen (siehe S. 102–103) und je ereitwilliger Sie akzeptieren, dass icht alles perfekt sein muss (siehe . 160–161), umso wahrscheinlicher st es, dass Ihr Kopf frei wird und Ihre reativität beträchtlich wächst.

SUPERHELDEN

1985 entwickelten die Berater Steve Grossman und Katherine Catlin ein Spiel zur Förderung der Kreativität, das sie »Superheroes« (Superhelden) nannten: Jeder Teilnehmer versetzt sich in die Rolle eines Superhelden wie Superman oder Wonder Woman und beschreibt die spezifischen Kräfte, Charakterzüge und Problemlösungsstrategien seiner Figur. Bei aller Albernheit kann dies zu überraschenden Lösungen führen.

Genie ist kaum mehr als die Fähigkeit, in einer **ungewöhnlichen Weise wahrzunehmen.**

William James
Psychologe und Philosoph

MERKMALE VON KREATIVITÄT

Laut einer 1981 publizierten Studie haben kreative Menschen aus allen Bereichen die folgenden vier Persönlichkeitsmerkmale gemeinsam. Vielleicht möchten Sie diese Eigenschaften ebenfalls kultivieren ...

AUS MISSERFOLGEN LERNEN

WIE SIE OFFEN BLEIBEN

Niemand befasst sich gern mit dem Scheitern. Doch wer weiterkommen will, muss aus Fehlern lernen und ein eventuelles Versagen akzeptieren können. Es führt zu nichts, den eigenen negativen Gefühlen auszuweichen.

Die Fähigkeit, aus Fehlern zu lernen, kann ein entscheidender Erfolgsfaktor sein. So wurde zum Beispiel 2015 in einer US-Studie festgestellt, dass mehrfache Unternehmensgründer nach dem Scheitern ihres Vorhabens nicht nur eher die Branche wechselten als »normale« Unternehmer; sie scheiterten auch in der neuen Branche eher, weil sie keine Erfahrung hatten und davon ausgingen, dass bewährte Lösungen überall funktionieren. Wie schnell verfällt man in Automatismen, die nicht wirklich weiterhelfen, anstatt einen Schritt zurückzutreten und, basierend auf den Misserfolgen der Vergangenheit, nach zukunftsweisenden Lösungen zu suchen.

Unverfälschter Blick

Menschen neigen dazu, das zu sehen, was sie erwarten, nicht das, was ist. Gemäß der Schematheorie geht das so weit, dass wir sogar Dinge, die sich direkt vor unserer Nase abspielen, falsch deuten, ob wir nun eine Müslidose in den Kühlschrank stellen, weil wir »Schrank« im Kopf hatten, oder – was weitaus schwerer wiegt – einen Klinikpatienten verwechseln und ihm den falschen Tropf anhängen. Je weniger wir unser Verhalten reflektieren, umso mehr Fehler machen wir.

Defensives Denken

Als intelligente Wesen sind wir sicher gut darin, aus Fehlern zu lernen, oder? Weit gefehlt: Laut dem Psychologen Chris Argyris mangelt es gerade klugen Köpfen an eben dieser Fähigkeit. Das Problem ist ihre geistige Haltung: Spitzenkräfte sind es gewohnt, dass sie alles

.ERNSCHLEIFEN

er Organisationstheoretiker Chris Argyris beschreibt zwei Modelle, die dabei helfen, aus Fehlern zu lernen: die einfache und ie doppelte Lernschleife. Eine einfache Schleife kann effizient sein, wenn Sie ein klar definiertes Ziel verfolgen. Doch wenn ie Ihren geistigen Horizont erweitern möchten, sollte sich eine zweite Lernschleife anschließen, die zu einem tieferen Verständnis Ihrer Aufgabe führt und nicht nur zeigt, ob Sie sie vorschriftsmäßig erledigt haben. Argyris vergleicht das einschleifige Lernen mit einem Thermometer, das erkennt, wann es zu heiß oder zu kalt ist, und entsprechende Korrekturen vornimmt. as doppelschleifige Lernen sieht er als Thermometer, das die zugrunde liegenden Normen und Ziele gleich mit korrigiert.

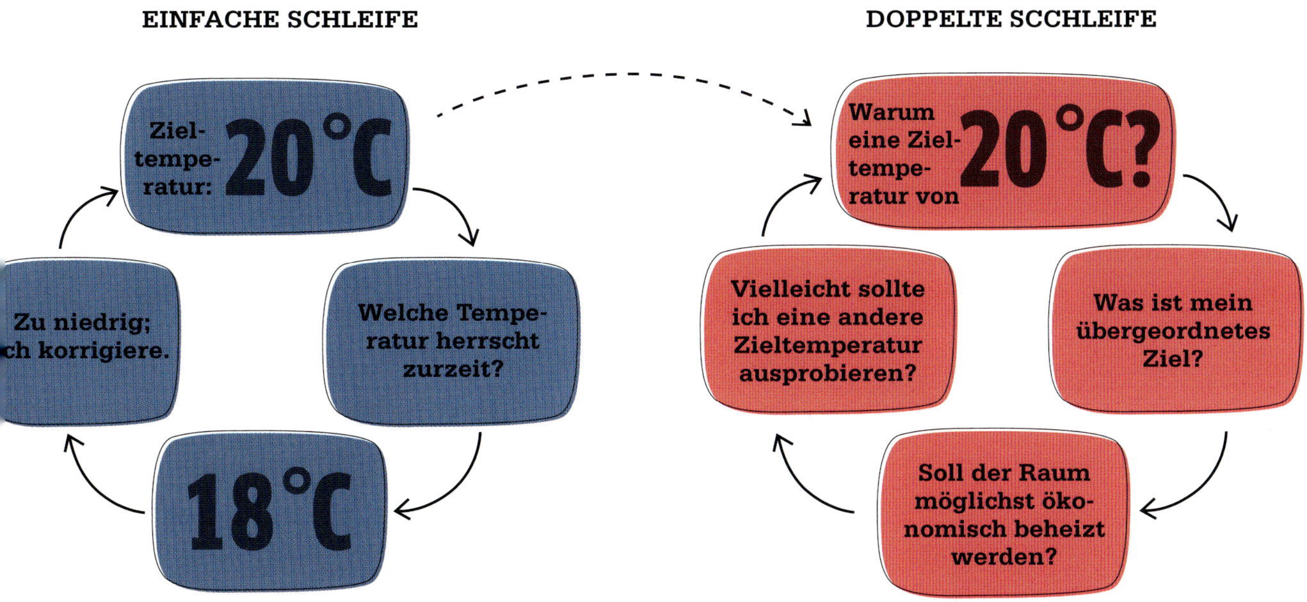

chaffen. Sie scheitern selten und ind ungeübt darin. Wenn uns etwas icht gelingt, strebt unser Instinkt anach, diese Sache so schnell wie nöglich aus der Welt zu schaffen nd einen Schlussstrich zu zieen. Das mag auf den ersten Blick ffizient sein, hilft uns aber nicht, ie Gründe unseres Scheiterns zu rkennen, die ja durchaus mit uns elbst oder unseren Konzepten zu un haben könnten (siehe oben).

Wenn wir nicht das gewünschte rgebnis erzielen, gehen wir schnell n die Defensive: Wir haben etwas robiert, und das hat nicht funktiniert. Wir wehren uns gegen die Einsicht, selbst schuld zu sein, und wenden viel Energie auf, um zu belegen, dass es nicht unser Fehler war. Unsere Fähigkeit, Probleme zu lösen, setzen wir so garantiert außer Kraft.

Gewohnheiten ändern

Wir halten uns oft für konsequent, doch laut Argyris werden unsere Prinzipien leicht von einem Denkmuster unterlaufen, das auf Folgendes ausgerichtet ist:

- uns unter Kontrolle halten,
- gewinnen statt verlieren,
- unsere negativen Gefühle unterdrücken,
- vernünftig sein, das heißt: das eigene Verhalten nach eigenen Maßstäben beurteilen.

Bei diesen vier Faktoren geht es darum, Angst und Scham zu vermeiden, doch sie unterstützen unsere Weiterentwicklung nicht. Wer aus Rückschlägen lernen will, muss seine Verletzlichkeit annehmen (siehe S. 109), sein Handeln und seine Annahmen prüfen. Nur dann kann er wichtige Lernchancen wahrnehmen. Wenn wir unsere Fehler akzeptieren, die Gründe erforschen und unser Handeln danach ausrichten, spielen die Fehler selbst gar keine so große Rolle mehr.

GEGEN DEN BURN-OUT

DIE LEISTUNGSFÄHIGKEIT ERHALTEN

Wenn Sie sich zu lange zu sehr unter Druck setzen, merken Sie vielleicht erst zu spät, dass ein Burn-out droht. Lernen Sie, Anzeichen für das Ausbrennen frühzeitig zu erkennen, und sorgen Sie gut für sich selbst.

Jeder fühlt sich hin und wieder erschöpft. Doch ein Burn-out ist ein schwerwiegender Erschöpfungszustand, der durch chronischen Stress (siehe S. 96–97) ausgelöst wird. Er kann so weit gehen, dass Sie Ihr Leben nicht mehr bewältigen können. Damit Sie langfristig leistungsfähig bleiben, sollten Sie frühzeitig Maßnahmen zur Selbstfürsorge treffen.

Die Anzeichen

Wenn folgende Symptome auftreten, ist es Zeit für eine Veränderung oder eine Pause:

- **Viele kleinere Gesundheitsprobleme.** Bei Erschöpfung schwächelt Ihr Immunsystem, sodass Sie anfälliger für Krankheiten werden. Auch stressbedingte Symptome wie Kopfschmerzen, Herzklopfen, Schwindel und Magenprobleme können auftreten. Gehen Sie zum Arzt!
- **Chronische Müdigkeit.** Nach einer großen Anstrengung müde zu sein ist normal. Doch hält dies dauerhaft an, kann das ein Zeichen für Burn-out sein – vor allem, wenn Sie Ihre täglichen Aufgaben nicht mehr bewältigen können.
- **Schlafprobleme.** Wer unter chronischem Stress leidet, dem fällt es schwer, sich am Abend zu entspannen.
- **Gedächtnis- und Konzentrationsschwierigkeiten.** Bei zu viel Stress versetzt das Nervensystem den Körper in erhöhte Kampf-oder-Flucht-Bereitschaft. Kurzfristig hilft uns das, alle verfügbaren kognitiven Ressourcen zu bündeln, um ein Problem zu lösen. Doch auf Dauer geht das nicht gut. Wenn Sie einen Tunnelblick entwickeln, ist es Zeit für eine echte Ruhepause.
- **Verminderte Arbeitsleistung.** Vergleichen Sie Ihre aktuelle Leistung mit der, die Sie vor ein, zwei Jahren geschafft haben. Burn-out zeigt sich oft als langsame, aber stetige Leistungsminderung.
- **Zwischenmenschliche Probleme.** Geraten Sie öfter mit anderen aneinander als üblich? Oder haben Sie das Gefühl, nicht dazuzugehören?
- **Mangelnde Selbstfürsorge.** Vergessen Sie manchmal zu essen, oder ernähren Sie sich von Junkfood? Treiben Sie keinen Sport? Schlafen Sie nicht genug?
- **Negative Gefühle.** Depression, Angst, Ärger, Zynismus und Gefühllosigkeit weisen darauf hin dass Sie am Limit sind.

Präventive Maßnahmen

Wenn Sie erkennen, dass Sie unter einem oder mehreren dieser Symptome leiden, ergreifen Sie folgende Maßnahmen:

- **Sagen Sie Nein,** wann immer möglich. Nehmen Sie nicht mehr Verpflichtungen auf sich als unbedingt notwendig.
- **Lassen Sie Ihren Perfektionismus los.** Ihr Ziel sollte »gut genug« lauten, nicht »perfekt« (siehe S. 160–161).
- **Hören Sie auf zu grübeln.** Wenn Sie in eine »Grübelspirale« geraten (siehe rechts), lenken Sie sich ab.
- **Erkennen Sie, wann es Zeit ist, auszusteigen.** Ungerechtigkeit, mangelnde Anerkennung, aber auch Kontrolle und Konkurrenzdruck können zum Burn-out führen. Manchmal hilft nur eines: Tapetenwechsel.
- **Sorgen Sie für sich selbst.** Sie müssen essen, trinken, schlafen und sich bewegen. Wenn Sie Ihr körperliches Wohlbefinden vernachlässigen, schaden Sie sich auf Dauer immens.
- **Suchen Sie sich einen Ort,** an dem Sie Ihre Verletzlichkeit zeigen können – am besten zusammen mit anderen, die ähnliche Probleme haben.
- **Leben Sie Ihre Werte.** Wer berufsbedingt Ziele verfolgen muss, die seinen persönlichen Überzeugungen widersprechen, ist gefährdet, einen Burn-out zu erleiden. Finden Sie Wege, Dinge zu tun, die sich mit Ihren Werten decken.

Setzen Sie Ihr Wohlbefinden ganz oben auf die Liste: Es führt zu nichts, wenn Sie sich zugrunde richten. Viel effizienter und Erfolg versprechender ist es, ein Level anzupeilen, das Sie bequem über einen langen Zeitraum aufrechterhalten können.

DIE GRÜBELSPIRALE

Auch wenn Nachdenken oft sinnvoll ist: Hüten Sie sich vor der »Grübelspirale«. Wie die Grafik unten zeigt, kann das Wiederkäuen negativer Gedanken sich so verselbstständigen, dass man sich in Sorgen und schlechten Erinnerungen verfängt. Da hilft nur eines: Durchbrechen Sie die Spirale – und zwar nicht, indem Sie gedanklich eine Lösung suchen, sondern indem Sie etwas völlig anderes tut. Hören Sie Musik, lesen Sie ein Buch, kochen Sie etwas – Hauptsache, Ihr Geist ist mit etwas Erfreulichem beschäftigt. Das kostet vielleicht ein wenig Mühe, doch wenn Sie durchhalten, wird sich Ihre Stimmung schnell bessern.

DAS OPTIMALE ARBEITSPENSUM

In welchem Maß wir unsere Arbeit kontrollieren können, kann sich auf unsere Gesundheit auswirken. Eine australisch-kanadische Studie von 2010 ergab, dass Menschen, die intrinsisch motiviert sind und mehr Kontrolle haben, durch mehr Arbeit seltener krank werden. Welches Pensum ist für Sie optimal? Womöglich ist es für Ihre Gesundheit sogar besser, wenn Sie mehr zu tun haben, auch wenn das merkwürdig erscheint.

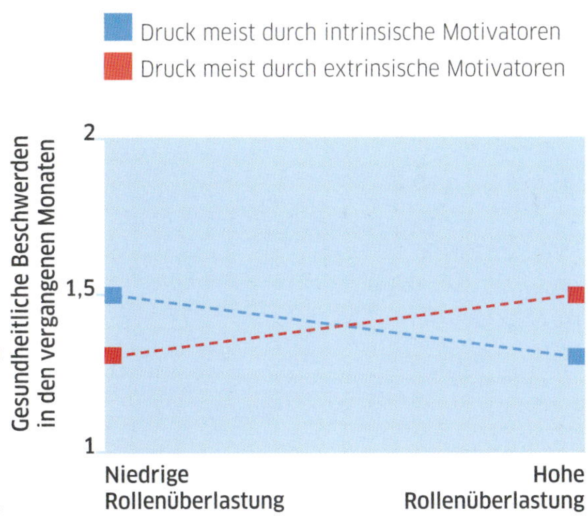

DIE BEZIEHUNG ZWISCHEN ARBEITSPENSUM UND GESUNDHEIT

AKTIV IN DER FREIZEIT

ANSATZPUNKT FÜR MEHR ERFOLG

Wer sein Leben ganz auf den Erfolg ausrichtet, neigt dazu, Freizeit als zweitrangig zu betrachten. Doch es ist oft einfacher, die eigenen Ziele zu erreichen, wenn man auch seine freie Zeit gut nutzt.

Zeit ist wertvoll. Doch sobald wir die Zeit genießen wollen, die uns für Erholung zur Verfügung steht, scheint sie uns zwischen den Fingern zu zerrinnen. Es ist verständlich, dass man nicht auch noch seine Freizeit verplanen und Spaß in eine andere Form von Arbeit verwandeln möchte – doch ein wenig Vorausschau trägt dazu bei, dass Sie keine Zeit verlieren, sondern sie sinnvoll nutzen können.

Ein Ziel für alle

Der Wunsch, freie Zeit zu haben und zu genießen, ist bei allen Völkern und Generationen vorhanden. Die Weltgesundheitsorganisation stellte im Jahr 2008 fest, dass Freizeit, insbesondere wenn dabei ein Flow-Zustand erreicht wird (siehe S. 166–167), die Lebensqualität von Menschen in vielen Ländern weltweit verbesserte. 2006 zeigte eine brasilianische Studie, dass ein strukturiertes Outdoor-Abenteuerprogramm die Lebensqualität von Bürgern zwischen 60 und 80 Jahren merklich erhöhte. Unabhängig davon, wie alt Sie sind und woher Sie stammen – wir alle brauchen Freizeit. Doch deren befreiende Wirkung ist größer, wenn wir sie wenigstens ein bisschen planen.

Von Freizeit profitieren

Wenn wir müde oder überanstrengt sind, sehnen wir uns oft nach mehr Entspannung. Manchmal ist Qualität jedoch besser als Quantität.

2010 wurde im Rahmen einer Studie das Leben von 403 Studierenden einen Monat lang dokumentiert. Dabei stellte sich heraus, dass ihre Zufriedenheit nicht zwangsläufig dadurch wuchs, dass sie mehr freie Zeit hatten. Viel wichtiger war, wie sie diese nutzten. Jene Studierenden, die profitierten, verhielten sich vorausschauend. Sie bevorzugten

- körperliche Aktivitäten,
- soziale Aktivitäten mit Freunden und Familie,
- typische Freizeitaktivitäten wie Ausflüge und Hobbys,

WAS FÜLLT IHRE ZEIT?

Die Psychotherapeutin Lynn Grodzki teilt unsere Zeit in drei grundlegende Kategorien.

- **Arbeitszeit.** Aktivitäten, die uns Spaß oder Geld bringen.
- **Erholungszeit.** Bedeutungsvolle Aktivitäten, die unsere Seele verjüngen.
- **Pufferzeit.** Zeit, die wir mit eher unwichtigen praktischen Dingen verbringen und die uns Arbeits- und Erholungszeit wegnimmt.

Wie viel Ihrer Zeit nutzen Sie als einen solchen Puffer? Sehen Sie Möglichkeiten, sie effektiver zu füllen?

AKTIVITÄTEN IN DER FREIZEIT

Wie profitieren wir von unserer Freizeit? Ausgehend von Maslows »Bedürfnispyramide« (siehe rechts) haben die Psychologen Mounir Ragheb und Jacob Beard sechs Arten von Tätigkeiten identifiziert, die uns Zufriedenheit schenken.

1 **Psychische Aktivitäten,** die uns emotional oder kognitiv belohnen.

2 **Bildungsaktivitäten,** die Wissen und Verstehen fördern.

3 **Soziale Aktivitäten** mit Freunden und Familie.

4 **Entspannung:** Aktivitäten, die Frieden und Ruhe schenken.

5 **Körperliche Aktivitäten,** die Spaß machen.

6 **Ästhetische Aktivitäten,** die mit dem Genuss schöner Orte und Dinge verbunden sind.

Ziele wie »Ich möchte meine Fitness verbessern« sowie im Voraus geplante Aktivitäten.

Wer davon ausgeht, dass sich seine Freizeit von allein organisiert, endet wahrscheinlich in Langeweile und Unzufriedenheit. Dies kann Stress auslösen, denn das Gefühl, dass die Zeit verrinnt, macht uns Angst, statt uns zu beruhigen. Die Forschung legt nahe, dass wir stärker aufblühen, wenn wir die Freizeit als Phase sehen, in der wir tun können, was uns wichtig ist, statt nur als Zeitraum, in dem wir nicht arbeiten.

UNSERE TIEFSTEN BEDÜRFNISSE

1943 publizierte der amerikanische Psychologe Abraham Maslow den ersten Entwurf seiner »Bedürfnispyramide«. Er ging davon aus, dass unsere Grundbedürfnisse erfüllt sein müssen, bevor wir nach Höherem streben und unser gesamtes Potenzial entfalten können. Maslow gründete seine Theorie auf seine Studien zu außergewöhnlichen Persönlichkeiten wie dem Physiker Albert Einstein und dem Abolitionisten Frederick Douglass. Sie repräsentieren seine Annahmen geradezu idealtypisch. Freizeitaktivitäten sind eher im oberen Abschnitt der Pyramide zu finden. Welche der genannten Bedürfnisse erfüllen Ihre Freizeitaktivitäten?

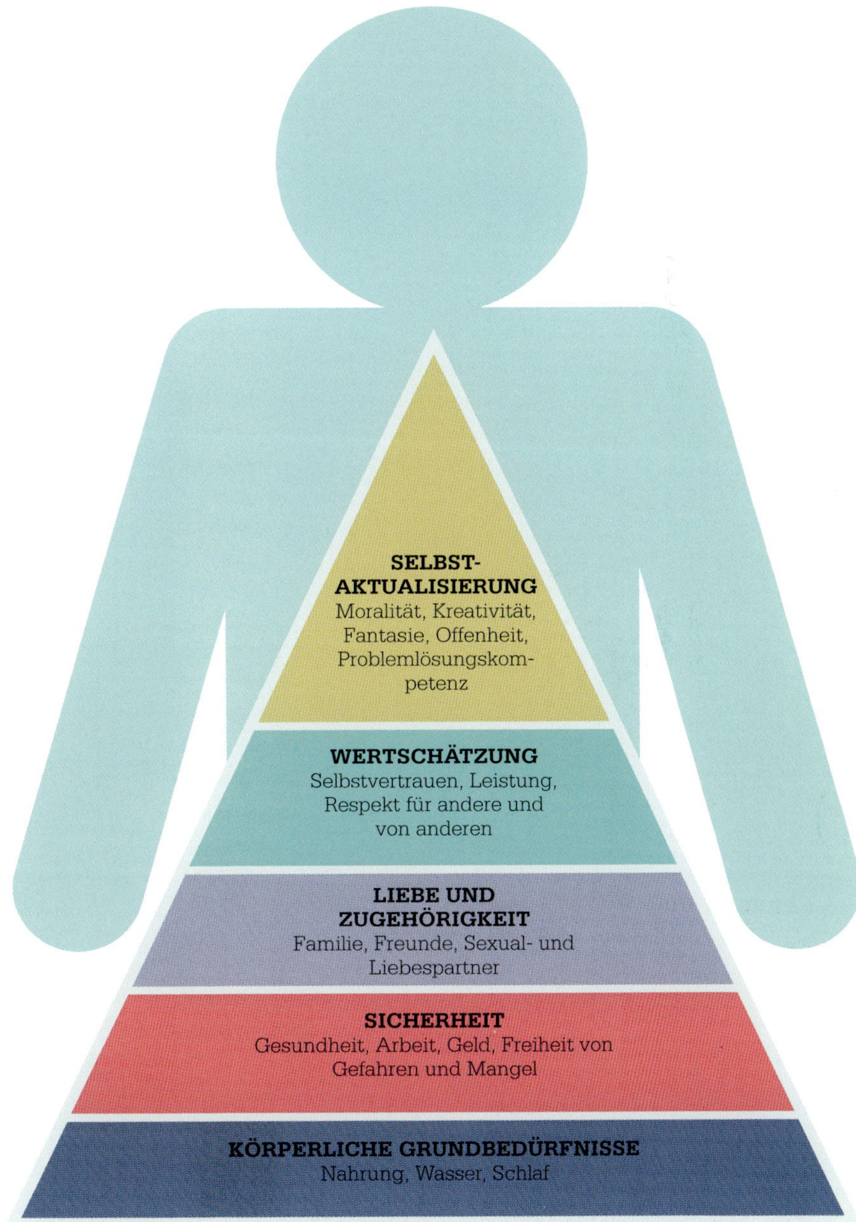

KAPITEL 6

ERFOLG

EIN LEBENSLANGER PROZESS

RESILIENZ AUFBAUEN

DIE INNERE KRAFT STÄRKEN

Erfolg bedeutet, Herausforderungen zu meistern und sich an positiven Dingen zu erfreuen. Eine auf Ausgeglichenheit bedachte und auf Optimismus basierende Haltung kommt Ihnen zugute, wenn es schwierig wird.

Die Bemühungen um eine positive Einstellung sind eine langfristige Investition, mit der Sie für das Lebens bestens gerüstet sind. Die Forschung hat festgestellt, dass eine optimistische Haltung unsere Perspektive erweitern kann und es ermöglicht, flexibler als üblich auf Negatives zu reagieren. Wahrscheinlich hilft uns die Kultivierung einer positiven Einstellung, charakterlich zu reifen. Um den Wechselfällen des Lebens gewachsen zu sein, sollten Sie also nicht versuchen, möglichst »tough« zu werden, sondern sich dem gesamten Spektrum an Erfahrungen – guten, schlechten, herausfordernden – öffnen.

SCHÖNE MOMENTE AUSKOSTEN

In der Zeitschrift *Journal of Happiness Studies* schreiben die Psychologinnen Michele Tugade und Barbara Fredrickson, dass wir im Normalfall Freunde und Familienmitglieder über gute Neuigkeiten informieren. Dabei geht es zum einen um die Beziehungspflege, zum anderen um das Auskosten der Glücksgefühle: Freude bleibt länger frisch, wenn man sie mit anderen teilt. Indem wir uns auf ein schönes Ereignis freuen, es genießen und anschließend in Erinnerungen schwelgen, können wir die Gefühle, die mit positiven Erfahrungen einhergehen, jederzeit verlängern. Auf diese Weise haben wir mehr davon, die Wirkung hält länger an.

UMFASSENDES WOHLBEFINDEN

Die Psychologie unterscheidet zwischen zwei Arten von Wohlbefinden.

- **Hedonistisches Wohlbefinden.** Das griechische Wort »hedone« bedeutet »Freude«, »Vergnügen«. Es geht um das subjektive Erleben schöner Augenblicke.
- **Eudämonistisches Wohlbefinden.** Abgeleitet vom Griechischen »eu« für »gut« und »daimon« für »Schicksal«. Es beruht auf der Nutzung individueller Potenziale, die es uns ermöglichen, zu wachsen, positive Beziehungen aufzubauen und Erfüllung zu finden.

Nicht nur Schwierigkeiten, sondern auch Glückserfahrungen stärken die Resilienz. Sorgen Sie dafür, dass ausreichend Spielraum für Genuss bleibt.

AUSGEWOGENHEIT

Optimismus trägt sicherlich dazu bei, dass wir erfolgreich sind, er ist aber nicht in jeder Situation und zu jeder Zeit angebracht. Laut den Psychologen Robert Cummins und Mark Wooden ist »extremer Optimismus« sogar »maladaptiv«, schadet uns also. Ein Mangel an Optimismus macht uns mutlos und furchtsam, während ein zuviel davon uns in Situationen, in denen vorsichtiges Agieren angesagt wäre, womöglich impulsiv reagieren lässt. Der Schlüssel zum Erfolg ist Ausgewogenheit, es empfiehlt sich ein realistischer Optimismus.

DER SILBERSTREIF AM HORIZONT

Jeder macht schlechte Erfahrungen. Doch statt nur das Negative zu sehen, können wir lernen, diesen Erlebnissen auch etwas Positives abzugewinnen. Eine US-amerikanische Studie aus dem Jahr 2000 schlägt folgende Strategien vor:

Neubewertung der Situation. Versuchen, einen positiven Aspekt zu finden.

Lösen des Problems. Es befriedigt und stärkt das Selbstwertgefühl, Ideen zu entwickeln.

Positive Bestätigung im Alltag finden, zum Beispiel die Freude über ein Kompliment.

Das Komische sehen – etwa indem wir Dinge mit den Augen eines anderen betrachten.

Setzen Sie diese Bewältigungsstrategien nicht erst dann ein, wenn ein großes Problem auftaucht. Üben Sie dieses Verhalten vielmehr im Alltag – so werden Sie belastbarer und lernen, sich gegen Schicksalsschläge zu wappnen.

KLUGER UMGANG MIT AFFIRMATIONEN

Wenn Sie Ihr Selbstwertgefühl stärken wollen, können positive Affirmationen helfen – unter Vorbehalt, wie eine kanadische Studie aus dem Jahr 2009 ausführt: Verfügen Sie bereits über ein stabiles Selbstwertgefühl, kann ein mantraartig wiederholter positiver Schlüsselsatz wie »Ich bin ein liebenswerter Mensch« sehr nützlich sein. Bei einem niedrigen Selbstwertgefühl kann jedoch auch eine gegenteilige Wirkung eintreten. Die Forscher stellten fest, dass sich die Probanden, deren Selbstbewusstsein am dringendsten eine Stärkung brauchte, nach allgemeinen und unspezifischen positiven Affirmationen eher schlechter fühlten. Offenbar zweifelten sie den Inhalt ihrer Aussagen an oder fühlten sich durch sie an ihre Unzulänglichkeiten erinnert. Wenn Sie Affirmationen einsetzen, um Ihre Stimmung zu verbessern, wählen Sie am besten konkrete Aussagen, die Ihre Talente und Fähigkeiten positiv widerspiegeln.

LEBENSLANG LERNEN

STETIGE WEITERENTWICKLUNG

Im Lauf des Lebens lernen wir aus Erfahrungen, die wir im beruflichen und im privaten Umfeld machen. Wir entwickeln uns stetig weiter. So bleiben wir motiviert und neugierig auf das, was als Nächstes kommt.

Der sicherste Weg zum Erfolg führt über die Erkenntnis, dass wir nie auslernen. Es wird immer wieder Situationen geben, in denen wir lernen und uns entwickeln können. Ein dynamisches Selbstbild (siehe S. 26) hilft Ihnen, mit Verve bei der Sache zu bleiben.

Wissen erwerben

Kommen wir je an den Punkt, an dem wir »genug« wissen? Die für bestimmte Aufgaben erforderlichen Kenntnisse können wir uns sicherlich aneignen. Doch Lernen an sich wirkt sich in einem viel umfassenderen Sinn positiv aus.

- **Lernen gibt Selbstvertrauen und fördert die Belastbarkeit.** Wer die Erfahrung macht, Herausforderungen mithilfe seiner Intelligenz meistern zu können, fühlt sich sicherer beim Umgang mit schwierigen Situationen.
- **Wer lernt, kommt besser mit Veränderungen zurecht.** Sich neues Wissen anzueignen erleichtert den Umgang mit fremden Denkweisen. Je besser wir damit klarkommen, umso weniger schüchtert uns Unbekanntes ein.
- **Lernen bereichert unseren Erfahrungsschatz.** Das Leben wird interessanter, wenn wir lernen und uns weiterentwickeln. Je mehr wir uns als Lernende begreifen, umso besser finden wir uns in der Welt zurecht und werden regelrecht aufblühen.
- **Lernen bereichert unsere Persönlichkeit.** Laut einer Studie aus dem Jahr 2015, die in der Zeitschrift *Adult Education Quaterly* publiziert wurde, ist das »Humankapital« – also unser Wissen, das wir durch Bildung gewinnen – der beste Maßstab für lebenslanges Lernen. Auch »Sozialkapital« – das Ausmaß, in dem wir mit anderen kooperieren – fördert die persönliche Weiterentwicklung. Über je mehr Humankapital die Probanden verfügten, umso besser konnten sie in einer Vielzahl von Situationen ihre Fähigkeiten effektiv einsetzen.
- **Lernen sorgt für mehr Wohlbefinden im Alter.** Studien bestätigen, dass ältere Menschen, die etwas für ihre Bildung tun, gesünder und glücklicher sind. Auch die Gesellschaft profitiert von ihren Beziehungen und Erkenntnissen.

Lernen, wie man lernt

Das Lernen an sich ist eine Fähigkeit, die man zunächst erwerben muss. So gehört die Lernkompetenz zu den »Schlüsselkompetenzen

LERNEN INNERHALB DER GESELLSCHAFT

Vie sind Lernvorgänge in den jesellschaftlichen Kontext eingebettet? Gemäß dem dänischen ernforscher Knud Illeris lernen vir innerhalb eines dreidimensionalen Spannungsfelds, genauer: iber das Denken (Kognition), lie Gefühle (Emotion) und die Gesellschaft.

- **Kognition:** unsere persönlichen Fähigkeiten und Einsichten
- **Emotion:** Gefühle und Motivation
- **Gesellschaft:** Teilhabe, Kommunikation, Kooperation

ir lebenslanges Lernen«, die das U-Parlament und der Europäische at 2006 zusammengestellt haben. Iier die komplette Liste:

- Muttersprachliche Kompetenz
- Fremdsprachliche Kompetenz
- Mathematische Kompetenz und grundlegende naturwissenschaftlich-technische Kompetenz
- Computerkompetenz
- Lernkompetenz
- Soziale Kompetenz und Bürgerkompetenz
- Eigeninitiative und unternehmerische Kompetenz
- Kulturbewusstsein und kulturelle Ausdrucksfähigkeit

ür alle, die sich ein universelles rfolgsrezept wünschen, ist dieser ehrplan« ideal.

BEDEUTUNG ERFASSEN

Der portugiesische Psychologe und Erziehungswissenschaftler Roberto Carneiro betrachtet das Lernen als einen Prozess, der mit zunehmender Praxis immer komplexer – und bereichernder – wird. Im ersten Schritt nehmen wir grundlegende Informationen auf, aus denen wir das Faktenwissen herausfiltern. Anschließend verfeinern wir das erworbene Wissen. Dieser Vorgang ist der eigentliche Lernprozess, an dessen Ende sich uns die Bedeutung des Gelernten erschließt: Wir erkennen, wie wir das Gelernte nutzen und anwenden können, und finden heraus, welchen Wert es für uns hat.

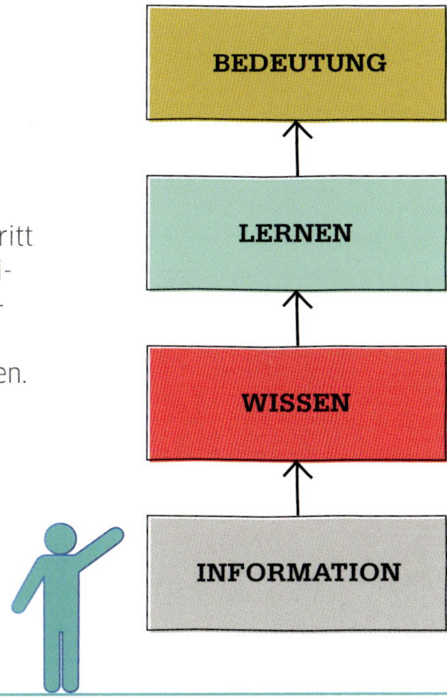

ADAPTIVES ODER GENERATIVES LERNEN?

Lernprozesse mit Informationsbeschaffung gleichzusetzen greift zu kurz. Roberto Carneiro schlägt eine Unterscheidung zwischen »adaptivem« und »generativem« Lernen vor. Ersteres unterstützt uns dabei, innerhalb unserer Umwelt zu agieren; Letzteres hilft uns, die Umwelt zu verändern. Um erfolgreich zu sein, müssen wir beide Arten des Lernens kultivieren.

Adaptives Lernen hilft ...	Generatives Lernen hilft ...
■ ... sich in ein Umfeld einzufügen.	■ ... ein Umfeld zu verändern.
■ ... sich an Veränderungen anzupassen.	■ ... Kapazitäten zu erweitern
■ ... mit Bedrohungen fertigzuwerden.	■ ... Kreativität zu entwickeln
■ ... auf Symptome zu reagieren.	■ ... Gründe zu ermitteln
■ ... Zeichen zu erkennen.	■ ... künftige Ereignisse einzubeziehen.
■ ... konventionelles Wissen zu erwerben.	■ ... Dinge auf eine neue Art und Weise zu sehen.

SEHNSUCHT IST DER SCHLÜSSEL ZUR MOTIVATION, DOCH ERST DIE ENTSCHLOSSENHEIT, EIN ZIEL UNERBITTLICH ZU VERFOLGEN, VERSETZT UNS IN DIE LAGE, DEN ERSEHNTEN ERFOLG AUCH ZU ERREICHEN.

MARIO ANDRETTI, RENNFAHRER

FEEDBACK

DER AUSTAUSCH VON IDEEN UND MEINUNGEN

Wer mit anderen gut zusammenarbeitet, ist dankbar für Feedback und bereit, selbst welches zu geben. Ein offenes Ohr für die Meinung anderer und ein offenes Kommunikationsverhalten sind oft Schlüssel zum Erfolg.

Egal, wie überzeugt wir von uns sind, wir können von der Meinung anderer profitieren. Zu wissen, wie man Feedback einholt, ist sowohl am Arbeitsplatz als auch im Privatleben ein bedeutende Erfolgsfaktor. Allerdings sollten Sie darauf vorbereitet sein, dass Ihre Ideen kritisiert, manchmal sogar auseinandergenommen werden.

Kritik annehmen

Die Hirnforschung hat festgestellt, dass wir darauf gepolt sind, Kritik zu fürchten. Forschungsergebnisse legen sogar nahe, dass negative Bemerkungen in empfindlicheren neuronalen Schaltkreisen verarbeitet werden als positive. Im Grunde ist Angst vor Kritik Angst vor Zurückweisung. Ein negativer Kommentar mag noch so taktvoll formuliert sein – ein Teil unseres Gehirns hört nur die damit verbundene Drohung, etwa »Du bist entlassen«. Wenn Sie negatives Feedback erhalten, das Angst in Ihnen auslöst, setzen Sie auf diese Strategien:

- Konzentrieren Sie sich auf die Fakten und trennen Sie sie von Meinungen. Selbst wenn Sie mit den geäußerten Schlussfolgerungen nicht einverstanden sind, können Sie von den Informatione womöglich profitieren.
- Überlegen Sie, was den Sprecher motiviert. Möchte er Ihnen helfen oder seine Autorität stärken? Unterschiedliche Motivationen erfordern passende Antworten.
- Nehmen Sie es nicht persönlich. Wenn Sie einen Fehler gemacht haben, solidarisieren Sie sich mi Ihrem Kritiker.

85 %

VONEINANDER LERNEN

Laut einer australischen Studie aus dem Jahr 1994 hatten 85 Prozent der Studierenden das Gefühl, **aus Beurteilungen ihrer Kommilitonen mehr zu lernen** als aus der Kritik von Autoritätspersonen.

- Wenn Sie sich ad hoc nicht zu einer konstruktiven Antwort in der Lage sehen, bedanken Sie sich für das Feedback und erbitten Sie sich eine Frist, um die Angelegenheit ganz in Ruhe zu durchdenken.

Geben und nehmen

Zahlreiche Studien belegen, dass das Geben von Feedback uns mindestens genauso viel bringt, wie Rückmeldungen zu erhalten. Wenn wir die Leistungen einer anderen Person beurteilen müssen, ist unser Gehirn gezwungen, objektiv über

- das Ziel, das erreicht werden soll,
- die Kriterien, nach denen dies zu beurteilen ist,
- die Frage, wie ein gutes Beispiel aussehen könnte,
- Lösungsmöglichkeiten, wenn die Dinge nicht wunschgemäß laufen,

nachzudenken. Dies schult unsere Fähigkeit zu kritischem Denken, davon profitieren wir auch in anderen Lebensbereichen.

ZWEI FEEDBACK-MODELLE

Die amerikanischen Psychologinnen Patricia L. Harms und Deborah Britt Roebuck haben Modelle für positives und negatives Feedback entwickelt. Lassen Sie sich davon inspirieren, wenn Sie jemandem sagen müssen, was Sie von ihm oder ihr halten.

Schritt	Aktion	Beispiel
Verhalten	Beschreiben Sie das Verhalten Ihres Gegenübers als segensreich.	»Sie vermitteln allen das Gefühl, wertgeschätzt zu werden.«
Effekt	Beschreiben Sie das Ergebnis dieses positiven Verhaltens.	»Das hat zu einem besseren sozialen Klima und zu einem besseren Gesamtergebnis geführt.«
Dank	Zeigen Sie Ihre Wertschätzung.	»Alle Beteiligten schätzen sich glücklich, mit Ihnen zusammenarbeiten zu dürfen. Danke!«
Verhalten	Beschreiben Sie, was das Problem versursacht hat.	»Sie sagten, Sie könnten den Vertrag bearbeiten, doch Sie haben erst letzte Woche damit begonnen.«
Effekt	Welche Auswirkungen hatte das?	»Ich musste meine Arbeit unterbrechen, um Ihnen zu helfen. Jetzt bin ich mit meinen anderen Projekten in Verzug.«
Alternative	Machen Sie einen konkreten Verbesserungsvorschlag für die Zukunft.	»Bitte sagen Sie mir künftig Bescheid, sobald Sie ahnen, dass es ein Problem geben könnte.«
Ergebnis	Beschreiben Sie die positiven Effekte einer entsprechenden Verhaltensänderung.	»Dann wird es viel einfacher sein, eine geeignete Unterstützung für Sie zu finden.«

DIE KUNST DES ZUHÖRENS

AKTIV UND ACHTSAM WAHRNEHMEN

Jeder weiß, wie wichtig es ist, von anderen zu lernen. Doch wirklich zu hören, was jemand sagt, erweist sich manchmal als erstaunlich schwierig. Was können wir tun, um zu aufmerksameren Zuhörern zu werden?

Ein guter Zuhörer kann mehr Informationen aufnehmen. Verbessern Sie Ihre Fähigkeit zum Zuhören mit folgenden Strategien.

Spiegelneuronen

Wenn Sie die mehr oder weniger spiegelgleiche Körpersprache zweier sich unterhaltender Menschen beobachten, deuten Sie diese Nachahmungsprozesse vielleicht als Ausdruck gesellschaftlichen Konformitätsdrucks. Tatsächlich zeigt sich darin das Bemühen, einander zu verstehen. Die Psychologie nennt dies »verkörperte Simulation« (»embodied simulation«). Zwar haben wir keinen Einblick in das Gehirn unseres Gegenübers, doch wir glauben, dass Gedanken und Gefühle sich in seiner Motorik und Körperhaltung widerspiegeln – indem wir diese imitieren, gibt unser Gehirn uns ein Feedback, das es uns erleichtert, den anderen zu verstehen. In der Regel geschieht das unbewusst. Wenn Sie nicht einschätzen können, warum jemand etwas tut, können Sie diskret versuchen, seine Körpersprache bewusst zu imitieren, um Ihrer Intuition auf die Sprünge zu helfen.

Aktives Zuhören

Menschen, die möglichst effektiv lernen möchten, sollten »aktiv« zuhören. Während man sich beim »passiven Zuhören« ruhig anhört, was gesagt wird, entsteht beim aktiven Zuhören ein wirkliches Gespräch. Probieren Sie diese Techniken aus:

- **Lauschen Sie mit dem ganzen Körper.** Spiegeln Sie die Körpersprache Ihres Gegenübers, lächeln Sie, halten Sie Augenkontakt. Nehmen Sie eine aufmerksame Haltung an.
- **Teilen Sie den Standpunkt** des Sprechers. Ihre Antwort sollte zeigen, dass Sie sich bemühen, die Dinge auch aus seiner Perspektive zu sehen.
- **Bleiben Sie gelassen und freundlich.** Ihr Verhalten wird das Verhalten Ihres Gegenübers beeinflussen und umgekehrt.
- **Konzentrieren Sie sich auf Ihr Gegenüber.** Stellen Sie offene Fragen, unterbrechen Sie den anderen nicht, geben Sie seine Ausführungen teilweise in eigenen Worten wieder. Im Zweifel fragen Sie nach.
- **Fällen Sie keine Urteile.** Nehmen Sie nicht vorweg, was Ihr Gesprächspartner eventuell sagen wird, und unterbrechen Sie ihn nicht mit Gegenargumenten.
- **Geben Sie Bestätigung.** Ist Ihr Gesprächspartner bedrückt, zeigen Sie ihm, dass Sie sein Recht, so zu empfinden, jederzeit anerkennen. Vielleicht hilft es ihm, schlüssiger zu argumentieren.

WIE WIR ZUHÖREN

Die Psychologen Graham Bodie, Debra Worthington, Lynn Cooper und Margarete Imhof entwickelten eine »Feldtheorie« der Gesprächsführung. Die Grafik zeigt, wie Gespräche sich entwickeln. Je sorgfältiger und aufmerksamer wir in deren Verlauf agieren, umso wertvoller das Ergebnis.

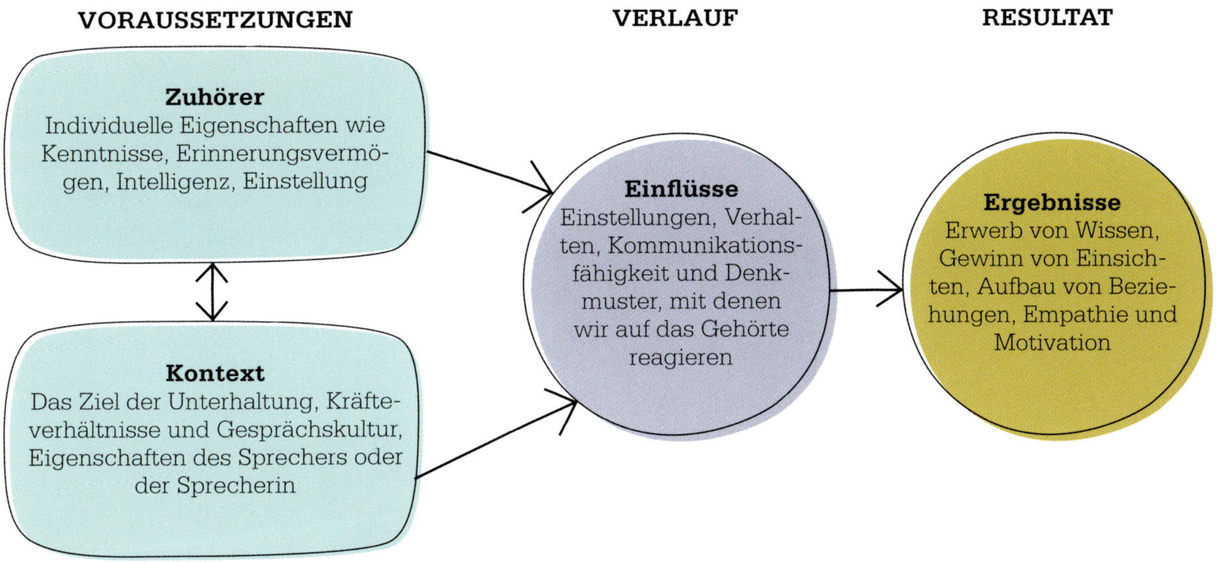

- **Spiegeln Sie das Gesagte,** etwa so: »Wenn ich Sie richtig verstehe, meinen Sie …« Dies gibt Ihrem Gegenüber die Chance, falsche Eindrücke zu korrigieren, und zeigt ihm, dass Sie sich um Verständnis bemühen.
- **Geben Sie regelmäßig Zusammenfassungen.** So zeigen Sie Ihr Interesse an den Ausführungen Ihres Gesprächspartners und geben ihm die Möglichkeit, Wichtiges noch einmal hervorzuheben.

Jede soziale Situation erlaubt es, sich im Zuhören zu üben. Verfolgen Sie Ihre Fortschritte aufmerksam. Merke: Ein guter Zuhörer ist wie ein Moderator, der seine Gesprächspartner bei der Entfaltung ihrer Kommunikationsfähigkeiten unterstützt.

DOS AND DON'TS DES AKTIVEN ZUHÖRENS

Aktives Zuhören heißt, einen offenen Kommunikationsraum zu schaffen. Hier einige Tipps und Tabus:

Vermeiden: Fragen, die anklagend klingen könnten, zum Beispiel: »Warum hast du das getan?«
Sagen Sie: »Kannst du mir genauer erklären, was passiert ist?«

Vermeiden: andere zur Preisgabe heikler Informationen nötigen.
Sagen Sie: »Wenn du darüber reden willst, höre ich dir gerne zu.«

Vermeiden: Behauptungen wie: »Ich weiß genau, wie du dich fühlst.«
Sagen Sie: »Wie geht es dir damit?«

Vermeiden: Ratschläge wie: »Du solltest einfach kündigen.«
Sagen Sie: »Möchtest du dir ein paar Strategien überlegen?«

Vermeiden: bevormundende Mitleidsbezeugungen, beispielsweise: »Armer Kerl.«
Sagen Sie: »Das klingt schwierig. Wie kommst du damit klar?«

Vermeiden: Unverblümtheit, Unhöflichkeit.
Sagen Sie: »Darf ich Ihnen vorschlagen …?«

HILFE DURCH MENTORING

GEGENSEITIGE UNTERSTÜTZUNG

Ein guter Mentor hat jede Menge Unterstützung zu bieten. Bemühen Sie sich, möglichst viel von ihm zu lernen, und bauen Sie eine tragfähige Beziehung auf, von der Sie beide profitieren können.

Nimmt eine Person, die Ihnen an Wissen und Erfahrung überlegen ist, Sie unter ihre Fittiche, kann das Ihr Leben in vielerlei Hinsicht positiv beeinflussen. Mentoring ist sowohl innerhalb als auch außerhalb des Berufslebens ein Schlüsselelement des Wissenstransfers. Wenn Sie sich einem neuen Tätigkeitsfeld zuwenden, sich kreativ, intellektuell oder beruflich weiterentwickeln möchten oder den Rat eines lebenserfahreneren Menschen suchen, können Sie von einem Mentor nur profitieren.

Einen Mentor finden

Gute Mentoren laufen einem nicht einfach über den Weg. Bei der Suche nach einer geeigneten Person helfen folgende Überlegungen und Maßnahmen:

- **Wofür brauchen Sie einen Mentor?** Suchen Sie Hilfe bei der Einarbeitung in ein bestimmtes Tätigkeitsgebiet oder einen verlässlichen Kritiker? Eine klare Vorstellung von den eigenen Erwartungen schützt vor Enttäuschung.

90 %

FEEDBACK ERWÜNSCHT

Laut einer US-amerikanischen Studie aus dem Jahr 2009 halten mehr als **90 Prozent der Mentoren** ein **ehrliches Feedback** ihrer Mentees für wichtig.

- **Netzwerken Sie.** Viele Berufsverbände bieten Mentoringprogramme an. Fragen Sie Ihre Kollegen, wo sie ihre Mentoren gefunden haben, suchen Sie Anschluss an Kreise, in denen sich die Menschen bewegen, die Sie bewundern.
- **Achten Sie auf die Reaktionen Ihrer Gesprächspartner.** Wenn jemand Ihnen offensichtlich nicht helfen will, hat es keinen Zweck, in ihn zu dringen – das wird ihn nur verprellen. Umgekehrt sollten Sie jedoch auch nicht erwarten, dass andere Ihre Gedanken lesen können. Bringen Sie klar zum Ausdruck, dass Sie für jeden Rat, den Sie erhalten, dankbar sind. Wenn die Antwort Ihres Gegenübers höflich, aber unbestimmt ausfällt, ist das wahrscheinlich ein Nein.
- **Schauen Sie über den Tellerrand.** Vielleicht arbeitet der ideale Mentor für Sie auf einem Gebiet, das Sie noch gar nicht in Erwägung gezogen haben, oder er ist Ihnen charakterlich sehr unähnlich. Er muss nicht so sein, wie Sie gerne wären. Was zählt, ist eine tragfähige Beziehung.

DIE MENTOR-MENTEE-BEZIEHUNG

Dass wir von Menschen mit mehr Erfahrung profitieren können, ist sonnenklar. Mentoring ist aber auch unter Gleichgestellten und sogar von unten nach oben möglich und Erfolg versprechend. Das bestätigt ein Beitrag für das US-amerikanische Center for Creative Leadership aus dem Jahr 2013.

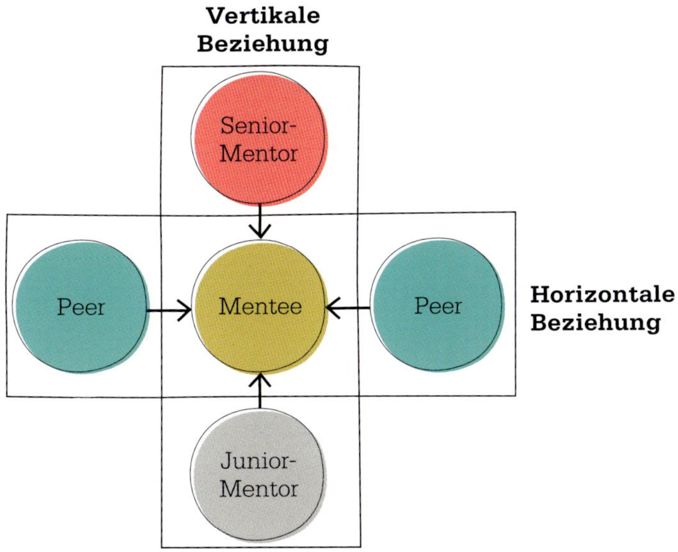

Beziehungspflege

Sobald Sie eine Verbindung zu Ihrem Mentor aufgebaut haben, sollten Sie darüber nachdenken, wie Sie die Dynamik Ihrer Beziehung am besten für sich nutzen können. Folgende Strategien haben sich bewährt:

- **Geben Sie etwas zurück.** Bieten Sie Ihrem Mentor an, ihn mit Kollegen aus Ihrem Netzwerk bekannt zu machen. Unterstützen Sie seine Arbeit. Stellen Sie sich darauf ein, ihm bei anderen Gelegenheiten zu helfen.
- **Zeigen Sie Eigeninitiative.** Es ist nicht sehr befriedigend, Mentees zu coachen, die zu abhängig erscheinen. Mentoren schätzen Schützlinge, die Gelerntes mit Energie und Enthusiasmus umzusetzen versuchen.
- **Akzeptieren Sie, was Ihr Mentor Ihnen anbietet.** Manche Mentoren möchten ausschließlich praktische Hilfestellung leisten. Wenn Sie Unterstützung benötigen, die Ihr Mentor Ihnen nicht geben möchte, suchen Sie anderweitig danach.
- **Beenden Sie das Mentor-Mentee-Verhältnis,** sobald Sie die Hilfe Ihres Mentors nicht mehr brauchen. Jede Beziehung zu einem Mentor sollte von Wertschätzung und Unterstützung getragen sein; ob sie am Ende in eine lebenslange Freundschaft mündet oder nicht – betrachten Sie das, was Ihnen angeboten wird, als Geschenk.

25–33 %

FAMILIENBANDE

Im Jahr 2013 wurden Manager im Rahmen einer Studie gefragt, von **welchen Beziehungen** sie **beruflich** am meisten **profitiert** haben. **25 bis 33 Prozent** der genannten Personen waren Familienmitglieder.

GLAUBWÜRDIGKEIT

DEN WORTEN TATEN FOLGEN LASSEN

Wer als vertrauenswürdig gilt, hat einen großen Vorteil: Er bekommt mehr Chancen und kann auf die Loyalität anderer zählen. Jede einzelne unserer Entscheidungen hat einen Einfluss auf unsere Glaubwürdigkeit.

Glaubwürdigkeit bewirkt, dass wir anderen Menschen vertrauen. Wenn Sie nicht glaubwürdig sind, wird man Ihren Urteilen oder Aussagen misstrauen und nicht an das glauben, was Sie (zu)sagen. Es ist deshalb wichtig, dass Ihre Worte und Taten übereinstimmen. Glaubwürdigkeit ist leichter verloren als wiederhergestellt. Achten Sie also darauf, wie authentisch Sie sich verhalten und wie Sie auf andere wirken. Wenn etwas schiefläuft, setzen Sie sich unmittelbar und ernsthaft mit der Situation auseinander.

Tun, was man sagt

Zahlreiche Studien bestätigen, dass Unglaubwürdigkeit auf einem ganz einfachen Ablauf beruht: Wenn die Aussagen einer Person nicht mit ihrem Verhalten übereinstimmen, wenn sie Versprechen gibt, die sie nicht hält, vertrauen wir ihr nicht.

1994 wurden Probanden bei einer amerikanische Studie gebeten, mehrere Texte zu lesen, manche waren eindeutig fomuliert, andere nicht. Diejenigen, die mehrdeutige Nachrichten lasen, vertrauten dennoch auf die Quellen, die für sie glaubwürdig waren. Bei eher unwichtigen Aspekten war die Glaubwürdigkeit der Quelle sogar der einzige Faktor, der eine Rolle spielte – egal, wie stark die vorgebrachten Argumente waren. Im Alltag ist Glaubwürdigkeit vielleicht die einzige Währung, die zählt.

Fehler vermeiden

Manchmal lässt sich ein Versprechen einfach nicht halten, und auch unsere Selbstkontrolle versagt.

VERTRAUEN AUFBAUEN

Wie entscheiden wir, ob wir jemandem vertrauen können? Der US-amerikanische Psychologe Tony Simons meint, dass wir uns zunächst ein Urteil über die Integrität der betreffenden Person bilden, indem wir ihr bisheriges Verhalten unter die Lupe nehmen. Auf dieser Grundlage entscheiden wir über ihre Glaubwürdigkeit und schätzen ihr künftiges Verhalten ein (siehe unten). Wenn Sie Ihre eigene Glaubwürdigkeit verbessern möchten, achten Sie darauf, dass das, was Sie sagen, und das, was Sie tun, übereinstimmt.

INTEGRITÄT DES VERHALTENS

Was hat die Person in der Vergangenheit gesagt? Stimmten ihre Handlungen mit ihren Aussagen überein? **(Wahrgenommene Integrität)**

GLAUBWÜRDIGKEIT

Halte ich die Person für integer? **(Wahrgenommene Güte)**

Glaube ich, dass sie ihrer Aufgabe gerecht werden wird? **(Wahrgenommene Kompetenz)**

ANTIZIPIERTES VERHALTEN

Glaube ich, dass die Person ihr Wort halten oder dass sie es brechen wird? **(Wahrgenommene Aufrichtigkeit)**

zuweilen. Wenn andere das mitbekommen, haben wir ein Problem. Was tun, wenn so etwas passiert?

Studienergebnisse legen nahe, dass bei Problemen mit der Glaubwürdigkeit auch Wiedergutmachungsversuche nicht unbedingt etwas bewirken. Entschuldigungen und Versprechen wollen also sorgfältig formuliert werden. Laut einer Studie von 2002 ist etwa die Frage »Unter welchen Voraussetzungen würden Sie wieder kooperieren?« weniger effektiv als die Frage »Was kann ich tun, damit Sie wieder mit mir zusammenarbeiten?«, da hier der Verantwortliche direkt in die Pflicht genommen werden kann. In derselben Studie wurde festgestellt, dass oft auch einfache Versuche wohlwollend aufgenommen werden. Selbst kleine Gesten zeigen den guten Willen – wenn sie ehrlich gemeint sind.

DER SPERRKLINKENEFFEKT

Wir wissen aus Erfahrung, dass Vertrauen leichter verloren geht als gewonnen wird. Der Psychologe Tony Simons nennt dies »Sperrklinkeneffekt«. Das Gesperr sorgt dafür, dass sich ein Sperrrad nur in eine Richtung drehen kann. Mit der Glaubwürdigkeit verhält es sich ähnlich. Unzuverlässigkeit ist wie eine Rückwärtsbewegung, die Schäden verursachen kann, die kaum wiedergutzumachen sind.

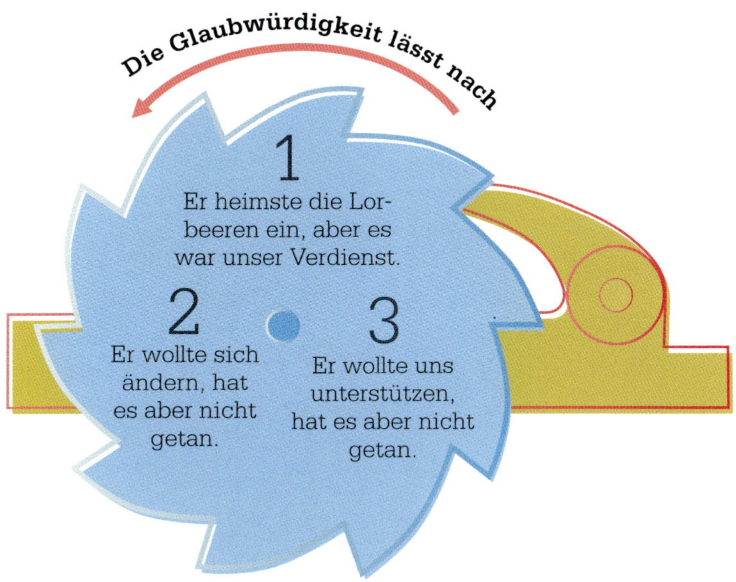

RESPEKT UND ANSEHEN

WIE GRENZEN SETZEN UNS SCHÜTZT

Wir möchten Bestätigung für uns als Person, für unsere Handlungen und Meinungen. Das kann in ein Dilemma führen: Inwieweit sollten wir uns nach den Wünschen anderer richten, um ihren Respekt zu gewinnen?

Respekt von seinen Mitmenschen zu bekommen bewirkt inneren Frieden: Es gibt kaum etwas Besseres, um das Selbstvertrauen und die Beziehung zu sich selbst und zu anderen zu stärken. Doch wie können wir den Respekt anderer gewinnen, ohne uns untreu zu werden?

Als Respektsperson auftreten

Missbilligung durch andere kann uns sehr zu schaffen machen, und wir alle sind darauf bedacht, uns in der Öffentlichkeit als annehmbar zu präsentieren. Psychologen nennen das »Eindrucksmanagement«. Das klingt ziemlich manipulativ, und in der Tat bestätigen Studien, dass Menschen, die sehr auf ihre Außenwirkung bedacht sind, es mit der Wahrheit nicht so genau nehmen, wenn ihr Ruf auf dem Spiel steht.

Laut neueren Forschungsergebnissen zeugt dies jedoch nicht von Selbstbewusstsein, sondern eher davon, dass die Betroffenen fürchten, ihr Gesicht zu verlieren. Der israelische Psychologe Liad Uziel führte 2010 den Begriff »interpersonell orientierte Selbstkontrolle« ein, um den Unterschied zwischen negativer Vertuschung und positiver Selbstdarstellung zu betonen. Sich selbst als respektable Persönlichkeit zu präsentieren kann eine reife Leistung sein. Manchmal steigert das sogar die Kreativität (siehe S. 203).

> Der Respekt für uns selbst **lenkt unsere Moral;** der Respekt für andere **unser Verhalten.**
>
> **Laurence Sterne**
> Irischer Schriftsteller und Geistlicher

Respekt und Großzügigkeit

Unsere Gesellschaft mag Großzügigkeit, hat für Schwächlinge aber nur wenig übrig. Wie sehr kommen Sie also anderen entgegen, wie sehr grenzen Sie sich ab? Stellen Sie sich hierzu folgende Fragen:

- Fällt es mir schwer, unangemessene Forderungen abzulehnen?
- Wird mein Beitrag oft als selbstverständlich erachtet?
- Stelle ich meine eigenen Bedürfnisse oft hintan?
- Tue ich anderen häufiger einen Gefallen als umgekehrt?
- Werden mir immer die unbeliebtesten Aufgaben zugeschoben?
- Habe ich Angst vor Zurückweisung, wenn ich Nein sage?

In seinem Buch *Schulden. Die ersten 5000 Jahre* beschreibt der Anthropologe David Graeber einseitiges

SCHULDGEFÜHLE ÜBERWINDEN

Wenn Sie meinen, für alles, was Ihnen vorgesetzt wird, Verantwortung übernehmen zu müssen, sind Sie wahrscheinlich ein anständiger Mensch. Sie würden sich aber mehr Respekt verschaffen, wenn Sie auch mal Grenzen ziehen. Wenn Schuldgefühle Sie daran hindern, ist es an der Zeit, diese loszulassen. Ein Beispiel zeigt mögliche negative und positive Reaktionen.

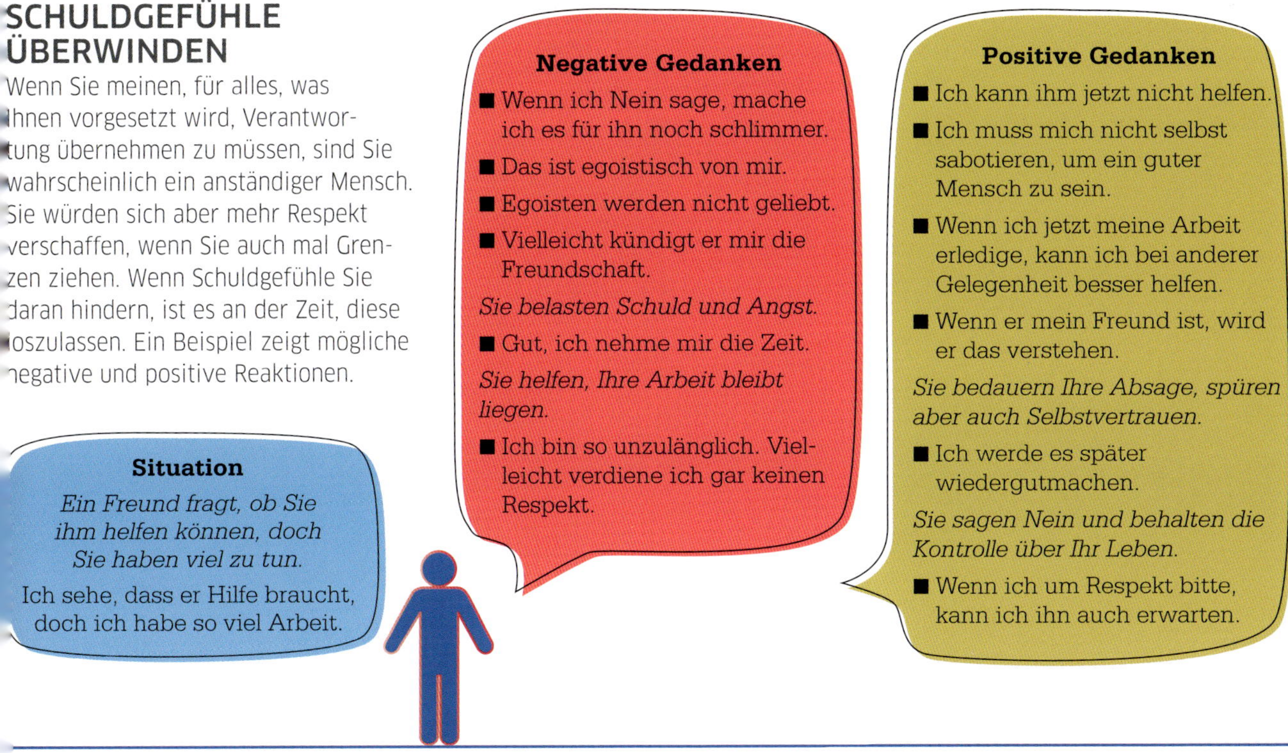

Geben (wie einem Herrscher Tribut zu zollen) als Kennzeichen hierarchischer Verhältnisse: Eine einmalige Gabe schürt die Erwartung, dass weitere Gaben folgen. Wer zu viel gibt, drückt damit aus, dass er sich einen untergeordneten Status zumisst. Um dies zu ändern, ist Neinsagen erforderlich (siehe S. 130).

Respekt beginnt mit Selbstachtung. Stellen Sie Ihr Licht nicht unter den Scheffel und bleiben Sie Ihren Prinzipien treu.

Dauerhaft respektiert werden

Den Respekt seiner Mitmenschen kann man von jetzt auf gleich verlieren; ihn zurückzugewinnen ist jedoch oft ein Kraftakt. Strengen Sie sich an, Ihren Ruf im Fall des Falles wiederherzustellen – das lohnt sich ganz bestimmt.

AUSSENWIRKUNG UND KREATIVITÄT

Menschen, die Eindrucksmanagement besonders wichtig finden, gelten oft als sehr oberflächlich. Liad Uziel fand im Rahmen einer Studie aber heraus, dass der Wunsch, respektiert zu werden, die Kreativität vor Publikum fördern kann. Die Probanden wurden gebeten, entweder allein oder in Anwesenheit eines Zuschauers eine erfundene Geschichte niederzuschreiben. Jene, die großen Wert auf ihre Außenwirkung legten, erwiesen sich vor Publikum als kreativer.

WIE EINDRUCKSMANAGEMENT AUF DIE KREATIVITÄT WIRKT

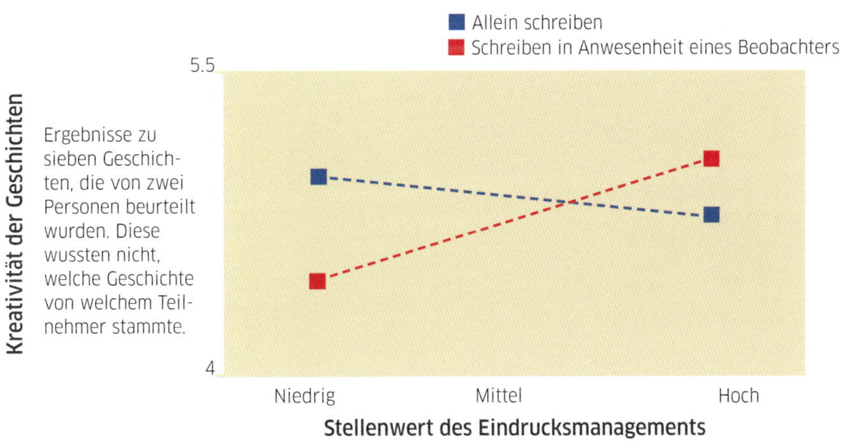

DIE PSYCHOLOGIE DES REICHTUMS

WELCHES VERHÄLTNIS HABEN SIE ZU GELD?

Erfolg führt nicht zwangsläufig zu Reichtum, doch wer finanziell schlecht dasteht, sieht sich oft als Versager. Geld hat manchmal eine starke emotionale Bedeutung. Wie lässt sich eine gesunde Einstellung entwickeln?

Sigmund Freud, der Vater der Psychoanalyse, definierte das Bedürfnis, Wohlstand anzuhäufen, als Charakteristikum der anal fixierten Persönlichkeit. Seitdem beschäftigt sich die Psychologie mit unserem Verhältnis zu Geld. Wie lässt sich ein Zugang zu diesem schwierigen Thema finden?

Was bedeutet Geld für Sie?

Ist Geld eine Ursache für Stress, eine Gefahr für die Moral oder ein Symbol für Lebenserfolg? In den 1990er-Jahren entwickelte der taiwanesische Psychologe Thomas Li-Peng Tang eine »monetäre Ethikskala« (MES), mit deren Hilfe sich unsere Einstellung zum Geld messen lässt. Tang fand heraus, dass Menschen, die Geld als Leistungsäquivalent betrachteten und ihm entsprechend viel Bedeutung zumaßen, mit ihrem Leben nicht so zufrieden waren wie Menschen, die ein eher bescheidenes Einkommen hatten. Es kann dem Glück also durchaus zuträglich sein, wenn wir Geld eher als ein Mittel zum Zweck betrachten und es nicht als Maßstab für unseren Wert heranziehen. Tang fand auch heraus, dass Menschen, denen Geld sehr wichtig war, nicht unbedingt reicher waren als andere. Wer Geld weniger wichtig findet, endet also nicht zwangsläufig als armer Schlucker.

Was bringt Ihnen Geld?

Welchen Hauptzweck erfüllt Geld für Sie? Ein Fragebogen, den die US-amerikanischen Psychologen Kent Yamauchi und Donald Templer entwickelt haben (siehe S. 205), bringt Licht ins Dunkel. Nach ihrer Ansicht bestimmen drei Faktoren unsere Beziehung zu Geld:

1 **Macht und Prestige.** Geld dient dazu, andere zu beeinflussen oder zu beeindrucken.

2 **Sicherheit.** Geld fungiert als Schutz bei Ängsten oder in Notlagen.

3 **Besitzstreben.** Geld wird um seiner selbst willen gehortet – unter Umständen entwickelt sich daraus ein krankhafter Sparzwang.

Das Bedürfnis nach Sicherheit und der Wunsch, Rücklagen zu schaffen, haben einiges gemeinsam. Wer für schlechte Zeiten vorsorgen möchte oder Angst hat, übers Ohr gehauen zu werden, ist in der Regel sowohl

> Er ist reich oder arm gemäß dem, **was er ist,** nicht gemäß dem, **was er hat.**
>
> **Henry Ward Beecher**
> Amerikanischer Sozialreformer

auf seine Sicherheit als auch auf den Erhalt seines Vermögens bedacht.

Geld als Chance

Es kann sehr befriedigend sein, ein neues Projekt im Kopf zu haben und zu planen. Das gilt vor allem, wenn man weiß, dass genügend Geld dafür vorhanden ist.

Problematisch wird es hingegen, wenn man noch nicht bereit ist, sich für eine von mehreren Möglichkeiten zu entscheiden – und dafür Geld auszugeben: Je höher die Summe ist, die auf dem Spiel steht, umso sicherer möchte man sich seiner Sache sein. Selbst wenn eine Entscheidung getroffen ist, kann das Gefühl, sich damit anderer Möglichkeiten beraubt zu haben, den Schaffensdrang lähmen. Wer sich in einer solchen Situation befindet, sollte sein Verhältnis zu Geld neu bewerten. Wenn Sie Geld als ein Mittel zum Zweck betrachten, warum setzen Sie es dann nicht ein, um sich Ihre Wünsche zu erfüllen?

Geld als Katalysator

Die Ausführungen machen eines klar: Unsere Finanzen können psychische Probleme verstärken. Zudem kann Geld Beziehungsprobleme forcieren – man führe sich nur vor Augen, welche Rolle es bei Scheidungen spielt. Geldmangel wiederum lässt das oft ohnehin schon geringe Selbstwertgefühl der Betroffenen noch weiter sinken.

Fazit: Lassen Sie nicht zu, dass Geld eine symbolische Bedeutung bekommt – es sei denn, Sie wollen es so. Verwechseln Sie Wohlstand nicht mit Glück. Wahrer Reichtum liegt woanders.

TESTEN SIE IHRE EINSTELLUNG ZUM GELD

Welche Faktoren bestimmen unsere Einstellung zum Geld? Um diese Frage zu klären, baten Kent Yamauchi und Donald Templer Probanden, den unten abgedruckten Fragebogen auszufüllen. Auch Sie können das tun. Zählen Sie zusammen, wie oft Sie A, B oder C angekreuzt haben, und lesen Sie die Auswertung.

A Wenn ich möchte, dass andere etwas für mich tun, versuche ich, sie mit Geld zu beeinflussen.
B Ich mache gerne Pläne für meine finanzielle Zukunft.
C Ich feilsche oder beschwere mich darüber, dass Waren zu teuer sind.

A Wenn ich ehrlich bin, kaufe ich Dinge, um andere zu beeindrucken.
B Ich lege regelmäßig Geld zurück.
C Ich sage häufiger »Ich kann mir das nicht leisten«, selbst wenn ich es könnte.

A Es ist sehr verlockend für mich, mit meinem Gehalt anzugeben.
B Ich sorge sorgfältig für mein Alter vor.
C Ich gebe ungern Geld aus, auch für Notwendiges.

A Ich weiß, dass Geld nicht alles ist, doch reiche Leute beeindrucken mich.
B Es macht mich verrückt, wenn ich etwas gekauft habe, das ich woanders billiger bekommen hätte.
C Ich behalte mein Geld gerne im Auge.

A Ich versuche oft herauszufinden, ob andere mehr verdienen als ich.
B Ich habe Rücklagen für schlechte Zeiten.
C Ich halte mich für einen vorsichtigen Menschen.

A Ich gebe mehr für Spitzen- oder Markenprodukte aus.
B Ich mache mir Sorgen um meine finanzielle Sicherheit.
C Ich kalkuliere immer sehr vorsichtig.

Überwiegend A: Macht und Prestige treiben Sie an.
Tipp: Halten Sie den Ehrgeiz im Zaum und Liebe und Freundschaft in Ihrem Leben.
Überwiegend B: Ihr Sicherheitsbedürfnis treibt Sie an.
Tipp: Lassen Sie sich Chancen nicht entgehen. Fordern Sie sich selbst heraus.
Überwiegend C: Sie sind sparsam und neigen zum Horten.
Tipp: Achten Sie darauf, nicht geizig zu werden, sondern seien Sie großzügig.

DER WERT VON FREUNDSCHAFT

MEHR ALS HILFREICHE BEZIEHUNGEN

Zu einem erfolgreichen Leben gehört auch die bewusste Pflege von Freundschaften. Das Verbundensein mit anderen sorgt dafür, dass wir uns wohlfühlen, und gute Beziehungen können unsere Produktivität steigern.

Studien bestätigen: Freundschaften bedeuten mehr als gegenseitige Unterstützung und gemeinsame Freizeitaktivitäten. Menschen mit einem guten sozialen Umfeld sind oft psychisch und körperlich gesünder, zufriedener mit ihrem Leben und haben sogar eine höhere Lebenserwartung. Wenn Freundschaften der Schlüssel zu Wohlbefinden, Produktivität und Erfolg sind – was ist dann der Schlüssel zur Freundschaft?

Sind wir alle gleich?

Oft heißt es, Frauenfreundschaften seien enger als Männerfreundschaften und Bindung zwischen Männern entstehe eher durch gemeinsame Aktivitäten als durch vertrauensvolle Gespräche. Doch Männer und Frauen brauchen und schätzen in ihren Freundschaften die gleiche Dynamik. Studien bestätigen, dass auch Männer »Selbstoffenbarung« als wichtigen Teil ihrer Freundschaften erachten und unzufriedener sind wenn ihre Freunde sich ihnen nicht anvertrauen. Dies lässt vermuten, dass die Bedürfnisse von Männern

> **Mit guten Beziehungen** verläuft unser Leben gewiss **glücklicher** und **gesünder.**
>
> **Robert Waldinger**
> Psychiater und Psychoanalytiker

und Frauen in platonischen Freundschaften ähnlicher sind, als wir vielleicht vermuten.

Sicher ist, dass die Zahl unserer Freundschaften im Lauf unseres Erwachsenenlebens schrumpft. Das bedeutet jedoch nicht zwangsläufig, dass ältere Erwachsene einsamer sind als jüngere. Der Psychologin Laura Carstensen zufolge entfernen wir uns im dritten und vierten Lebensjahrzehnt, wenn familiäre und berufliche Verpflichtungen unsere Freizeit begrenzen, von Menschen, die uns in unserer »neuen Normalität« nicht unterstützen. Die Freundeskreise älterer Menschen sind oft kleiner, aber auch robuster: Im reiferen Lebensalter ersetzen wir Quantität durch Qualität.

Was Freundschaft ausmacht

Was sind die grundlegenden Merkmale von Freundschaft? Die kanadische Psychologin Beverley Fehr, die 2004 Männer und Frauen mehrfach zu diesem Thema befragte, stellte fest, dass bestimmte Vorstellungen von den Eigenschaften wahrer Freunde als »prototypischer« (wichtiger) eingestuft wurden als andere (siehe rechts). Sowohl Männer als auch Frauen regten sich über das Nichtbeachten dieser Freundschaftsregeln mehr auf, als wenn weniger wichtige Regeln betroffen waren. Gleichzeitig waren sie eher bereit, Freunden, auf die sie sich voll und ganz verlassen konnten, Regelverletzungen zu verzeihen. Freundschaft scheint eine Mischung aus Unterstützung, Akzeptanz, Loyalität und Zuverlässigkeit zu sein: Wenn jemand uns das geben kann, ist so manch anderes weniger wichtig.

SELBSTEINSCHÄTZUNG

75 % der **Frauen** und

72 % der **Männer**

sind laut einer US-Studie von 2015 mit ihren Freundschaften **zufrieden.** Die Geschlechter liegen also näher beieinander als vielleicht gedacht.

ANZAHL VON FREUNDEN

Laut einer Studie aus dem Jahr 2015 stehen Männern und Frauen annähernd gleich viele Freunde zur Seite. Die Ergebnisse zeigten, sie haben:

4 Freunde, mit denen sie **über ihr Sexualleben** sprechen konnten.

5–6 Freunde, an die sie sich in einer **Notlage** wenden konnten.

5–6 Freunde, die regelmäßig mit ihnen **Geburtstag** feierten.

DIMENSIONEN DER FREUNDSCHAFT

Worauf beruht Freundschaft? Eine Umfrage der Psychologin Beverly Fehr wies auf diese Faktoren hin:

- ✔ **Wenn ich einen Gesprächspartner brauche,** hört mein Freund / meine Freundin mir zu.
- ✔ **Bei Schwierigkeiten,** hilft mein Freund / meine Freundin mir.
- ✔ **Wenn ich jemanden brauche,** ist mein Freund / meine Freundin für mich da.
- ✔ **Wenn ich ein Problem habe,** hört mein Freund / meine Freundin mir zu.
- ✔ **Wenn jemand mich beleidigt** oder insgeheim schlecht über mich spricht, verteidigt mich mein Freund / meine Freundin.
- ✔ **Wenn ich Nahrung,** Kleidung oder einen Schlafplatz brauche, ist mein Freund / meine Freundin für mich da.
- ✔ **Wenn ich ein Problem habe** oder Unterstützung brauche, hilft mein Freund / meine Freundin mir.
- ✔ **Was ich auch bin oder tue –** mein Freund / meine Freundin akzeptiert mich.
- ✔ **Wenn wir Streit haben,** tragen wir ihn aus.
- ✔ **Selbst wenn ich mich vernachlässigt fühle,** weiß ich, dass ich meinem Freund / meiner Freundin wichtig bin.
- ✔ **Ich sagte meinem Freund / meiner Freundin,** wenn ich mich über ihn / sie geärgert habe.
- ✔ **Ein Geheimnis ist** bei meiner Freundin / meinem Freund gut aufgehoben.

ERFOLG IN DER LIEBE?

GUTE PAARBEZIEHUNGEN

Eine Liebesbeziehung fällt nicht vom Himmel – sie will gehegt und gepflegt werden, damit sie wachsen kann. Kommunikationsfähigkeit spielt hierbei ebenso eine Rolle wie das Akzeptieren individueller Unterschiede.

Mitte des 20. Jahrhunderts entwickelte der Psychologe John Bowlby ein Schlüsselkonzept zur Psychologie der Liebe: die »Bindungstheorie«. Sie besagt, dass die frühkindliche Mutter-Kind-Beziehung unser Bindungsverhalten im Erwachsenenalter formt (siehe S. 209). Menschen mit unterschiedlichen Erfahrungen können sich in Beziehungen also sehr unterschiedlich verhalten. Damit eine Liebesbeziehung gelingen kann, ist es wichtig, dies zu verstehen und mit den Folgen umzugehen.

Emotionale Sicherheit

Menschen, die sich sicher fühlen, haben meist die tragfähigsten Beziehungen. Für eine stabile Bindung genügt es, dass einer der Partner in sich ruht, dem anderen Bestätigung geben kann und sich von dem Gedanken, gebraucht zu werden, nicht bedroht fühlt. Ein ängstlicher Partner kann sich in seiner Gesellschaft entspannen und wird sich ihm liebe- und hingebungsvoll zuwenden. Menschen mit vermeidendem Bindungsmuster sind gerne allein – ein Partner sollte das nicht persönlich nehmen.

Kommunikation

Ständige Kommunikationsbereitschaft ist eine gute Basis, um Kompromisse auszuhandeln – ein Schutzmechanismus, der Partnerschaften vor dem Zerbrechen bewahrt. Wer gewillt ist, über Probleme zu sprechen, findet oft Lösungen, obwohl das zunächst undenkbar erschien. Stillschweigend erduldete Verletzungen hingegen schwären vor sich hin. Um uns emotional sicher zu fühlen, müssen wir darüber hinaus die Persönlichkeit, die Bedürfnisse und die Gefühle des Partners akzeptieren und bereit sein, ihnen in unserem Leben Platz einzuräumen.

Gemeinsamkeit

Als Paar etwas zu unternehmen ist wichtig. Lassen Sie nicht zu, dass die dafür vorgesehene Zeit von außen beschnitten wird. Eine Liebesbeziehung muss stetig genährt werden. Die Freude aneinander und liebevolle Zuneigung machen sie zukunftsfähig.

3–6%

GLÜCK

Sie haben Mr. oder Mrs. Right noch nicht gefunden? Kein Anlass zur Sorge. Laut eines Berichts für das *Journal of Happiness Studies* aus dem Jahr 2007 trägt die **Qualität einer Liebesbeziehung** nur zu drei bis sechs Prozent zum **individuellen Gesamtglück** bei.

BINDUNGSSTILE UND LIEBESBEZIEHUNGEN

Der Psychologe John Bowlby identifizierte drei grundlegende Bindungsstile: sicher, unsicher und vermeidend. Liebesbeziehungen funktionieren in jeder erdenklichen Kombination, doch manche sind besonders vielversprechend. Andere wiederum bergen gewisse Gefahren, hier ist von beiden Partnern Geduld im Umgang mit den Neigungen des anderen erforderlich. In der folgenden Tabelle werden alle drei Bindungsstile anhand charakteristischer Denkmuster dargestellt. Ganz unten finden Sie Tipps, wie Partnerschaften zwischen Menschen mit gleichen und unterschiedlichen Bindungsmustern gelingen können.

Stil	Ich habe im Leben folgende Erfahrungen gemacht	Einstellung zu Intimität	Einstellung zu den Gefühlen des Partners	Umgang mit Konflikten
Sicher	Wahrscheinlich kann ich auf andere bauen, und ich bin es wert, geliebt zu werden.	Intimität ist natürlich, angenehm und richtig.	Ich bin verantwortlich für die Gefühle meines Partners. Wir achten aufeinander.	Wir diskutieren Probleme aus und finden eine Lösung, die den Bedürfnissen von uns beiden gerecht wird.
Unsicher	Ich sehne mich wirklich nach Liebe, doch wahrscheinlich verdiene ich sie nicht. Ich muss aufpassen, dass ich meinen Partner nicht vergraule.	Ich sehne mich nach Intimität, doch wenn mein Partner merkt, dass ich zu bedürftig bin, will er mich nicht.	Ich reagiere hypersensibel auf Zeichen der Zurückweisung, beruhige mich aber, wenn mein Partner mir Bestätigung gibt.	Ich habe Angst, meinen Partner zu verlieren, wenn ich etwas direkt anspreche. Ich neige dazu, Dinge in mich hineinzufressen, auch wenn ich manchmal vor Wut explodieren könnte.
Vermeidend	Ich kann mich auf niemanden verlassen außer auf mich selbst. Ich habe keine Zeit für Sentimentalität.	Ich brauche meine Unabhängigkeit. Wenn man mich drängt, möchte ich flüchten.	Ich bin nicht verantwortlich für die Gefühle meines Partners. Man kann mir dafür nicht die Schuld geben.	Ich will einfach nur in Ruhe gelassen werden. Ich habe nicht das Bedürfnis, jedes kleine Problem bis ins letzte Detail auszudiskutieren.

Wie gelingen Partnerschaften bei gleichen oder unterschiedlichen Bindungsmustern?

Unsicher + Unsicher

eide Partner üssen an ihrer ommunikationsähigkeit arbeiten owie empathisch nd direkt miteinnder umgehen.

Unsicher + Vermeidend

Der unsichere Partner muss Stärke entwickeln; der andere hat Angst vor Intimität und muss lernen, mehr zu geben.

Unsicher + Sicher

Der sichere Partner wird die Ängste des anderen mindern. Beide Partner wünschen sich Intimität – eine gute Basis.

Vermeidend + Vermeidend

Beide Partner müssen an ihrer Kommunikationsfähigkeit arbeiten. Eine Trennung auf Zeit kann Klarheit bringen.

Vermeidend + Sicher

Der sichere Partner fühlt sich vom »Freiheitsdrang« des vermeidenden Partners nicht bedroht. Der ist weniger gestresst.

Sicher + Sicher

Die Partner finden Intimität selbstverständlich und kommunizieren klar. Die Gefahr ist, sich in jemand anderes zu verlieben.

FÜR BALANCE SORGEN

ARBEIT UND PRIVATES IM EINKLANG

Ist eine echte Work-Life-Balance möglich? Vermutlich nur dann, wenn wir zu Kompromissen bereit sind. Prioritäten können sich verschieben. Ändern sich die Lebensumstände, sind auch die Bedürfnisse neu zu bewerten.

Viele Menschen kämpfen damit, Arbeit, Familienleben und ihre Träume unter einen Hut zu bringen. Im Idealfall stützen diese Lebensbereiche sich gegenseitig, doch manchmal ist eine Balance nur schwer zu erreichen.

Arbeit und Leben

In den letzten Jahren hat die Psychologie sich verstärkt mit dem Thema Rollenakkumulation befasst. Dieser Begriff beschreibt, dass wir je nach Situationen unterschiedliche Rollen einnehmen. Abhängig davon, wie wir mit Anforderungen umgehen, kann dies Segen oder Last sein.

Zum Beispiel kann unsere Familie uns im Arbeitsleben unterstützen und umgekehrt. Studien bestätigen, dass sich Zufriedenheit und gute Laune von einem Lebensbereich in den anderen transportieren lassen. Auch Fähigkeiten sind übertragbar: Wer Kinder hat, für die er Verantwortung trägt, tut sich oft auch leichter, berufliche Verantwortung zu übernehmen. In Konfliktsituationen können die unterschiedlichen Aspekte sich gegenseitig abpuffern: Wenn es bei der Arbeit schlecht läuft, finden wir Halt im privaten Umfeld, und ist zu Hause dicke Luft, hält der Job unser Selbstwertgefühl aufrecht. Wie lässt sich ein gesundes Gleichgewicht erreichen? Laut einer Studie von 2007 ist Voraussetzung eine hohe Core Self-Evaluation (CSE) bzw. Selbstbewertung. Die Merkmale dieser Eigenschaft:

- ausgeprägtes Selbstwertgefühl,
- gering ausgeprägter Neurotizismus (sich selbst nicht als verletzlich wahrnehmen),

- stark ausgeprägte Selbstkontrolle (siehe S. 152–153),
- hohe Selbstwirksamkeit (siehe S. 102–103).

Fällt Ihre Selbstbewertung positiv aus, wirkt sich Ihr Arbeitsleben günstig auf Ihr Privatleben aus und umgekehrt. Ist sie negativ, kann das Gefühl entstehen, dass sich die Bereiche gegenseitig beeinträchtigen. Menschen mit hoher Selbstbewertung suchen größere Herausforderungen und fordern sich mehr. Der Idealzustand wäre also eine hinreichend gute Selbstbewertung, die zugleich vor übertriebenem Engagement bewahrt. Wer sich selbst und seine Ziele gut kennt, hat es leichter, Maßnahmen gegen Burn-out zu treffen.

Gemäß einer Studie von 2012 kann auch die Rollenakkumulation negativ wirken. Wenn wir uns sowohl im Beruf als auch privat stark engagieren, treten eher Erschöpfungszustände auf. Die Lösung: Bleiben Sie authentisch und klären Sie für sich, was in Ihrem Leben wirklich zählt.

WAS IST IHNEN AM WICHTIGSTEN?

Wenn Sie Klarheit darüber gewinnen möchten, welche Lebensbereiche Ihnen am wichtigsten sind, probieren Sie die Methode der US-amerikanischen Psychologen Farid Muna und Ned Mansour aus: Zeichnen Sie für jeden Aspekt Ihres Lebens einen größeren oder kleineren Kreis, je nachdem, welche Bedeutung Sie ihm zumessen. Wo sich Schnittmengen ergeben, sollten die Kreise sich überlappen (siehe Abbildung).

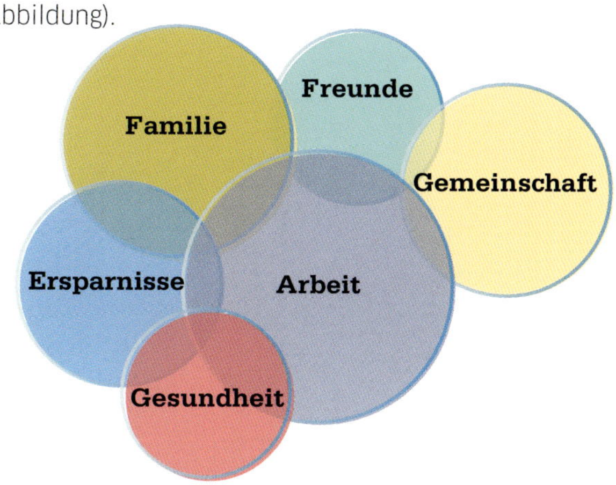

Sprechen Sie danach mit Ihrem Partner sowie mit Ihren Freunden, Mentoren und Familienmitgliedern über die folgenden Fragen:

- Habe ich langfristige Wünsche?
- Was wird mich in zehn, 20, 40 Jahren glücklich machen?
- Welche künftigen Ziele habe ich?
- Mit welchen Bedrohungen und Chancen, Stärken und Schwächen muss ich mich auseinandersetzen?
- Wie werden sie sich auf meinen Erfolg auswirken?
- Was will ich im Leben noch erreichen?

BLICKEN SIE ZURÜCK

Wer herausfinden will, was ihm wichtig ist, dem empfehlen die Psychologen Farid Muna und Ned Mansour eine Technik, die auf der Reflexion vergangener Ereignisse basiert. Tragen Sie Erlebnisse, die Sie glücklich oder traurig gemacht haben, in ein Koordinatensystem ein. Versuchen Sie zu verstehen, was genau Ihre Gefühle ausgelöst hat, sodass Sie daraus lernen und das Gelernte auf Ihre gegenwärtige Situation anwenden können.

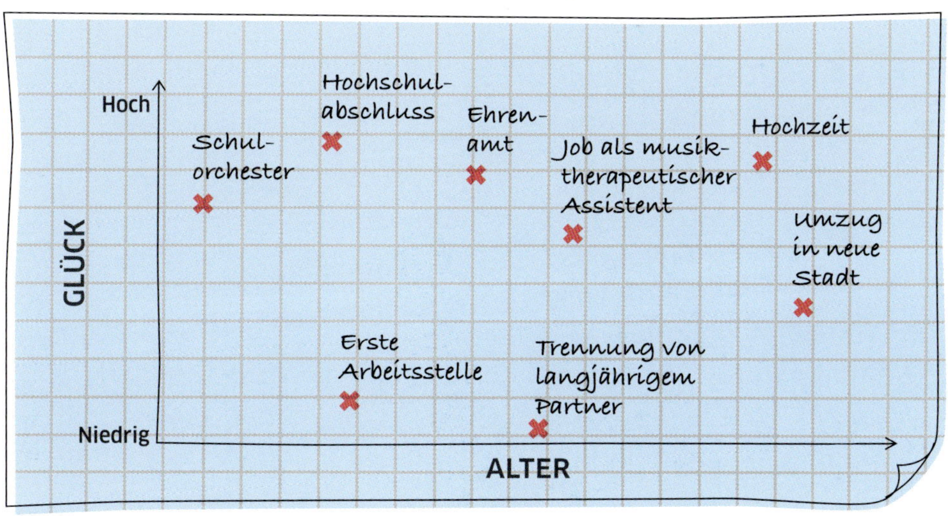

ERFOLG FÜRS LEBEN

WAS ZUFRIEDENHEIT MIT UNS MACHT

Zufriedenheit beruht zumindest teilweise auf der eigenen Haltung. Wer offen, freundlich, großzügig, optimistisch und gelassen ist, profitiert von einer Grundstimmung, die Erfolge wahrscheinlicher werden lässt.

Erfolg ist keine Zielgerade, die es zu überqueren gilt, sondern eine Lebensweise. Wir können ihn nicht vom Rest unseres Lebens trennen, da er auf komplexe Weise mit unserem Glück, unserem Selbstbild und uns nahestehenden Menschen zusammenhängt. Menschen mit einer gesunden Einstellung betrachten Erfolg als einen Prozess – getreu dem Motto: Der Weg ist das Ziel. Wenn wir unsere Ambitionen verfolgen, sollten wir unser gesamtes Leben im Blick haben. Schenken wir unserer Zufriedenheit ebenso viel Aufmerksamkeit wie unseren Zielen, können wir als Individuen wachsen und den Erfolg einladen.

Was kommt zuerst?

Vielleicht denken Sie, dass Erfolg glücklich macht, doch die Forschung legt nahe, dass Glück dem Erfolg oft vorausgeht. So zeigte eine Studie der US-amerikanischen Psychologinnen Julia K. Boehm und Sonja Lyubomirsky, dass Menschen, die regelmäßig positive Emotionen erlebten,

SCHRITTE ZU MEHR ZUFRIEDENHEIT

Unsere Entwicklung läuft laut den Psychologinnen Lisa Mainiero und Sherry Sullivan in mehreren Phasen ab. Wie wir sie bewältigen, beeinflusst unser Wohlbefinden und unsere Prioritäten.

- **Herausforderung** ist der Schlüsselfaktor zu Beginn der Karriere.
- **Balance** ist die Priorität in der Lebensmitte.
- **Authentizität** ist die treibende Kraft gegen Ende der Karriere.

mit höherer Wahrscheinlichkeit ein gelingendes Leben führten. Dabei ging es nicht um große Gefühle – die besten »Glücksgaranten« waren vergleichsweise schwache, aber wiederkehrende positive Empfindungen. Diese Menschen waren es gewohnt, glücklich zu sein, entweder aufgrund ihres Naturells oder aufgrund ihrer Geisteshaltung.

Das Ergebnis? Sie hatten mehr Erfolg. Probanden, die von den Psychologinnen als glücklich beurteilt wurden, erhielten einige Jahre nach der Beurteilung mit höherer Wahrscheinlichkeit bessere Gehälter. Sie waren im Berufsleben messbar erfolgreicher, denn

- sie wurden nach Vorstellungsgesprächen häufiger zurückgerufen,
- sie verloren seltener ihre Arbeit,
- sie fanden als Arbeitslose wahrscheinlicher einen neuen Job,
- sie wurden von ihren Kollegen unterstützt.

Diese Menschen zogen mit ihrem aus der Zufriedenheit resultierenden Verhalten den Erfolg geradezu an. Sie hatten mehr Energie und waren freundlicher als andere. Zudem kooperierten sie besser mit Kollegen und waren weniger konfrontativ. Probleme lösten sie kreativer, sie setzten sich höhere Ziele, hielten länger durch und waren optimistischer. Glück bringt uns auf natürliche Weise dazu, uns so zu verhalten, dass andere lieber mit uns zusammenarbeiten, und das verbessert die eigene Leistung. Versuchen Sie, dafür zu sorgen, dass Sie mit Ihrem Leben zufrieden sind. Es ist mit das Vernünftigste, was Sie für eine erfolgreiche Zukunft tun können.

WARUM GLÜCKLICHE MENSCHEN EFFEKTIVER SIND

In ihrem Artikel *The Promise of Sustainable Happiness* benennen die US-amerikanischen Psychologinnen Julia K. Boehm und Sonja Lyubomirsky mehrere Gründe dafür, warum glückliche Menschen beim Verfolgen ihrer Ziele oft besonders effektiv sind. Vier Kausalitätsketten sind unten dargestellt. Sie zeigen, wieso Glück zu mehr Effektivität führen kann. Unglückliche Menschen folgen negativen Kausalitätsketten, was ihre Effektivität schmälert.

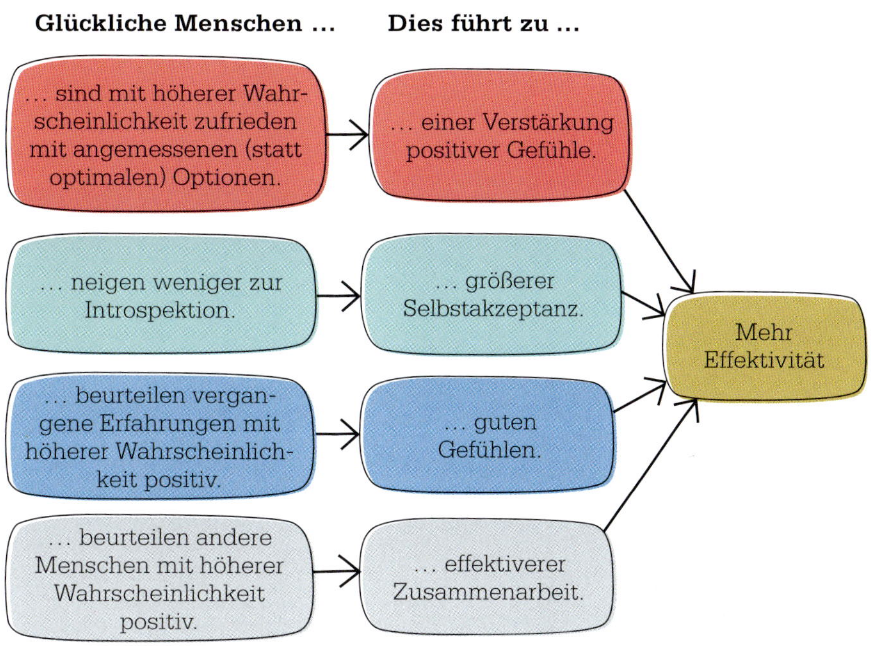

Lebenslange Zufriedenheit

Worauf gründet langfristige Zufriedenheit? Teilweise auf unsere Fähigkeit zu »dauerhaftem Glück«, um mit den amerikanischen Psychologinnen Sonja Lyubomirsky und Kennon M. Sheldon zu sprechen. Wie sehr sie ausgeprägt ist, hängt von mehreren Faktoren ab:

- unserer genetischen Disposition (relativ glücklich oder relativ traurig),
- den Lebensumständen,
- unserem Tun.

An unseren Genen können wir nichts verändern, doch unsere Lebensumstände und unser Verhalten können wir so gestalten, dass der Erfolg wahrscheinlicher wird. Dabei sollten wir uns daran erinnern, dass Zufriedenheit ein Projekt für das ganze Leben ist. Wir können unsere Aussichten verbessern, indem wir in weiser Voraussicht Ressourcen aufbauen, die wir vermutlich brauchen werden, um unsere künftigen Bedürfnisse zu erfüllen. Natürlich lässt sich nicht alles vorhersehen, doch wenn Sie Erfolg als lebenslangen Prozess betrachten, können Sie ungeeignete Konzepte erkennen und ein wirklich erfolgreiches und erfüllendes Leben führen.

QUELLEN UND LITERATUR

Zugriff auf Webseiten: 12.–31. Aug 2016.
HBR = *Harvard Business Review*

KAPITEL 1

12–13 L. Whitworth, H. Kimsey-House und P. Sundahl, *Co-aktives Coaching. Neue Coaching-Techniken für mehr beruflichen und privaten Erfolg*, Offenbach, Gabal, 2005, S. 235, http://www.coactive.com. **16–17** E. Diener und M. Seligman, »Beyond Money«, *Psychological Science in the Public Interest* 5(1) (2004), 1–31; P. Chen, P. C. Ellsworth und N. Schwarz, »Finding a fit or developing It«, *Personality and Social Psychology Bulletin* 41(10) (2015), 1411–1424; D. De Clercq, B. Honig und B. Martin, »The roles of learning orientation and passion for work in the formation of entrepreneurial intention«, *International Small Business Journal* 31(6) (Sept. 2013), 652–676. **18–19** B. George, P. Sims, A. N. McLean und D. Mayer, »Discovering your authentic leadership«, *HBR* (Feb. 2007), 129–138; K. Cherry, »The Big Five personality traits«, verywell.com, Update: 10. Jan. 2016; D. McClelland, *Human Motivation*, Cambridge, Cambridge University Press, 1987. **20–21** R. St John, »8 Secrets of Success«, TED Talk, Feb. 2005; E. Andersen, »Learning to learn«, *HBR* (März 2016), 98–101; K. P. Cross, »Not can, but *will* college teaching be improved?«, *New Directions for Higher Education* 17 (März 1977), 1–15. **22–23** F. Cury, A. J. Elliot, D. Da Fonseca und A. C. Moller, »The Social-Cognitive Model of Achievement Motivation and the 2 × 2 Achievement Goal Framework«, *Journal of Personality and Social Psychology* 90(4) (2006), 666–679; S. DeRue und K. M. Workman, »Driving leadership development with positivity«, Center for Positive Organizations; B. Johnson, »The goal-setting process Warren Buffett uses to say ›No‹ and achieve more«, GoalsOnTrack.com, 10. Feb. 2016. **24–25** M. Strode, »Wind-wafted wild flowers«. **26–27** F. Nickols, »The goals grid«, 2003, http://www.nickols.us; C. Dweck, »The power of believing that you can improve«, TED Talk, Nov. 2014. Dies., *Selbstbild. Wie unser Denken Erfolge oder Niederlagen bewirkt,* München, Piper, 2009. **28–29** B. Tracy, *Eat that frog!* London, Hodder & Stoughton, 2016; »How many people have mental health problems?«, Mind, http://www.mind.org.uk; »Work-life balance«, Mental Health Foundation, https://www.mentalhealth.org.uk; S. Friedman, »Total Leadership«, Boston, Harvard Business Review Press, 2014; »Kenexa Research Institute finds that when it comes to work/life balance, men and women are not created equal«, 25 Jul 2007. **30–31** A. Brown, J. Bimrose, S.-A. Barnes, S. Kirpal, T. Grønning und M. Dæhlen, »Changing patterns of working, learning and career development across Europe«, Brüssel: Education, Audiovisual & Culture Executive Agency, 2010; W. Johnson, »Disrupt yourself«, *HBR* (Juli–Aug. 2012), 147–150; A. Brown, J. Bimrose, S.-A. Barnes und D. Hughes, »The role of career adaptabilities for mid-career changers«, *Journal of Vocational Behavior* 80 (2012), 754–761; E. L. Goldberg, »The Changing Tides of Careers«, *People & Strategy* 35(4) (2012), 52–58; C. Copeland, »Employee tenure trends, 1983–2014«, Employee Benefit Research Institute's *Notes* 36(2) (Feb 2015). **32–33** P. Reuell, »Positive peer pressure more effective than cash incentives, Study Finds«, UC San Diego News Center, 11. Juni 2013; A. Mueller, »Goal keepers: The power of positive peer pressure«, *St. Louis Business Journal*, 12. Sept. 2014; T. L. Webb und P. Sheeran, »Integrating concepts from goal theories to understand the achievement of personal goals«, *European Journal of Social Psychology* 35 (2005), 69–96; »Why peer pressure doesn't add up to retirement savings«, NPR, 31. Juli 2015; S. Bharatam, »Three ways to overcome peer pressure and excel in business world«, Business Daily Africa, 11. Mai 2015. **34–35** L. Nash und H. Stevenson, »Success that lasts«, *HBR* (Feb. 2004), 102–109; W. Wood und D. T. Neal, »A new look at habits and the habit-goal interface«, *Psychological Review* 114(4) (Okt. 2007), 843–863; B. Verplanken und S. Faes, »Good intentions, bad habits and effects of forming implementation intentions on healthy eating«, *European Journal of Social Psychology* 29(5–6) (Aug.–Sept. 1999), 591–604. **36–37** M. McMahon, M. Watson und J. Bimrose, »Career adaptability«, *Journal of Vocational Behavior* 80 (2012), 762–768; »Language Myth #6: Women talk too much«, PBS, http://www.pbs.org/speak/speech/prejudice/women/; W. D. A. Fernando und L. Cohen, »Exploring the interplay between gender, organizational context and career«, *Career Development International* 16(6) (2011), 553–571. **38–39** T. Amabile und S. Kramer, »The power of small wins«, *HBR* 89(5) (Mai 2011), 70–80; Dies., »Do happier people work harder?«, *The New York Times*, 3. Sept. 2011; »Research & articles«, Teresa Amabile, http://progressprinciple.com/research. **40–41** C. Johnson, »Four tips for how to become more consistent«, http://www.chalenejohnson.com; A. Wrzesniewski und B. Schwartz,

»The secret of effective motivation«, *The New York Times*, 4. Juli 2014. **42–43** R. F. Baumeister, E. Bratslavsky, M. Muraven und D. M. Tice, »Ego depletion: Is the active self a limited resource?«, *Journal of Personality and Social Psychology* 74(5) (1998), 1252–1265; M. Inzlicht und B. J. Schmeichel, »What is ego depletion? Toward a Mechanistic revision of the Resource Model of Self-Control«, *Perspectives on Psychological Science* 7(5) (Sept. 2012), 450–463; D. McGinn, »Being more productive«, *HBR* (Mai 2011), 83–87; A. Salis, »The science of ›hangry‹«, *The Conversation*, 20. Juli 2015; »How much sleep do we really need?«, National Sleep Foundation. **44–45** K. Schulz, »On being wrong«, TED Talk, März 2011; Dies., *Richtig irren. Von falschen Glaubenssätzen, Denkfehlern, Fehlurteilen und der kreativen Kraft unserer Fehlbarkeit,* München, Riemann, 2011; S. Lewis, »Embrace the near win«, TED Talk, März 2014; C. Chabris und D. Simons, *The invisible gorilla*, London, HarperCollins, 2010.

KAPITEL 2

48–51 M. Seligman, »Building the state of wellbeing«, South Australia, Government of South Australia, 2013; »The A in PERMA«, The Positive Psychology Foundation, 8. Aug. 2011, http://www.positivepsyc.com; R. Waldinger, »What makes a good life?«, TED Talk, Jan. 2016; A. Adler, M. L. Kern, L. E. Waters und M. A. White, »A multidimensional approach to measuring well-being in students«, *The Journal of Positive Psychology* 10(3) (2015), 262–271; P. O'Grady, »Achievement vs accomplishment«, *Psychology Today*, 11. Nov. 2012. **52–53** T. Bradberry, »Why you should spend your money on experiences, not things«, http://www.talentsmart.com; M. E. P. Seligman, T. A. Steen, N. Park und C. Peterson, »Positive psychology progress«, *American Psychologist* 60(5) (2005), 410–421; S. Achor, »Positive intelligence«, *HBR* (Jan.–Feb. 2012), 100–102. **54–57** R. Biswas-Diener, T. B. Kashdan und G. Minhas, »A dynamic approach to psychological strength development and intervention«, *The Journal of Positive Psychology* 6(2) (2011), 106–118; D. R. Vago und D. A. Silbersweig, »Self-awareness, self-regulation and self-transcendence (S-ART)«, *Frontiers in Human Neuroscience*, 25. Okt. 2012, http://journal.frontiersin.org. **58–59** R. Habib, »Emotional intelligence«, TEDx Talk, Feb. 2015; D. Goleman, *Emotional intelligence*, 10. Aufl., New York, Bantam, 2006. **60–61** H. Armson, K. Eva, E. Holmboe, J. Lockyer, E. Loney, K. Mann und J. Sargeant, »Factors influencing responsiveness to feedback«, *Advances in Health Sciences Education* 17(1) (2012), 15–26; T. Bradberry, »9 habits of profoundly influential people«. **62–63** D. Dunning und J. Kruger, »Unskilled and unaware of it«, *Journal of Personality and Social Psychology* 77(6) (1999), 1121–1134; B. Barker, J. Dutton, E. Heaphy, L. M. Roberts, G. Spreitzer und R. Quinn, »How to play to your strengths«, *HBR* (Jan. 2005), 74–80. **64–65** C. S. Dweck und D. S. Yeager, »Mindsets that promote resilience«, *Educational Psychologist* 47(4) (2012), 301–314; D. Perkins-Gough, The significance of grit«, *Educational Leadership* 71(1) (2013), 14–20; T. Bradberry, »8 ways smart people use failure to their advantage«. **66–67** A. Bandura, »Self-efficacy: Toward a unifying theory of behavioral change«, *Psychological Review* 84(2) (1977), 191–215. **68–71** T. Lomas, D. Ridge, T. Cartwright und T. Edginton, »Engagement with meditation as a positive health trajectory«, *Psychology & Health* 29(2) (2014), 218–236; P. J. Davis, A. O'Donovan und C. A. Pepping, »The positive effects of mindfulness on self-esteem«, *The Journal of Positive Psychology* 8(5) (2013), 376–386; J. Hunter und D. W. McCormick, »Mindfulness in the workplace«, Vortragsmanuskript für das Academy of Management Annual Meeting, Anaheim, 2008; L. Wasmer Andrews, »Four good times of day to meditate (and one to avoid)«, *Psychology Today*, 6. März 2012; T. Bradberry, »5 ways mindfulness will turbocharge your career«; J. Dixon, R. McCorkle, P. H. Van Ness und A. Williams, »Determinants of meditation practice inventory«, *Alternative Therapies* 17(5) (Sept.–Okt. 2011), 16–23. **72–73** D. Pink, »The puzzle of motivation«, TED Talk, Aug. 2009; S. Dinsmore, »How to find work you love«, TED Talk, Sept. 2015; J. M. Berg, J. E. Dutton und A. Wrzesniewski, »Managing yourself«, *HBR* (Juni 2010), 114–117. **74–75** M. Heffernan, »Dare to disagree«, TED Talk, Aug. 2012. **76–77** »What is character?«, Via Institute on Character, https://www.viacharacter.org; N. Mayerson, »›Characterizing the workplace‹«, Via Institute on Character, 2015, https.//www.viacharacter.org; C. Peterson und M. Seligman, *Character strengths and virtues*, Oxford, New York, Oxford University Press, 2004; »The Via survey«, Via Institute on Character, https://www.viacharacter.org; *The science of character (8 Min. »Cloud Film«)* [Onlinevideo], 2014, https://www.youtube.com; »The VIA classification of character strengths«, © Copyright 2004–2016, VIA Institute on Character. Alle Rechte vorbehalten. Abgedruckt mit freundlicher Genehmigung. https://www.viacharacter.org (deutschsprachige Seite: http://www.charakter-staerken.org), **78–79** D. Bradley, »Why Gladwell's 10,000-hour rule is wrong«, BBC, 14. Nov. 2012, http://www.bbc.com; K. Anders Ericsson, »Training history, deliberate practise and elite sports performance«, *British Journal of Sports Medicine*, 29. Okt. 2014, http://bjsm.bmj.com; R. Nuwer, »The 10,000 hour rule is not real«, Smithsonian Magazine, 20. Aug. 2014, http://www.smithsonianmag.com; J. R. Lim, »Is musical talent rooted in genes?«, Live Science, 5. Aug. 2014, http://www.livescience.com; K. R. von Culin, E. Tsukayama und A. L. Duckworth, »Unpacking grit«, *The Journal of Positive Psychology* 9(4) (2014), 306–312; M. Seligman, *Der Glücksfaktor*, Bergisch Gladbach, Ehrenwirth, 2003.

KAPITEL 3

82–83 D. D. Burns, *Feeling good*, New York, Avon Books, HarperCollins, 1980.

84–85 I. Joseph, »4 ways to build lf-confidence and boost your performance«, Huffington Post, 7. Dez. 2015, http://www.huffingtonpost.ca; A. Cuddy, »Your body language shapes who you are«, TED Talk, Juni 2012. **86–87** A. D. Joudrey und J. E. Wallace, »Leisure as a coping resource«, *Human Relations* 62(2) (2009), 195–217; M. Wang und M. C. Sunny Wong, »Happiness and leisure across countries«, *Journal of Happiness Studies* 15(1) (2014), 85–118; R. Hunicke, M. LeBlanc und R. Zubek, »MDA: A formal approach to game design and game research«, Vortragsmanuskript für den Challenges in Games AI Workshop der Nineteenth National Conference of Artificial Intelligence 2004; *Aesthetics of play – redefining genres in gaming – extra credits* [Onlinevideo], 2012, https://www.youtube.com. **88–89** H. Adam und A. D. Galinsky, »Enclothed cognition«, *Journal of Experimental Social Psychology* 48(4) (2012), 918–925; T. Shafir, »How your body affects your happiness«, TEDx Talk, Nov. 2013; K. Hefferon, »The Body 2.0«, Vortragsmanuskript für die Canadian Positive Psychology Conference, 2014. **90–91** L. Deschene, »How to deal with uncomfortable feelings & create positive ones«, Tiny Buddha, http://tinybuddha.com; J. T. Cacioppo, J. M. Ernst, M. H. Burleson, M. K. McClintock, W. B. Malarkey, L. C. Hawkley, R. B. Kowalewski, A. Paulsen, J. A. Hobson, K. Hugdahl, D. Spiegel und G. G. Berntson, »Lonely traits and concomitant physiological processes«, *International Journal of Psychophysiology* 35(2–3) (2000), 143–154; M. Tartakovsky, »How to manage emotions more effectively«, PsychCentral, 3. Juli 2012, http://psychcentral.com; K. Dahlgren, »Don't go wasting your emotion«, Emotion on the Brain, 10. Okt. 2014, https://sites.tufts.edu; A. Bechara, »The role of emotion in decision-making«, *Brain and Cognition* 55 (2004), 30–40. **92–93** A. Maslow, *Die Psychologie der Wissenschaft. Neue Wege der Wahrnehmung und des Denkens*, München, Goldmann, 1977. **94–95** A. Duckworth und J. J. Gross, »Self-control and grit«, *Current Directions in Psychological Science* 23(5) (2014), 319–325; J. Urist, »What the marshmallow test really teaches about self-control«, The Atlantic, 24. Sept. 2014, http://www.theatlantic.com; M. Severns, »Reconsidering the marshmallow test«, Slate, 16. Okt. 2012, http://www.slate.com; »The Marshmallow Study Revisited«, University of Rochester, 11. Okt. 2012, http://www.rochester.edu; »Emotional intelligence«, Mind Tools, https://www.mindtools.com. **96–97** Experten der American Psychological Association, »Stress in America: Paying with our health«, American Psychological Association, 4. Feb. 2015, https://www.apa.org; »Stressed out by work? You're not alone«, Wharton, University of Pennsylvania, 30. Okt. 2014, http://knowledge.wharton.upenn.edu. **98–99** V. I. Lohr, C. H. Pearson-Mims und G. K. Goodwin, »Interior plants may improve worker productivity and reduce stress in a windowless environment«, *Journal of Environmental Horticulture* 14(2) (1996), 97–100; »Stress and well-being«, Australian Psychological Society, 2015, https://www.psychology.org.au; Experten der American Psychological Association, »Stress in America: Paying with our health«, American Psychological Association, 4. Feb. 2015, https://www.apa.org. **100–101** K. McGonigal, »How to make stress your friend«, TED Talk, Sept. 2013; A. W. Brooks, »Get excited«, *Journal of Experimental Psychology* 143(3) (2014), 1144–1158; L. Bambrick, »The Yerkes-whatzy law of who now?«, Secret Geek, 17. Mai 2007, http://www.secretgeek.net; D. Levitin, »How to stay calm when you know you'll be stressed«, TEDGlobal, Sept. 2015; D. G. Dutton und A. P. Aron, »Some evidence for heightened sexual attraction under conditions of high anxiety«, *Journal of Personality and Social Psychology* 30(4) (Okt. 1974), 510–517. **102–103** L. Babauta, »A roadmap to overcoming insecurities«, *Zen Habits*, 14. März 2016, http://zenhabits.net. **104–105** K. Bahn, »Women, academia and imposter syndrome«, *Chronicle of Higher Education* 60(30) (2014), A51–A51; J. Nelson, »What's behind the imposter syndrome«, *Canadian Business* 84(18) (2011), 129; M. Price, »›Imposters‹ downshift career goals«, *Science Magazine*, 4. Sept. 2013, http://www.sciencemag.org. **106–107** J. Morgan und D. Sisak, »Aspiring to succeed«, *Journal of Business Venturing* 31 (2016), 1–21; T. A. Pychyl, »Fear of failure«, *Psychology Today*, 13. Feb. 2009; G. Cacciotti, J. C. Hayton, J. R. Mitchell und A. Giazitzoglu, »A reconceptualization of fear of failure in entrepreneurship«, *Journal of Business Venturing* 31 (2016), 302–325. **108–109** A. Ledgerwood, »Getting stuck in the negatives (and how to get unstuck)«, TEDx Talk, Juni 2013; B. Brown, »The power of vulnerability«, TED Talk, Dez. 2010; B. Brown, »Listening to shame«, TED Talk, März 2012; C. Cadwalladr, »Brené Brown: ›People will find a million reasons to tear your work down‹«, *The Guardian*, 22. Nov. 2015. **110–111** J. Wooden, »The difference between winning and succeeding«, TED Talk, März 2009; D. R. Deeter-Schmelz und R. P. Ramsey, »Fear of success in salespeople«, Vortragsmanuskript für die American Marketing Association, 2001, 248–255; S. Babbel, »Fear of success«, *Psychology Today*, 3. Jan. 2011.

KAPITEL 4

114–115 »Adaptability and flexibility«, University of Bradford, http://www.bradford.ac.uk; C. Berglund, »New paradigm of thought demystifies cognitive flexibility«, *Psychology Today*, 7. Sep. 2015; S. Beilock, »Want to successfully manage your emotions? Be flexible«, *Psychology Today*, 2. Nov. 2011. **116–119** »Be happy: How to make your own luck«, *Women's Health*, 28. März 2014; R. Wiseman, »The luck factor«, *Skeptical Inquirer* 27(3) (2003); C. N. Lazarus, »Four simple ways to increase your psychological flexibility«, *Psychology Today*, 20. März 2014; H. Sohn und E. Lee, *Integrated Korean: Advanced Intermediate 2*, University of Hawai'i Press, Honolulu, 2003, 22; R. Smith, »It takes patience to know bad luck from good luck«, *Psychology*

Today, 19. März 2015; D. Collinson, »Go luck yourself!« *Psychology Today*, 27. April 2016. **120–121** L. Babauta, »Why we struggle with change«, *Zen Habits*, 19. Feb. 2016, http://zenhabits.net; C. McHugh, »The art of being yourself«, TEDx Talk, Feb. 2013; K. Hall, »Got a problem? The good news is you only have four options«, *Psychology Today*, 7. Feb. 2012; K. Hall, »Three blocks to radical acceptance«, *Psychology Today*, 15. Dez. 2013; S. A. Diamond, »Essential secrets of psychotherapy«, *Psychology Today*, 26. Juni 2008. **122–123** D. A. Olson, J. Liu und K. S. Shultz, »The influence of Facebook usage on perceptions of social support, personal efficacy and life satisfaction«, *Journal of Organizational Psychology* 12(3/4) (2012), 133–144; S. Duică, R. Balázsi, R. Ciulei und A. Bivolaru, »The mediating role of coping strategies between achievement goals and competitive anxiety in elite sport«, *Cognition, Brain, Behavior* 18(2) (2014), 109–124; »The cost of coping«, *Psychology Today*, 1. Nov. 1998; J. C. Weitlauf, R. E. Smith und D. Cervone, »Generalization effects of coping-skills training«, *Journal of Applied Psychology* 85(4) (2000), 625–633; G. A. Bonanno, A. Papa, K. Lalande, M. Westphal und K. Coifman, »The importance of being flexible«, *Psychological Science* 15(7) (2004), 482–487. **124–125** B. J. C. Claessens, W. van Eerde, C. G. Rutte und R. A. Roe, »A review of the time management literature«, *Personnel Review* 36(2) (2007), 255–276; L. Evans, »The exact amount of time you should work every day«, Fast Company, 15. Sept. 2014, http://www.fastcompany.com; H. E. Elsabahy, W. F. Sleem und H. G. El Atroush, »Effect of time management program on job satisfaction for head nurses«, *Journal of Education and Practice* 6(32) (2015), 36–44; »Easy time-management tips«, NHS, reviewed 6. Jan. 2016, http://www.nhs.uk. **126–127** P. F. Drucker, *The effective executive*, New York, HarperCollins, 2006. **128–129** R. Rugulies, M. H. T. Martin, A. H. Garde, R. Persson und K. Albertsen, »Deadlines at work and sleep quality«, *American Journal of Industrial Medicine* 55 (2012) 260–269; Y. Tu und D. Soman, »The categorization of time and its impact on task initiation«, *Journal of Consumer Research* 41(3) (2014), 810–822; M. Blake Hargrove, D. L. Nelson und C. L. Cooper, »Generating eustress by challenging employees«, *Organizational Dynamics* 42(1) (2013), 61–69. **130–131** K. Ching Hei, »Moves in refusal«, *China Media Research* 5(3) (2009), 31–44; C. Freshman, »Don't *just* say no«, *Negotiation Journal* 24(1) (2008), 89–100; V. M. Patrick und H. Hagtvedt, »How to say ›no‹«, *International Journal of Research in Marketing* 29(4) (2012), 390–394. **132–133** B. Kane, »The science of analysis paralysis«, Todoist, 8. Juli 2015, https://blog.todoist.com; E. Jones, »Analysis paralysis? 4 tips for making better decisions«, *The HR Specialist,* Nov. 2015; R. Hertwig und I. Erev, »The description-experience gap in risky choice«, *Trends in Cognitive Sciences* 13(12) (2009), 517–523; »New survey reveals extent, impact of information overload on workers«, Lexis Nexis, 20. Okt. 2010, http://www.lexisnexis.com; C. K. Hsee, Y. Yang, X. Zheng und H. Wang, »Lay rationalism«, *Journal of Marketing Research* 52(1) (2015), 134–146. **134–135** W. D. Gray, C. R. Sims, W. T. Fu und M. J. Schoelles, »The soft constraints hypothesis«, *Psychological Review* 113(3) (2006), 461–482; L. R. Weingart, »Impact of group goals, task component complexity, effort and planning on group performance«, *Journal of Applied Psychology* 77(5) (1992), 682–693; A. C. Montoya, D. R. Carter, J. Martin und L. A. DeChurch, »The five perils of team planning«, in M. D. Mumford und M. Frese (Hrsg.), »The psychology of planning in organizations«, New York, London, Routledge, 2015. **136–137** P. Ni, »5 tips to reduce the fear of public speaking«, *Psychology Today*, 6. Nov. 2013; B. Richmond, »The brain takes rejection like physical pain«, Motherboard, 14. Okt. 2013, http://motherboard.vice.com; B. D. Flaxington, »Overcoming fear of public speaking«, *Psychology Today*, 16. März 2015; J. Treasure, »How to speak so that people want to listen«, TED Talk, Juni 2014. **138–139** P. Fripp, »Selling yourself and your ideas to senior management«, *Contract Management* 50(4) (2010), 12–15; M. Owen, »Three statistics that can make or break your sales pitch«, *TheBusiness*, DueDil, 20. Okt. 2015; K. D. Elsbach, »How to pitch a brilliant idea«, *HBR* 81(9) (Sept. 2003), 117–123. **140–141** O. Zwikael, R. Dutt Pathak, G. Singh und S. Ahmed, »The moderating effect of risk on the relationship between planning and success«, *International Journal of Project Management* 32(3) (2014), 435–441; K. A. Brown, N. Lea Hyer und R. Ettenson, »The question every project team should answer«, *MIT Sloan Management Review* 55(1) (2013), 49–57; D. Dvir und A. J. Shenhar, »What great projects have in common«, *MIT Sloan Management Review* 52(3) (2011), 19–21. **142–143** »The Tannenbaum-Schmidt Leadership Continuum«, Mind Tools, https://www.mindtools.com; A. Lebedeva, »Five essential project management skills«, *Information Management* 49(5) (2015), 28–33; P. Ellis und J. Abbott, »Leadership and management skills in health care«, *British Journal of Cardiac Nursing* 8(2) (2013), 96–99. **144–145** J. S. Nairne, M. Vasconcelos und J. N. S. Pandeirada, »Adaptive memory and learning«, in N. M. Seel (Hrsg.), »Encyclopedia of the sciences of learning«, New York, Springer, 2012, 118–121; J. S. Nairne und J. N. S. Pandeirada, »Adaptive memory: Remembering with a stone-age brain«, *Current Directions in Psychological Science* 17(4) (2008), 239–243; D. Kahneman und J. Riis, »Living and thinking about it«, in N. Baylis, F. A. Huppert und B. Keverne (Hrsg.), »The science of well-being«, Oxford, Oxford University Press, 2005, 285–301. **146–147** J. E. Van Loon und H. L. Lai, »Information literacy skills as a critical thinking framework in the undergraduate engineering curriculum«, *Library Scholarly Publications,* Paper 80, 1–8; D. McRaney, »Survivorship bias«, You are not so smart, 23. Mai 2013, https://youarenotsosmart.com. **148–149** M. Stange, M. Grau, S. Osazuwa, C. Graydon und M. J. Dixon, »Reinforcing small wins and frustrating near-misses«, *Journal of Gambling Studies* (2016), 1–17, http://link.springer.com; V. Denes-Raj und S. Epstein, »Conflict between intuitive and rational processing«, *Journal of Personality and Social Psychology* 66(5) (1994), 819–829.

KAPITEL 5

152–153 »Locus of control«, Changing Minds, http://changingminds.org; T. W. H. Ng, K. L. Sorenson und L. T. Eby, »Locus of control at work«, *Journal of Organizational Behavior* 27(8) (2006), 1057–1087; D. D. Burns MD, *Feeling good*, Paderborn, Junfermann, 2006; A. Van den Broeck, W. Lens, H. de Witte und H. van Coillie, »Unraveling the importance of the quantity and the quality of workers' motivation for well-being«, *Journal of Vocational Behavior* 82 (1) (2013), 69–78; T. Willner, I. Gati und Y. Guan, »Career decision-making profiles and career decision-making difficulties«, *Journal of Vocational Behavior* 88 (2015), 143–153. **154–155** BrandonGaille, »17 Employee Motivation Statistics und Trends«, 10. Nov 2013, http://brandongaille.com; A. Adkins, »Majority of U.S. employees not engaged despite gains in 2014«, Gallup, 28. Jan. 2015, http://www.gallup.com. **156–159** P. Steel, »The nature of procrastination«, *Psychological Bulletin* 133(1) (2007), 65–94; D. Thompson, »The procrastination doom loop – and how to break it«, *The Atlantic*, 26. Aug. 2014, http://www.theatlantic.com; E. Jaffe, »Why wait? The science behind procrastination«, *Observer* 26(4) (2013); A. L. Wichman, P. Briñol, R. E. Petty, D. D. Rucker, Z. L. Tormala und G. Weary, »Doubting one's doubt«, *Journal of Experimental Social Psychology* 46(2) (2010), 350–355; »10 foolproof tips for overcoming procrastination«, PsyBlog, 31. März 2014, http://www.spring.org.uk; »How to avoid procrastination«, PsyBlog, 29. Jan. 2009, http://www.spring.org.uk; M. E. Beutel, E. M. Klein, S. Aufenanger, E. Brähler, M. Dreier, K. W. Müller, O. Quiring, L. Reinecke, G. Schmutzer, B. Stark und K. Wölfling, »Procrastination, distress and life satisfaction across the age range«, *PLoS ONE* 11(2) (2016). **160–161** X. Gong, K. L. Fletcher und J. H. Bolin, »Dimensions of perfectionism mediate the relationship between parenting styles and coping«, *Journal of Counseling & Development* 93(3) (2015), 259–268; P. Gaudreau, »Self-assessment of the four subtypes of perfectionism in the 2 × 2 model of perfectionism«, *Personality and Individual Differences* 84 (2015), 52–62. **162–163** D. DiSalvo, »Visualize success if you want to fail«, *Forbes*, 8. Juni 2011, http://www.forbes.com; M. A. Conway, K. Meares und S. Standart, »Images and goals«, *Memory* 12(4) (2004), 525–531; C. K. Y. Chan und L. D. Cameron, »Promoting physical activity with goal-oriented mental imagery«, *Journal of Behavioral Medicine* 35(3) (2011), 347–363; S. E. Taylor, L. B. Pham, I. D. Rivkin und D. A. Armor, »Harnessing the imagination«, *American Psychologist* 53(4) (1998), 429–439. **164–165** J. Du, X. Fan und T. Feng, »Multiple emotional contagions in service encounters«, *Journal of the Academy of Marketing Sciences* 39(3) (2011), 449–466; B. M. Staw, R. I. Sutton, und L. H. Pelled, »Employee positive emotion and favorable outcomes at the workplace«, *Organization Science* 5(1) (1994), 51–71; C. A. Bartel und R. Saavedra, »The collective construction of work group moods«, *Administrative Science Quarterly* 45(2) (2000), 197–231. **166–167** S. Moss, »The dualistic model of passion«, http://www.sicotests.com; V. T. Ho, S. Wong und C. Hoon Lee, »A tale of passion«, *Journal of Management Studies* 48(1) (2011), 26–47; W. Davies, »Some thoughts and questions on Csikszentmihalyi's Flow«, Science 2.0, 26. Sept. 2010, http://www.science20.com; P. Dubreuil, J. Forest und F. Courcy, »From strengths use to work performance«, *The Journal of Positive Psychology* 9(4) (2014), 335–349. **168–169** M. Csikszentmihalyi, *Flow*, Stuttgart, Klett-Cotta, 2. Aufl. 1992, 79. **170–171** S. McNerney, »Rethinking the endowment effect«, Big Think, http://bigthink.com; A. J. Elliot und K. M. Sheldon, »Avoidance achievement motivation«, *Journal of Personality and Social Psychology* 73(1) (1997), 171–185. **172–173** R. Yong Joo Chua, P. Ingram und M. W. Morris, »From the head and the heart«, *Academy of Management Journal* 51(3) (2008), 436–452; R. Hoffman und B. Casnocha, »The science of networking«, *The Guardian*, 13. April 2012; G. Soda, A. Usai und A. Zaheer, »Network memory«, *Academy of Management Journal* 47(6) (2004), 893–906; M. Simmons, »The surprising science behind how super connectors scale their networks«, *Forbes*, 4. Sept. 2013, http://www.forbes.com; S. Vozza, »The science behind successful networking«, FastCompany, 3. Okt. 2015, http://www.fastcompany.com. **174–175** M. K. Smith, »Social capital«, *The encyclopaedia of informal education*, 2000–2009, http://infed.org/mobi/social-capital; M. K. Smith, »Robert Putnam«, *The encyclopaedia of informal education*, 2001, 2007, http://www.infed.org/thinkers/putnam.htm; The World Bank, »The initiative on defining, monitoring and measuring social capital«, Social Capital Initiative Working Paper No. 2, 1998, 5; M. K. Smith, »Social capital«, *The encyclopaedia of informal education*, 2000–2009, http://infed.org/mobi/social-capital; S. E. Seibert und M. L. Kraimer, »A social capital theory of career success«, *Academy of Management Journal* 44(4) (2001), 291–237. **176–179** C. J. Neumann, »Fostering creativity«, *EMBO Reports* 8(3) (2007), 202–206; E. Hulme, B. Thomas und H. DeLaRosby, »Developing creativity ecosystems«, *About Campus* 19(1) (2014), 14–23; S. Hebron, »John Keats and ›negative capability‹«, British Library, http://www.bl.uk; E. Grossman, »Why science needs people who cry«, TEDx Talk, Jan. 2016; A. Massey, »Developing creativity for the world of work«, *Art, Design & Communication in Higher Education* 4(1) (2005), 17–30; A. VanGundy, »101 activities for teaching creativity and problem solving«, San Francisco, Pfeiffer, 2005, 325. **180–181** J. P. Eggers und L. Song, »Dealing with failure«, *Academy of Manage-*

ment Journal 58(6) (2015), 1785–1803; C. Argyris, »Teaching smart people how to learn«, *HBR* (Mai–Juni 1991), 99–109. **182–183** S. L. Parker, N. L. Jimmieson und C. E. Amiot, »Self-determination as a moderator of demands and control«, *Journal of Vocational Behavior* 76(1) (2010), 52–67. **184–185** A. Spiers und G. J. Walker, »The effects of ethnicity and leisure satisfaction on happiness, peacefulness and quality of life«, *Leisure Sciences* 31(1) (2008), 84–89; G. M. Schwartz und J. Campagna, »New meaning for the emotional state of the elderly, from a leisure standpoint«, *Leisure Studies* 27(2) (2008), 207–211; W. Wang, C. Kao, T. Huan und C. Wu, »Free time management contributes to better quality of life«, *Journal of Happiness Studies* 12(4) (2011), 561–573; M. G. Ragheb und J. G. Beard, »Measuring leisure attitude«, *Journal of Leisure Research* 14(2) (1982), 155–167; L. Grodzki, *Building your ideal private practice*, New York, W. W. Norton & Company, 2000.

KAPITEL 6

188–189 M. M. Tugade und B. L. Fredrickson, »Regulation of positive emotions«, *Journal of Happiness Studies* 8(3) (2007), 311–333; R. A. Cummins und M. Wooden, »Personal resilience in times of crisis«, *Journal of Happiness Studies* 15(1) (2014), 223–235; *Debunking the 4 most dangerous self help myths* [Online-video], 2015, https://www.youtube.com; J. V. Wood, W. Q. E. Perunovic und J. W. Lee, »Positive self-statements«, *Psychological Science* 20(7) (2009), 860–866. **190–191** H. Knipprath und K. De Rick, »How social and human capital predict participation in lifelong learning«, *Adult Education Quarterly* 65(1) (2015), 50–66; K. Steffens, »Competences, learning theories and MOOCs«, *European Journal of Education* 50(1) (2015), 41–59; »Contemporary theories of learning«, National College for Teaching & Leadership, https://www.nationalcollege.org.uk. **192–193** Dank an Mario Andretti und seine Pressesprecherin Patty Reid für die Genehmigung zum Abdruck dieses Zitats. **194–195** L. Li, X. Liu und A. L. Steckelberg, »Assessor or assessee«, *British Journal of Educational Technology* 41(3) (2010), 525–536; P. L. Harms und D. B. Roebuck, »Teaching the art and craft of giving and receiving feedback«, *Business Communication Quarterly* 73(4) (2010), 413–431. **196–197** G. D. Bodie, D. Worthington, M. Imhof und L. O. Cooper, »What would a unified field of listening look like?«, *International Journal of Listening* 22(2) (2008), 103–122. **198–199** D. A. Olson und J. Jackson, »Expanding leadership diversity through formal mentoring programs«, *Journal of Leadership Studies* 3(1) (2009), 47–60; W. Gentry, S. Stawiski, G. Eckert und M. Ruderman, »Crafting Your Career«, Center for Creative Leadership (2013), https://www.ccl.org. **200–201** S. Chaiken und D. Maheswaran, »Heuristic processing can bias systematic processing«, *Journal of Personality and Social Psychology* 66(3) (1994), 460–473; W. P. Bottom, K. Gibson, S. E. Daniels und J. K. Murnighan, »When talk is not cheap«, *Organization Science* 13(5) (2002), 497–513; T. Simons, »Behavioral integrity«, *Organization Science* 13(1) (2002), 18–35. **202–203** L. Uziel, »Look at me, I'm happy and creative«, *Personality and Social Psychology Bulletin* 36(12) (2010), 1591–1602; D. Graeber, *Schulden. Die ersten 5000 Jahre*, Stuttgart, Klett-Cotta, 2012. **204–205** K. T. Yamauchi und D. I. Templer, »The development of a money attitude scale«, *Journal of Personality Assessment* 46(5) (1982) 522–528; T. Li-Ping Tang, »The development of a short money ethic scale«, *Personality and Individual Differences* 19(6) (1995), 809–816. **206–207** B. J. Gillespie, J. Lever, D. Frederick und T. Royce, »Close adult friendships, gender and the life cycle«, *Journal of Social and Personal Relationships* 32(6) (2014), 709–736; B. Fehr, »Intimacy expectations in same-sex friendships«, *Journal of Personality and Social Psychology* 86(2) (2004), 265–284. **208–209** I. Schindler, C. P. Fagundes und K. W. Murdock, »Predictors of romantic relationship formation«, *Personal Relationships* 17 (2012), 97–105; M. Demir, »Sweetheart, you really make me happy«, *Journal of Happiness Studies* 9(2) (2008), 257–277. **210–211** S. L. Boyar und D. C. Mosley Jr., »The relationship between core self-evaluations and work and family satisfaction«, *Journal of Vocational Behavior* 71(2) (2007), 265–281; Z. Chen und G. N. Powell, »No pain, no gain? A resource-based model of work-to-family enrichment and conflict«, *Journal of Vocational Behavior* 81 (2012), 89–98; F. A. Muna und N. Mansour, »Balancing work and personal life«, *Journal of Management Development* 28(2) (2009), 121–133. **212–213** J. K. Boehm und S. Lyubomirksy, »Does happiness promote career success?«, *Journal of Career Assessment* 16(1) (2008), 101–116; S. Lyubomirsky, K. M. Sheldon und D. Schkade, »Pursuing happiness«, *Review of General Psychology* 9(2) (2005), 111–131; C. D. Ryff und S. M. Heidrich, »Experience and well-being«, *International Journal of Behavioral Development* 20(2) (1997), 193–206; D. A. Olson und K. S. Shultz, »Employability and career success«, *Industrial and Organizational Psychology* 6(1) (2013), 17–20.

REGISTER

Fett gedruckte Seitenzahlen verweisen auf Haupteinträge.

A

Ablenkungen
Umgang mit 94–95
und Prokrastinieren 158
und Resilienz **64–65**, 79
Achtsamkeit *siehe* Meditation und Achtsamkeit
adaptives Lernen 191
Adele 89
aktives Zuhören **196–197**
Akzeptanz **120–121**, 123
siehe auch Selbsterkenntnis
Andretti, Mario 192
Angelou, Maya 13
Angst
Aufregung und Furcht 111
Reden in der Öffentlichkeit **136–137**
vermindern 84–85
vorm Versagen **106–107**
siehe auch Scheitern; Stressmanagement
Arbeitsleben **30–31**
Arbeitsumgestaltung 73
Argyris, Chris 180–181
Aristoteles 147
Asimov, Isaac 177
Aufgabenorientierung 123
Aufregung und Furcht 111
Aufschieben
siehe Prokrastinieren

B

Bandura, Albert 66, 156
Bankräuberszenario 119
Bedingungen, harte/weiche 134
Bedürfnispyramide 185
Beecher, Henry Ward 204
Besitztum, Kosten abwägen **170–171**
Beziehungen
Gruppendruck **32–33**
Freundschaft 206, 207
Liebe **208–209**
Mentoren **198–199**
PERMA-Modell 49, 50
und Zusammenarbeit 155
unterstützende **206–207**
Unterstützung durch Freunde 122
siehe auch Netzwerken; Teams
Bindungstheorie, Liebesbeziehungen **208–209**
Blutzuckerspiegel 43
Bowlby, John 208–209
Bradberry, Travis 61
Branson, Sir Richard 154
Brown, Brené 109
Brown, Penelope 131
Buffett, Warren 23
Burn-out vermeiden **182–183**
siehe auch Gesundheit; Perfektionismus; Stressmanagement

C

Cash, Johnny 106
Chancen
erkennen 31, 114
Geld als Chance 205
sein Glück machen **116–119**
Charakterstärken **76–77**
siehe auch Selbstwahrnehmung; Stärken
Coping-Strategien **122–123**
und Perfektionismus *siehe* Perfektionismus

D

dauerhafter Erfolg 34, 35
Deadlines 125, **128–129**, 133
und Prokrastinieren 158
siehe auch Motivation; Stressmanagement; Zeitmanagement
de Bono, Edward 178–179
Denken wie ein Gewinner **154–155**
siehe auch motiviert bleiben; Durchhaltevermögen
Depression und Prokrastinieren 157
disruptive Innovation 31
Drucker, Peter 40, 126
Duckworth, Angela Lee 65, 94
Duncker, Karl 73
Dunning–Kruger-Effekt 62, 63
Durchhaltevermögen 21, **40–41**, **64–65**
denken wie ein Gewinner **154–155**
siehe auch motiviert bleiben
Dweck, Carol 26, 27, 64
dynamisches Selbstbild 26, 137
lebenslanges Lernen **190–191**

E

Egoorientierung 123
Eindrucksmanagement, sich Respekt verschaffen **202–203**
Einfluss
ausüben 61
und Verlustaversion 171
Eisenhower-Matrix 125
E-Mails, Umgang mit 125
emotionale Ansteckung **164–165**
emotionale Intelligenz **58–59**
Angst vor Erfolg **110–111**
Angst vorm Scheitern **106–107**
Burn-out vermeiden **182–183**
Entscheidungen treffen 133
Gefühle zeigen oder verbergen 123
Kritik und Gedächtnis 62
Misserfolge bewältigen **108–109**
mit Gefühlen umgehen **90–91**
Selbstakzeptanz **120–121**, 123
und Selbstkontrolle **94–95**
Verletzlichkeit akzeptieren 109, 181
siehe auch Selbstwahrnehmung
emotionale Sicherheit, Liebesbeziehungen **208–209**
emotionale Unterstützung 122
Endowment-Effekt, Kosten abwägen **170–171**
Energie, vier Aspekte der 43
Engagement, PERMA-Modell 49, 50
Entitätstheorie 22
Entrümpeln 14, 122
Entscheidungen treffen **132–133**, 153
Besitztum und Kostenabwägung **170–171**
siehe auch kritisches Denken; rationale Perspektive; Zeitmanagement
Entspannung *siehe* Meditation und Achtsamkeit
Entwicklung, lebenslanges Lernen **190–191**
Erfolg
als Prozess **20–21**
Angst vor **110–111**
den eigenen Weg finden **22–23**
Erfolgsgeschichten und kritisches Denken **146–147**

Maßstäbe **12–13**
Voraussetzungen **14–15**
Erfüllung **12–13**
ganzheitliche **48–51**
positive Gewohnheiten **52–53**
siehe auch Ziele
erinnerte Erfahrungen
Höhepunkt/Endpunkt-Regel 145
siehe auch Gedächtnis
Erschöpfung, Burn-out vermeiden **182–183**
Erwartungen 40
seine Passion finden **72–73**
Expertise 21
Extraversion/Introversion 18

F

Familie, Work-Life-Balance
siehe Work-Life-Balance
Feedback **194–195**
einholen und einschätzen 63
durch Kollegen 195
durch Mentoren **198–199**
geben 195
heiße und kalte Kognition 61
und Führung 143
und Kreativität 178
und Selbstbild **60–61**, 63
und Unterstützung 33, 40–41, 101
siehe auch Kritik; Selbstbild
Feedback geben 195
Fehler
aus Fehlern lernen **44–45**, 102, 105
Blindheit für 44–45
Lernschleifen 181
Umgang mit Fehlern 115
und Glaubwürdigkeit 200–201
siehe auch Scheitern; Probleme
Fehlzuschreibung von
Erregung 100–101, 110
siehe auch Stressmanagement
Flexibilität 31, **114–115**
Flow finden **166–167**, 184
Freizeit **86–87**
sinnvoll nutzen **184–185**
siehe auch Zeitmanagement; Work-Life-Balance
Freud, Sigmund 204
Freundschaft **206–207**
siehe auch Beziehungen
Fähigkeiten
erlernen 30–31
Reden vor Publikum **136–137**
STAR-Technik 115
weiterentwickeln 155
Führung
Führungsstilkontinuum 143
inspirierende 143
und Management **142–143**
siehe auch Teams

G

Gedächtnis 115, **144–145**
erinnerte Erfahrungen, Höhepunkt/ Endpunkt-Regel 145
Gedächtnispalast 145
siehe auch Reden in der Öffentlichkeit
Gefühle zeigen oder verbergen 123
siehe auch emotionale Intelligenz
Gehirnaktivität und Stressmanagement 97
Gehirn fordern, Tipps 118
Geld
Bedeutung von 205
Psychologie des Reichtums **204–205**
und Glück 17, **204–205**
Gelegenheiten *siehe* Chancen
generatives Lernen 191
Gene versus Umwelt **78–79**
siehe auch Stärken
Geschlechterunterschiede **36–37**, 104–105
und Freundschaften 206–207
Gesicht und Höflichkeitstheorie 130–131
gesundes Körperbild **88–89**
Gesundheit
Burn-out vermeiden **182–183**
Meditation und Achtsamkeit *siehe* Meditation und Achtsamkeit
und Angst vorm Scheitern 106
und Schlaf 43, 128
Sonnenlicht und Vitamin D 99
siehe auch Wohlbefinden; Work-Life-Balance
Gewinner, denken wie ein **154–155**
siehe auch motiviert bleiben; Durchhaltevermögen
Gewissenhaftigkeit 19
Glaubwürdigkeit **200–201**
Aufbau von Vertrauen 201
Freundschaft, Bedeutung **206–207**
Sperrklinkeneffekt 201
Gleichgewicht finden **34–35**
Glück
emotionale Ansteckung **164–165**
Gleichung 79
PERMA-Modell 50
positive Gewohnheiten **52–53**
Stimmungsverbesserer 53
und Geld 17, **204–205**
und Perfektionismus 133
siehe auch Positive Psychologie; Zufriedenheit
Glücksspiel **148–149**
siehe auch rationale Perspektive
Goleman, Daniel 58–59, 95
Gorilla-Experiment 45
grit (Durchhaltevermögen)
siehe Resilienz

Gruppendruck **32–33**
siehe auch Beziehungen
Gruppendynamik und Netzwerken 173

H

HAIL-Akronym und Reden in der Öffentlichkeit 137
Haltung, geistige
Angst vorm Scheitern **106–107**
Freizeit **86–87**
richtige Einstellung 15
siehe auch negative Gefühle; Positive Psychologie
Herausforderungen
bewältigen **122–123**
denken wie ein Gewinner **154–155**
Erfolgsfaktoren 21
Hochstapler-Syndrom **104–105**
siehe auch negative Gefühle
Hochstapler-Syndrom **104–105**
siehe auch negative Gefühle; Selbstwahrnehmung
Höflichkeitstheorie 130, 131
Humankapital und lebenslanges Lernen **190–191**

I

Ich-Erschöpfung und Willenskraft 42
Ideen einbringen 114
siehe auch Kreativität
Information
Dual-Process-Theorie 147
Informationsüberlastung und Entscheidungen 133
Medienkompetenz 146
und Feedback *siehe* Feedback
Unterstützung durch Information 122
Zuhören können **196–197**
Netzwerken *siehe* Netzwerken
Sozialkapital aufbauen **174–175**
siehe auch kritisches Denken
Initiative ergreifen 15
innere Stimme, Selbstsabotage **102–103**
Innovation, disruptive 31
Input-Prozess-Output-Modell und Teamplanung **134–135**
Integrität, Glaubwürdigkeit **200–201**

J

James, Oliver 78
James, William 98, 179
Job-Crafting und Motivation 73

K

Kabat-Zinn, Jon 69
Kahneman, Daniel 146, 170
Karrieremanagement **30–31**
Kerzenproblem 73
Kleidung, Kleider machen Leute 88–89
Körperbild, gesundes **88–89**
Körperhaltung, Auswirkungen 89
 siehe auch Körpersprache
Körpersprache
 und aktives Zuhören 196
 und Selbstvertrauen 85
 und Verkaufen 139
kognitive Auseinandersetzung und Flow **166–167**
kognitive Flexibilität 115
kognitive Verhaltenstherapie 83, 152
Komfortzone
 Angst vor Erfolg **110–111**
 Verlassen der 84–85
Kommunikation, Liebesbeziehung **208–209**
Kompetenzlevel einschätzen **62–63**
Konflikte
 Bestätigungsfehler 75
 positive 75
 Umgang mit **74–75**
 und Teammanagement **140–141**
Konkurrieren
 Egoorientierung 123
 und Verkaufen 138
Kontrollüberzeugung **152–153**, 154
 siehe auch motiviert bleiben
Konzentration, Burn-out vermeiden **182–183**
Konzentration/Klarheit 21, **40–41**
 Aufgabenorientierung 123
 Egoorientierung 123
 Flow **166–167**, 184
 und Netzwerken 173
 Zuhören können **196–197**
koreanische Parabel (Saeongjima) und Glück 119
Kosten abwägen **170–171**
 siehe auch rationale Perspektive; Selbstbild
Kreativität 114, 132, **176–179**
 neue Ideen einbringen 114
 Persönlichkeitsmerkmale 179
 Respekt **202–203**
 Superheroes (Spiel) 179
 und Feedback 178
 und Problemlösung 176, 178–179
 und Selbstvertrauen 178–179
 und Zusammenarbeit 178
Kritik
 Kompetenzlevels **62–63**
 und Einschätzung des
 und Feedback *siehe* Feedback
kritisches Denken **146–147**
 siehe auch Entscheidungen treffen; rationale Perspektive

L

Laienrationalismus 133
 siehe auch Entscheidungen treffen
Laotse 84
Lebensrad 13
Leidenschaft 15
 finden **72–73**
Leistung
 als Motivation 19
 denken wie ein Gewinner **154–155**
 Erfolgsmaßstab 12, **16–17**
 versus Zielerreichung 51
 siehe auch Scheitern; Ziele
Lebenszufriedenheit 17
lebenslanges Lernen **190–191**
 siehe auch Lernen
Leonardo da Vinci 44
Lernen
 aus Fehlern **44–45**, 102, 105
 erlernte Hilflosigkeit 98
 Fähigkeiten 190–191
 lebenslanges **190–191**
 Nein sagen **130–131**, 203
 Orientierung 17, 22–23, 30–31
 von anderen 103, 105
 von Mentoren **198–199**
Levinson, Stephen 131
Liebesbeziehungen **208–209**
Linehan, Marsha 120–121
logisches Schließen 147
 siehe auch Entscheidungen treffen

M

Macht
 als Motivation 19
 und Geld **204–205**
Märkte, Ausfindigmachen neuer 31
 Management
 und Führung **142–143**
 und Prinzip Fortschritt 39
Marktforschung 138
Marshmallow-Test 94–95
Maslow, Abraham 92, 185
Maxwell, John C. 142
McHugh, Caroline 120
Meditation und Achtsamkeit **68–71**
 Achtsamkeitsmeditation 69
 Assoziationen 56–57
 gesundheitliche Vorteile 71
 Liebende-Güte-Meditation 69
 und Selbstwertschätzung 70
 und unangenehme
 siehe auch Gesundheit; Selbstwahrnehmung
Meilensteine **38–39**
Meinungsverschiedenheiten **74–75**
 siehe auch negative Gefühle
mentale Bilder, Visualisierungstechniken **162–163**
Mentoren **198–199**
 siehe auch Feedback; Lernen; Beziehungen
Mischel, Walter 94–95
Modelllernen 103
Modifizierbarkeitstheorie 22–23
monetäre Ethikskala (MES) 204
motiviert bleiben 35, 39, **40–41**, 192
 Arbeitsumgestaltung 73
 Deadlines **128–129**
 denken wie ein Gewinner **154–155**
 erinnerte Erfahrungen und Höhepunkt/Endpunkt-Regel 145
 Kontrollüberzeugung **152–153**, 154
 Leidenschaft finden **72–73**
 Selbstbestimmungstheorie 153
 Zugehörigkeit 19
 siehe auch Durchhaltevermögen
Multitasking 125
 siehe auch Zeitmanagement
Myers, Mike 104

N

Nash, Laura 34–35
Navigieren **22–23**
Nein sagen lernen **130–131**, 203
negative Gefühle **90–91**
 duration neglect 144–145
 Grübelspirale 183
 halb volles / halb leeres Glas 108–109
 Hochstapler-Syndrom **104–105**
 Meinungsverschiedenheiten **74–75**
 negativer Druck 33
 Negativitätsbias 48, 55–56
 siehe auch Haltung, geistige; Positive Psychologie
Netzwerken **172–173**
 Mentoren 199
 schwache Bindungen 172
 und Abstand 173
 siehe auch Beziehungen; Aufbau von Sozialkapital; Teams
Neugier 20–21, 37, 77, 178
Neurotizismus 19
Nickols, Fred 26, 27

O

Offenheit 19
optimales Arbeitspensum 183
Optimismus 15
 ausgewogene Perspektive 189
 Kraft des **82–83**

P

Paradoxon des Bogenschießens 45
Paralyse durch Analyse 124, 132–133
  siehe auch Entscheidungen treffen
Passion 15
  finden **72–73**
  siehe auch motiviert bleiben
Pausen 124
  siehe auch Zeitmanagement
Penn, William 156
Perfektionismus
  aus Fehlern lernen **44–45**, 102, 105
  Burn-out vermeiden **182–183**
  Gefahren des **160–161**
  und Glück 133
  und Prokrastinieren 157
  siehe auch Stressmanagement
PERMA-Modell des Wohlbefindens **48–51**, 79, 213
  siehe auch Zufriedenheit
Persönlichkeitsmerkmale **18–19**
  Kreativität 179
Planen
  in Teams **134–135**
  Planungsfehlschluss 163
  Strategien **134–135**
  und Projektmanagement **140–141**
  und Selbstkontrolle 124
  siehe auch Zeitmanagement
Positive Organizational Scholarship (POS) 23
Positive Psychologie **48–51**
  denken wie ein Gewinner **154–155**
  emotionale Ansteckung **164–165**
  Flow **166–167**, 184
  halb volles/halb leeres Glas 108
  Halo-Effekt 164
  Meditation und Achtsamkeit *siehe* Meditation und Achtsamkeit
  Optimismus 15, **82–83**
  persönliche Stärken 55–56
  positive Gewohnheiten **52–53**
  Resilienz **64–65**, 79, **188–189**
  sein Glück machen **116–119**
  Visualisierungstechniken **162–163**
  Wohlbefinden *siehe* Wohlbefinden
  siehe auch Glück; Haltung, geistige; negative Gefühle
Prinzip Fortschritt **38–39**
  siehe auch Ziele
Prioritäten setzen 27
Probleme
  lösen, Kerzenproblem 73
  lösen und Kreativität 176, 178–179
  Umgang mit 37, 41
  siehe auch Fehler
Projektmanagement, Teamarbeit **140–141**
Prokrastinieren 29, 106, 124, 128, **156–159**
  erlernter Fleiß 158–159
  Kreislauf der Prokrastination 157
  Selbstzweifel, Umgang mit 157
  und Ablenkungen 158
  und Alter 159
  und Deadlines 158
  und Depression 157
  und Perfektionismus 157
  und Vorbilder 158
  siehe auch Zeitmanagement
Prospect-Theorie 148
  siehe auch rationale Perspektive
Putnam, Robert D. 174

R

radikale Akzeptanz, Konzept 120–121
rationale Perspektive **148–149**
  Kosten abwägen **170–171**
  Laienrationalismus 133
  Prospect-Theorie 148
  siehe auch kritisches Denken; Entscheidungen fällen
Raumgestaltung am Arbeitsplatz 99
Reden in der Öffentlichkeit **136–137**
  HAIL-Akronym 137
  siehe auch Gedächtnis; Überzeugen; Stressmanagement
Resilienz **64–65**, 79
  entwickeln **188–189**
  lebenslanges Lernen **190–191**
Respekt **202–203**
Ressourcen nutzen 15
Rifkin, Adam 173
Risikobewertung **140–141**
Scheitern
  Angst vorm **106–107**
  aus Misserfolgen lernen **180–181**
  defensives Denken 180–181
  erinnerte Erfahrungen und Höhepunkt/Endpunkt-Regel 145
  Misserfolge akzeptieren 15, 40
  Misserfolge bewältigen **108–109**, 155
  siehe auch Leistung; Angst; Fehler; Stressmanagement
Rockefeller, John D. 14
Rollenakkumulation, Work-Life-Balance **210–211**

S

Schlaf(bedarf) 43, 128
  siehe auch Gesundheit
Schmidt, Warren 142
schriftliche Notizen 23, 39, 40–41, 84–85
  Reden halten 137
  Stressmanagement 98
Schuldgefühle überwinden 203
Schulz, Kathryn 44–45
Schwung behalten 27
Selbstbehauptung, Neinsagen lernen **130–131**, 203
Selbstbestimmungstheorie (SDT) 153
Selbstbewusstsein entwickeln **84–85**, 123
  und Verkaufen *siehe* Verkaufen
Selbstbewusstsein
  Egoorientierung und Konkurrenzdenken 123
  Selbstakzeptanz **120–121**
  und Kreativität 178–179
  siehe auch Selbstvertrauen
Selbstbild 26–27, **54–57**
  dynamisches *siehe* dynamisches Selbstbild
  Kleider machen Leute 88–89
  Kosten abwägen **170–171**
  und Feedback **60–61**, 63
  siehe auch Stärken
Selbsterkenntnis **18–19**, 21
  Charakterstärken **76–77**
  emotionale Intelligenz *siehe* emotionale Intelligenz
  Fähigkeiten weiterentwickeln 155
  Hochstapler-Syndrom **104–105**
  Selbstakzeptanz **120–121**, 123
  siehe auch Meditation und Achtsamkeit; Stärken
Selbsterkenntnis **62–63**
Selbstkontrolle **94–95**
Selbstsabotage **102–103**
Selbstständigkeit, berufliche 16–17
Selbstvertrauen
  gesundes Körperbild **88–89**
  lebenslanges Lernen **190–191**
  sich Respekt verschaffen **202–203**
  und Kreativität 178–179
  und Leistung 51
Selbstwertgefühl
  Burn-out vermeiden **182–183**
  gesundes Körperbild **88–89**
  positive Affirmationen 189
  Selbstwirksamkeit 64, 92, **102–103**
  und Meditation und Achtsamkeit 70
Selbstzweifel, Angst vorm Scheitern **106–107**
Seligman, Martin 48–51, 53, 76, 79
Shapiro, Stephen 116
Shlain, Tiffany 76
Sicherheit und Geld **204–205**
Skepsis, gesunde **146–147**
Smith, Matthew 119
Sonne und Vitamin D 99
  siehe auch Gesundheit
Sowell, Thomas 27
soziale Unterstützung 122

Sozialkapital aufbauen **174–175**
und lebenslanges Lernen **190–191**
Werte schaffen 175
siehe auch Netzwerken; Beziehungen
sozial-kognitive Theorie 66
Sperrklinkeneffekt 201
Stärken
Charakterstärken **76–77**
erkennen 31, 54–55
Gene versus Umwelt **78–79**
und Selbstbild **54–57**
testen 79
VIA-Klassifikation der
siehe auch Selbsterkenntnis
STAR-Technik 115
Sterne, Laurence 202
Stevenson, Howard 34–35
Stimmungs- und Aktivierungsniveaus 165
Stimmungsverbesserer 53
siehe auch Glück
St. John, Richard 20, 21
Stress **98–101**
Angst vorm Scheitern **106–107**
Burn-out vermeiden **182–183**
Coping-Strategien 115
Deadlines *siehe* Deadlines
Fehlzuschreibung von Erregung 101
Gefahren **96–97**
nutzen 100–101
optimales Stresslevel 101
Reden vor Publikum **136–137**
und Gehirn 97
und Perfektionismus *siehe* Perfektionismus
vermeiden 101
Yerkes–Dodson-Gesetz 101, 110
siehe auch Angst
Strode, Muriel 24
Sundberg, Sheryl 37
Sunk-Cost-Effekt 148–149
siehe auch rationale Perspektive
Superheroes (Spiel) und Kreativität 179
Survivorship-Bias und kritisches Denken 147

T

Tannenbaum, Robert 142
Teamplanung **134–135**
Teams
führen **142–143**
Neinsagen lernen **130–131**, 203
Projektmanagement **140–141**
Trugschluss der Komposition 149
siehe auch Netzwerken; Beziehungen
Termindruck **128–129**
Trugschluss der Komposition 149
siehe auch rationale Perspektive
Trugschluss der versunkenen Kosten 148–149
Twain, Mark 54

U

Überforderung vermeiden **42–43**
Überlebensinstinkt und Gedächtnismemory 144, 145
übertragbare Fähigkeiten 31
Überzeugen **138–139**
Übung, Gene versus Umwelt **78–79**
Unterbrechungen, Umgang mit 125
Ury, William 130

V

Verbesserung, Raum für 21
Verhandeln und Verkaufen *siehe* Verkaufen
Verkaufen **138–139**
siehe auch Reden in der Öffentlichkeit
Verletzlichkeit 20
akzeptieren 109, 181
Verlustaversion 171
Vertrauen
Glaubwürdigkeit **200–201**
Verträglichkeit 18–19
Veränderungen
akzeptieren 114, 143
und lebenslanges Lernen **190–191**
VIA-Klassifikation der Charakterstärken 76–77
siehe auch Stärken
Visualisierungstechniken **162–163**
siehe auch Ziele; Positive Psychologie
Voltaire 160
Vorbilder 105
und kritisches Denken **146–147**
und Prokrastinieren 158
Vorträge halten *siehe* Reden in der Öffentlichkeit

W

Waldinger, Robert 206
Wideman, Max 141
Widerstand überwinden 20, 39
Wilde, Oscar 121
Willenskraft und Ich-Erschöpfung 42
Wiseman, Richard 117, 118, 119
Wohlbefinden **52–533**
hedonistisches/eudaimonistisches 189
PERMA-Modell **48–51**, 79, 213
und lebenslanges Lernen **190–191**
siehe auch Glück; Gesundheit
Wohlstand *siehe* Geld
Wooden, John 111
Woolcock, Michael 174
Work-Life-Balance 12–13, **28–29**, 37, 39, 41
erreichen **210–211**
siehe auch Gesundheit; Freizeit; Zeitmanagement
Work-Life-Balance **210–211**

Y

Yerkes–Dodson-Gesetz 101, 110
siehe auch Stressmanagement

Z

Zeitmanagement 14, 41, **124–125**, 126
Deadlines *siehe* Deadlines
Entscheidungen treffen **132–133**
Multitasking 125
Prokrastinieren *siehe* Prokrastinieren
siehe auch Freizeit; Planen; Work-Life-Balance
Ziele
Ablenkung vermeiden 94–95
auflisten und bewerten 12, 23, 33, 35, 39, 40–41
festlegen **26–27**
Konzentration auf 123
Planungsstrategien **134–135**
Prinzip Fortschritt **38–39**
über- und untergeordnete 95
Visualisierungstechniken **162–163**
siehe auch Leistung; Scheitern; Erfüllung
Ziele klären **26–27**
Zufriedenheit **212–213**
Zugehörigkeit als Motivation 19
Zuhören
Kunst des Zuhörens **196–197**
und Führung 143
Zusammenarbeit
und Beziehungen 155
und Kreativität 178

Nachweis der im Buch verwendeten Zitate: Der Verlag hat sich bemüht, alle Rechteinhaber ausfindig zu machen. Eventuelle Auslassungen werden wir bei entsprechendem Hinweis gerne in einer späteren Auflage korrigieren.
69: Jon Kabat-Zinn, *Im Alltag Ruhe finden.* München (Knaur MensSana) 2013 **130:** William Ury, *Nein sagen und trotzdem erfolgreich verhandeln.* Frankfurt (Campus Verlag) 2009 **160:** Voltaire in *Philosophisches Wörterbuch Band 2.* 1974